風裡芙蕖自有姿

—楊昌年論評選集

楊 昌 年 著

文 史 哲 學 集 成
文史哲出版社印行

國家圖書館出版品預行編目資料

風裡芙蕖自有姿：楊昌年論評選集 / 楊昌年著. -- 初版. -- 臺北市：文史哲, 民 97.03

頁： 公分.（文史哲學集成；543）

ISBN 978-957-549-776-7 (平裝)

1. 論叢與序跋

078

文史哲學集成 543

風裡芙蕖自有姿

— 楊昌年論評選集

著　者：楊　昌　年

出版者：文史哲出版社

http://www.lapen.com.tw

登記證字號：行政院新聞局版臺業字五三三七號

發行人：彭　正　雄

發行所：文史哲出版社

印刷者：文史哲出版社

臺北市羅斯福路一段七十二巷四號

郵政劃撥帳號：一六一八〇一七五

電話886-2-23511028 · 傳真886-2-23965656

實價新臺幣四二〇元

中華民國九十七年（2008）三月初版

ISBN 978-957-549-776-7

仿〈賣柑者言〉

～代　序～

一、論評文學的地位、發生

筆者所認知的論評文學：形式雖為散文，但因理念之明確殊異於一般文學創作之隱約，是為一種獨立的藝術，與詩、散文、小說、戲劇各文類並列而相輔相成。

而「論」與「評」又自不同：「論」的貴重在自我獨特的論點（創造）；而「評」則是一種「再創造」。「論」發生於論者自身的心智，是主動的，類同周作人所述的「即興的言志、戴道」（當然也會有被動的賦得的言志，戴道）。而「評」的發生卻是被動的，先有文學作品出現之後始有批評。

二、論評者

作為一位論評者的條件云何？誠如上述，無論是「創造」或「再創造」，首先都必需具備自我。論評的主觀殆不可免，但大可以客觀的表現來沖淡（只是提供讀者、研究者們的參考、引發，絕不是自詡的什麼至理名言）。而在從事論評時搜材資料之豐贍，其中的矛盾、優劣、高下，多用則臃腫滯重；少用則單調空虛，取捨之間，有賴論評者以學養、魄力來裁斷。而取捨難定又是所在多有，筆者以為遭逢瓶頸之時又不可猶豫停滯，不可執意「求全」（天地不全，吾人只能儘量接近「全」）。意念運作的裁斷之刀，必要時是該有如俠者本質，包容著一些豪氣與賭性的。

現代論評早已不是率性所至的天馬行空，而是有板有眼條理井然的，當然要使用方法。中西古今方法多有，重在論評者平日的涉獵了解，進而能使用，而使用又必需是「活」用。這「活用」的指向有二：一是依論評對象而定；另一是依論評者的性格趨向而行。在百千顆累累貫珠的論評方法中，找到最能表現你的那一顆，就由於這一粒的煌燦，論評與被評同披光澤，價值意義於茲建立。

筆者在此，不由得引發兩項感慨：其一是我古典文學論評者幾乎不講求方法（如《文心雕龍》〈典論論文〉那樣的鳳毛麟角太少）。二千多年下來，許許多多的論評明珠埋藏在詩話、詞話、序跋、書信……之中，非得經過大量閱讀仔細爬梳不能有得，若只是瀏覽，那些混淆在沙石中的珍珠就被忽略了。幸好自近代起，我們早已知道方法的重要，論評者的創造或再創造之花，終能在簇簇綠葉之中婷婷出現。而曩昔沉埋的珍珠仍在等待整理發現，曷其可歎。

其二是使用域外方法的不經細察，您以為是石破天驚獨一無二的，殊不知在我華夏文學中早已有與之類似甚至全然相同的，如此的舍近求遠不免妄自菲薄。如在近日看到一位青年的論文，他所舉域外的「逃避主義」，尋思之下，竟就是類同於陶淵明〈桃花源記〉的烏托邦，原本就是燃點在亂世文士無奈心靈中的一點溫暖燈火，畫餅充饑聊勝於無的假象寄托，舶來品原就是古典倉儲中的已有，筆者在啞然發笑之餘又復難禁戚然。

三、論評撰寫

敢請容我提供論評撰寫的淺見三項藉供參考：首先是如梁任公的「筆鋒常帶感情」。既然文藝創作的線路係由人事景物的題材進展至情再沿情至理。那「情」這一環實是貫連前後的樞紐。非有情不能引發感染造成效應。「問世間情是何物？直教人生死相許。」它既是人際關係的鏈索，而在文學（論評）中，同樣是位居北辰的不可或缺。

其次是在二十世紀中已然呈現的文體綜合（詩、文、小說、戲劇互涉）與藝術綜合（文學與音樂、美術、舞蹈、雕塑、建築……等的互涉）。看來今後的論評文學，正也要顛覆解構它的舊格，與各種文類，各種藝術進行整合，以嶄新的面貌進入新的廿一世紀使人刮目。不但能與其他文類的突飛猛進齊頭並馳；亦且能獨具它夭矯的風采；更且能發揮它與各文類，藝術的輔成之功。

再者就是論評的語言了，依據文學的反動律，時下正盛的是精緻之風，堅實的論評內涵發表錯非附麗在優美的論評語言上不克為功，基於「形神兩全」此一定則已毋庸置疑。而可慮之處也不是沒有，抽樣常見的即有二端：一是與精美語言一體兩面同存的負面「買櫝返珠」，使得談者在眩目於美麗之餘竟而忽略了它的內涵。此一顧此失彼的缺憾，容或竟也是人生得失互見的宿命。補救之方，筆者以為可以「子目的明朗」來行調整。再者又有論評者的崖岸自高，理念表現很「玄」，常又使得讀者如丈二金剛摸不著頭。當然，論評文學重在引發共鳴，會通的本質，並不要求雅俗共賞，但果若是曲高和寡（甚至和者掛零），那故作玄虛之咎卻是難辭。

四、瞻 望

時下歐美，日本早已建立起論評制度，而我華夏迄今是停格在「各說各話」「點」的階級，筆者衷心希望的是在不久的將來能夠連點成線成面。集論評同道之力、整合古今中外文學論評的要點、方法；分析、歸納今世國內國外一流作家的特點，建立起一套適用於當代的論評法則……用以來容觀，公正地批評當代文學。當然，這一套只能影響（或引導）一般的作家，必然會有新的一流作家突破藩籬脫穎而出，吞舟大魚破網而去；我們的論評同道再追上去，歸納他的特點，從新建構新的文學論評；同時期待另一位的突破，再來做更新的建構……而文學的發展，就在這文學與論評相輔相成的過程中層面再上更趨理想，形成多采姿滾滾的壯闊江河，在我華夏文學的史頁中揚起洪峰。

是為序

二〇〇八、一、三於台北

風裡芙蕖自有姿

～楊昌年論評選集～

目錄

評　序

論述

小說意識藉人物分化手法表現的線路
——以《三國演義》與《海狼》作比較

一、意識表現與人物塑造

屬於人類共性中最為重要的一項——表現——，以其與生俱來的深厚根基與龐大動力，驅使人類不斷追求以滿足渴欲。儘管這種生命動力的揮發因人殊異而有強有弱，運作之中事功的顯現有大有小，但它的點滴積累無不就是矗築起文明華廈的片瓦拳石，推動人類社會文明福祉持續進展的基力，活水源頭在此。

人類憑恃表現本能為自身所處的世界貢獻努力，而智者們又早已認知到絕無永恆的宇宙悲情：生命的短促，事功的不待，一種時不我與的無奈，即使英雄人物也將不免扼腕。更何況事功也並非只憑智能就可以成就的。主觀的個性與客觀的環境在在都會形成為阻力，以致於賚志難伸，事功不遂。古今中外，惟有極少數「能忍人所不能忍」的，仗恃他個性的特殊，能夠比較充分地揮發智能動力，建立事功，差可滿足他一己表現的渴欲；極大多數「不能忍」的，或是對自己的個性過份珍憐，或是對環境人事不能謀得和諧，最後終於放棄了以事功為表現的追求努力。這就是人類歷史中立大功者永遠是鳳毛麟角，沒沒者一定多如恆河沙數的道理了。

然而智能者有異於常人的龐沛表現渴欲仍在，企圖在有生之年表現煌燦，留下價值，以否定默然死滅的意願仍然旺烈，甚至在事功不遂之後更為強化。在「常」與「變」的抉擇下，前路既已不通；當然就只好轉向。另闢蹊徑的指向甚多，而藉著文學創作來寄托理想，表現自我的，正就是事功之外的另一里程。

太史公言：「……此人皆意有所悒結，不得通其道，故敘往事，思來者，乃如左丘無目，孫子斷足，終不可用，退而論書策，以舒其憤，思垂空文以自見……」早在純文學猶未獲得主流地位的前漢，可喜的是太史公的史記先就具備了斐然文采，而他所持的理念也正與現代文學理論相合。「左丘無目」，「孫子斷足」，和史公的宮闈悲慘同病相憐。事功之途既已阻斷，「終不可用」已是事實，而「不得通其道」、「意有悒結」要求表現肯定的渴欲仍然燃燒旺熾，驅迫他轉向「論書策」的立言創作之途發展。目的是在求取「舒其憤」的抒發平衡，尋求「思垂空文以自見」的具體價值流傳，為他「自見」的表現渴欲獲取一份交代滿足。

在此他明白地表示出委屈不甘，他的轉向是在「終不可用」之後被迫而行的退而求其次。「空文」一詞代表了他的觀念，認為文學效用的空虛比不上事功的實際。這小小的一段文字不僅詮釋了他生命歷程的轉變，也為古今中外無數智能之士宣告代言。顯示出人生常行的一條轍跡——由於行使表現渴欲最為迅捷易見功效的就是事功，所以誘使了絕大多數的智能之士開始時熱切奔赴，一直要等到挫折痛定思痛之後，才放棄那必須與眾人相處，難免於刺蝟觸痛的事功，轉向縮回到無須與多人接觸，以立言表現構築起的自我天地中去安身託命。由此看來，文學創作這一條路上的行人，多數都是些半路出家的易轍者，帶著有挫折的經歷與委屈不甘，難怪日人廚川白村要說文學是苦悶的象徵了。

由以上分析的歸結可見：文學創作常是作者表現自我的變型，或是藉著創作發表理想，或是藉著人物的假象來謀求補償平衡。從作品中看人物的性行心態，作者的影子不難索得。從作品的意識探討中，不難尋得作者企求表現的重點所在。

就題材來分析文學創作意識表現的線路，筆者認為可以歸納為現實的與超現實的兩大類：

一、**現實的**：可分為二：

㈠**自傳式**：有如王國維所言：「人生充滿了慾望，由慾望而引起了追尋，追尋的途程中不擇手段，因而產生了過惡，由過惡而產生痛苦，由痛苦而產生懺悔的情緒，由懺悔的盪滌，陷於泥淖的靈魂得以淨化，得以昇騰。」這一線路的作用在藉懺悔的抒發而獲致平衡調適。作品例如曹雪芹的紅樓夢、郁達夫的遲桂花，以及歌德（Johann Welfgang von Goethe 1749-1832）的少年維特之煩惱（*Leiden des Jungen Werther*）。

㈡**寫實性**：以寫實素材切剖社會橫層。作者常托身在作品人物之中，表現他的理想寄托，提供觀照層面，顯示調適作用。作品例如吳敬梓的儒林外史、劉鶚的老殘遊記，以及巴爾扎克（Honore de Balzac, 1799-1850）的人間喜劇（*Comedie Humaine*）。

二、超現實的：可分為四：

㈠超向過去：是一種舊瓶新釀，借用歷史人物，以借屍還魂方式賦以作者的理想情感。本質雖如畫餅充飢，但對作者而言，寄托理想，發抒平衡的效用是確具的；對讀者而言也能引發共鳴與認知。作者例如羅貫中的三國演義，以及荷馬（Homer,亞力斯多德認為兩大史詩寫成時期約在西元前九世紀至八世紀）的史詩伊里亞特（Iliad）。

㈡超向幽冥：死亡結束的必然，是為人類與生俱來先天性最大的恐懼迫壓，最大的悲情。文學創作就利用這人性最為敏銳的部份來作為素材。藉著陰森恐怖的媒體，引發讀者怖慄的感官刺戟，通過強烈的刺戟使讀者獲致被虐後快感的舒暢，進展到醜暗昇華美化，讀者在比較之後平衡，獲得調適效應。原理與亞里斯多德的「以憐憫與恐怖使情緒得到正當的發洩」悲劇定義相合。這一線路的使用多見於詩文與戲劇。作品例如晚唐超現實先驅者李賀的詩作，以及辜勒律芝（Samuel Taylor Coleridge, 1772-1834）的古舟子詠（*The Rime of the Ancient Mariner*）。

㈢超向未來：以未來世界的想像，提供讀者以新鮮的瞻望；或是蘊含警意，提示科學盲目發展，物極必反的隱憂。作品範圍，中外的科幻文學屬之。

㈣造境想像：製造子虛烏有的人物情節，超越現實，不是真人真事。作者意識作用在以塑造的人物與假想的情節來表現理想或抒發情感。作品例如夏敬渠的野叟曝言，魯迅的阿Q正傳，以及卡繆（Albert Camus, 1913-1960）的異鄉人（*L'Etranger*），傑克倫敦（Jack London, 1876-1916）的海狼（*The Sea Wolf*）。

文學創作的神明骨髓既在意識，而意識表現又非藉重人物情節不克為功。所以創作素材無論是現實或是超現實，人物的塑造與情節的設計都是作者著力的重點。收縮範圍來談小說人物塑造的兩種手法，一是化零為整的綜合（如阿Q正傳），一是化整為零的分化。本文今就後者例舉介紹，以本國古典小說三國演義與西洋現代小說海狼試作分析比較，用以來管窺小說意識藉人物分化手法表現線路的一斑。

二、三國演義——依性向理想而分別塑造人物

研究中國古典小說，困難之處常在於作者外緣資料的不夠。四大奇書之中，除了西遊記的吳承恩之外，其他三部的作者都還未獲定論。造成這現象的原因之一即在年代的久遠，就三國演義藍本全相平話三國志來看，新安虞氏刊本早在元至治年間（元英宗年號，西元一三二一至一三二三），距今已超過了六百五十年。活在元明兩代之間標準亂世的羅貫中，他散見於後世書篇的資料不但很少而且可信度也多未確定。雖然如此，迄至目前為止，我們仍能相信在元末明初，有一位揚棄平話荒誕傳說，回顧到真實歷史，完成了第一部「按鑑重編」歷史小說三國志通俗演義的偉大作家，他的名字很可能是羅貫中，他是早在毛宗崗之前就已使得三國演義具備藝術價值的大功臣。

在前曾述及作家創作意識動力的來源。明王圻稗史彙編中有一段：「……如宗秀、羅貫

中，國初葛可久，皆有志圖王者，乃遇真主，而葛寄神醫工，羅傳神稗史……」又清徐渭仁徐鈉所繪水滸一百單八將圖題跋云：「施耐菴感時政陵夷，作水滸傳七十回，羅貫中客偽吳，欲諷士誠，續成百二十回。」這兩段文字雖不盡可信，但就演義中的意氣飛揚和時代背景來進行考徵，我們不難為羅貫中勾勒出性行形象。那是一個「時勢造英雄」的時代，元蒙統治崩潰已見，群雄並起，有智能有理想抱負的作者，當然也會激起「彼可取而代之」、「有為者亦若是」的豪情壯志。可惜的是分久必合，群雄的帝王事業次第瓦解於朱明的一統。讀書人本質的作者空懷大志，而事功畢竟未能顯著，甚至不能如張士誠、陳友諒那樣轟烈地做過一番。但是他要求表現的生命動力仍然旺熾，以至於迫得轉向去稗史中「傳神」以另築寄托、另謀表現。

演義中尊劉抑曹一面倒的基調，應該是作者憎恨元蒙，明正統意識的借喻。而屬於他表現自己的部份，筆者認為他用的是超現實舊事取材借屍還魂的手法，把自己的性格理想分化寄托於書中三位重要的歷史人物。老子一炁化三清，三個僵冷了的歷史人物，因作者眷愛的情熱而在書頁中鮮活重生。人物的表現就是作者理想發表假象的滿足，人物的悲喜也就是作者情感的鳴應，作者的生命動力血淚萃聚於斯。六百年來贏得億萬讀者嗟嘆激賞，歷史人物藉小說之功而傳留不朽，也就是羅貫中表現的不朽。今日的讀者熟悉並喜愛這三位人物，不能不感念人物的製作者，是應該試著回溯到作者創作之時，沿著「披文以入情」的線路去體認他「情動而辭發」的意識真相。

作者借屍還魂的三位歷史人物是諸葛亮、劉備和關羽。意識寄托運作的概略，現在分述如下：

一、**諸葛亮：**多有讀者表示：三國演義要到三顧茅廬才光采，而在秋風五丈原之後就黯淡了；換言之，這部書的精采部份全以諸葛亮為始終。這不足為怪，因為諸葛亮就是作者自己，代表了他讀書人身份的意識寄托，讀書人生命動力表現渴欲的發抒。

主角出場時就已不同凡響，作者先以側寫手法，借水鏡、徐庶之口渲染揄揚：智能的讀書人隱居守身待時，而流露出來的理想抱負卻是自比為管仲、樂毅的不凡。由於已有徐庶的走馬之荐在前，三顧中的兩度不遇，分明就是讀書人不汲汲於功名的適度矜持。出山之前的充實準備，紆衡大局胸有成竹的設計，贏得了侷促困境飄泊將軍的敬重。但在決定合作之前，還得要對方以一哭來充分證明誠意（先生不出，如蒼生何！）臨行吩咐諸葛均躬耕田畝，留下功成身退的地步，是讀書人志在大事不在大官的原則高節。博望坡一役的牛刀小試，事先命乾孫簡雍準備功勞簿慶功宴，勝負只在掌握之中，讀書人的智能大展一戰成功，演義裏孔明的意氣，就是現實裏作者悒結心志的暢發。江東舌戰一場，作者的表現極見其迴旋騁馳的才智之雄：首先以沉疴糜粥之理，仁義保民而敗折服張昭；再以兵精糧足的江東，竟有謀士勸主屈膝實為可恥來譏諷虞翻；對步隲誇蘇秦、張儀為豪傑，那是作者自己竊慕蘇張意識的呈現；面斥薛綜無父無君，以文士義烈表現明正統的意識，舌戰的緊弦至此拉滿，升到高潮。緊張的頂峰作者能夠運作迴旋，一轉而為嘲弄懷橘遺母陸郎的幽默。再行升起，借辯才表現作者自己性行的洒脫：向嚴畯表示不屑做尋章摘句的腐儒；向程德樞說明君子之儒與小人之儒的分別。峰巒波瀾的起伏迴盪，精采不只是作者的筆觸工力，更因為這就是作者在表現他自己，所以特能自然真切。

讀書人的懷才不遇，渴望遭遇知己英主的那一份強烈的自憐，在蔣幹過江時又作了一次變型的表現，那是當周瑜領著蔣幹參觀軍備之後的一段：

> 瑜佯醉大笑曰：「想周瑜與子翼同學時，不曾望有今日。」幹曰：「以吾兄高才，實不爲過。」瑜執幹手曰：「大丈夫處世，遇知己之主，外託君臣之義，內結骨肉之恩，言必行，計必從，禍福共之，假使蘇秦，張儀，陸賈，酈生，復出，口似懸河，舌如利刃，安能動我心哉？」

雄姿英發的顧曲周郎，在演義裏是被作者故意糟蹋了的，被用來作為襯托孔明的犧牲品。為抬高孔明而壓抵周瑜，周瑜被寫成為一個氣量狹小的匹夫。只有這一段寫得周郎意氣飛揚，髣髴東披念奴嬌赤壁懷古的英雄氣概，何以如此？筆者以為這是作者熱切的自惜，正好藉著這段情節升浮出現，為了要發表他「遇知己之主」假象的快意滿足，一時忘了周瑜這角色的扮相，出現了這樣一次突兀明顯的「跳離」。

百廿回演義之中，有七十回大半的篇幅在寫孔明。寫他虞淵日落，魯戈獨奮，砥柱中流的英雄形象。從赤壁之戰的借箭借風，到三氣周公謹，下益州、白帝城托孤、平南蠻、出祁山，一直到秋風五丈原感性淋漓的死亡終結：

「……孔明強支病體，令左右扶上小車出寨遍觀各營；自覺秋風吹面，徹骨生寒；孔明淚流滿面，長歎曰：『吾再不能臨陣討賊矣！悠悠蒼天，曷其有極！』……。」

雖然是歷史人物近似的形容，但也是作者的感情之所寄，是作者以自身的悲愴把人物情節感情化了。是他認為一個讀書人就該這樣鞠躬盡瘁、死而後已的，捨此以外已別無他途。歷史上的孔明畢竟不能成功，作者在命定的灰黯氛圍下，特別強調他為知己而死，明知其不可為的悲劇精神。一半是歷史人物的原型，另一半是作者這位讀書人的性格理想。作者寫下了悲劇英雄之死，同時也宣洩了他自己的抑悒，宣告了他自己的悲劇生命。秋風五丈原一段，古往今來，賺取了無數讀者同情共鳴：同情的是幕前賚志未竟的歷史人物孔明，也是隱在幕後賚志不得伸展的作者，主角與作者原是一體。

陳壽評諸葛亮：「亮才於治戎為長，奇謀為短，理民之幹，優於將略。」裴松之引袁子（諸葛後數十年）之說：「諸葛治軍，止如山、進退如風，聰明、正直而一者也。」歷史上的諸葛亮確是一流人才，但卻絕非如小說所述被渲染成各種才能集大成的神話人物。除卻政治軍事才能之外，天文地理機械占卜無所不通。木牛流馬運輸器製作方法載於本傳，借東風還可說是氣象常識豐富，但空城計就能騙過敵人，一番話就能罵死王朗，甚至他還會縮地法，驅假獸上陣，實在是匪夷所思，難怪被評為「諸葛多智而近妖」，偏失的原因之一是寫作時代的科學思想不夠發達，更重要而可信的是作者的自我珍憐，太愛這位代表自己的人物，以致於愛之深切難免渲染過甚。

二、**劉備**：作者「有志圖王」領袖慾的寄托表現。第一回中勾勒出的形象：「不甚好讀書、性寬和、寡言語，喜怒不形於色，素有大志，專好結交天下豪傑……」正是領袖條件。而「當日見了榜文，慨然長歎。」這一聲吐氣，可想而知是發之於作者的胸臆。時當元蒙帝國末葉，天下鼎沸，群豪蠭起，正是英雄騁力建功立業的大好時機，而列身於「九儒」等級的作者，無拳無勇，何餉何兵？空有一腔壯志雄心，畢竟難能從孤窮的環境瓶頸中突破。這一聲志士扼腕的長歎，六百多年之後，我們仍能共鳴到他沉重的抑悒，由此可知他改向創作的由來和創作意識的根本了。太史慈持著孔融的信突圍來求救，玄德的一句：「孔北海知世間有劉備耶！」是讀書人重視知己的本色，也是作者的自惜。龍虎英雄的遇時變化表現在玄德的性行之中，有寄身許昌時的澆菜學圃，青梅煮酒時的聞雷失筯，那是神物自晦守身俟時的歛芒隱藏；而在髀肉復生之歎，不肯求田問舍的昌言裏又情不自禁流露出不同凡俗的英雄氣概。這些情節裏都混合了作者讀書明理的心得和他對人物的珍愛，筆觸鮮活可感。而最值得注意的兩處，一是在玄德躍馬過檀溪的一段：

「卻說玄德躍馬過溪，似醉如癡；想此闊澗一躍而過，豈非天意？迤邐望南漳，策馬而行，日將沉西。正行之間，見一牧童跨於牛背上，口吹短笛而來，玄德歎曰：『吾不如也！』遂立馬觀之。……」

牛背上的牧童雖然平凡，但他正掌握著平安快樂；濕淋淋馬背上濕淋淋的將軍，有任重道遠的不平凡，同時也充滿著焦慮，兩者形成為尖銳的對比。說明了人生得失互見的定則，若是不甘於平凡平淡平實，要求生命動力在有生之年揮發煌燦，那必然就得捨棄平凡之樂，去承受一切艱危的錯勵。而在巨大心力付出，功業遙遙無期的情形之下，難免有人生疲乏感的湧起，意志動搖，想著要放棄追尋，去田園山林享受恬適安樂。所以玄德會有此一句：「吾不如也。」這是古今中外無數智能之士的心路歷程：由追求絢爛而付出，由付出過多而產生疲乏，由疲乏而轉思返回到平淡。只是生命動力強大的人都該有自知之明；除非事功已遂，憑恃差可交代自己的肯定，能使自己安於息肩之所，否則希求平淡無非只是因疲乏而生的短暫需要，休息恢復之後，又將忍不住要投身於十丈紅塵中去以汗血淋漓與龍蛇角鬥。因此，對動力強旺的人來說，追求絢爛的里程無限，平淡的作用有如加油充氣，永不止歇的長是他萬里之行的決志追求。

另一處精采的人性剖示是玄德的東吳招親。人類常因不同的環境形成不同的性格，從困境中掙扎突破自立的人，優點在心志強韌能力爭上游，缺點之一是不免於自憐。對不曾擁有過的人生享受，一旦獲得常易陷溺。想著：「人生不過如此，何必太辛苦！」以此安慰自己，並作為放棄追尋的藉口。東吳看中了織蓆販屨出身的英雄的缺點，以安富尊榮的人生享受來誘惑玄德陷溺墮志。這基於人性缺失設計使出的一招的確厲害，在作者的筆下曾寫出玄德一如凡人的中計，滿足在養尊處優的生活裏不知警惕。可貴的是英雄畢竟是英雄，生命動力強大的領袖人物劉玄德，終能憬悟到溫柔鄉是英雄塚，功業未成，享樂的時候未到，迢迢長路蜿蜒在前等待奔馳，決志有待履踐，逸安只有割捨。必須要回去荊州，上馬拚命，參與雄豪共爭逐鹿，從剛獲得的據點擴展建立起他的帝國來，非如此不能滿足他表現的渴欲，這就是玄德與阿斗，英雄與凡庸所以不同的所在了。早在阿斗的幼年，雖然也經歷過長坂坡那樣的九死一生，但對一個襁褓嬰兒來說，是不可能有什麼記憶影響的。其後在漢中王、蜀漢帝國的宮廷裏以太子身份長大，福氣的阿斗有他父王所沒有的逸安環境，自然也沒有他父王那樣櫛風沐雨，親冒矢石征戰拚命的機會。他的一生，前段托庇在父親的羽翼之下，中段有諸葛亮丞相和群臣諸將為他服務，環境造成他不能拚命的習性，也影響到他的不能捨棄尊榮逸安。到了後段，他終不能上馬抗敵，為保全父親傳留的帝國基業而背城一戰，寧願以十萬二千帶甲將士向鄧艾的三萬五千偏師作不戰之降，延續他「安樂公」「此間樂，不思蜀」的生活。阿斗的性行顯示他非是不為而是不能，所以不能是由於他環境影響的性格使然。再回頭來看他的英雄父親，返回荊州的因素有二：一是男性化的孫夫人沒有糜、甘兩夫人的溫柔，英雄渴需的情愛滋潤平衡不夠，美人計的網羅仍有缺口，中計的吞舟大魚終能突網而去。而另一更重要的原因是在玄德的英雄本質個性使然，他克服艱難創造快樂的習慣，以及他心志的堅決終能發揮作用，召喚他回頭去賡續奔赴事功之途。即使如糜夫人所言：「可憐他父親飄蕩半世」的勞碌終生。最後兵敗死在白帝江城，英雄事業的終極仍然不免於中道崩殂的憾恨。但，做過畢竟不同於未做，智能之士的才力能有施展揮發，事功的顯示，歷史的刻度，也足以交代他一己生命的價值了。

在作者的筆下讀到這位領袖人才，英雄人物的性行功業，所以特別鮮明，六百年來一直引發讀者同情嗟歎的，不僅只是歷史人物的素材，重要的是作者自我成份的加入揉合。作者在這一位歷史人物身上，寄托了他志未得伸的領袖欲望理想情感。玄德的表現就是作者的表現。由於這一份真切強烈，才能使得人物的性行形象藉著作品而傳流不朽。

三、**關羽**：演義作者借用了三位歷史人物的軀殼，分別賦予自己的部份靈魂，而以三足的並立，鑄就了他生命意識的表現之鼎。三位人物之中，關羽最為特殊，筆者認為他代表的是作者潛意識升浮的一面。在人類的潛意識裏，經常嚮往著一些自身未之能行的智能，人海之中，如發現有如此性行的，常就會禁不住私心竊慕。這種現象同時又基於人類共性中的比較作用：總是這山望那山，對己得的經常忽略不知珍惜；對得來不易的倍加珍愛；對得不到的最是興趣盎然，那種企羨之所以能濃烈持久的原因就在於未曾得到。小說素材表現這種潛意識升浮層面的：如紅樓夢裏的寶玉與柳湘蓮，當然我們不便武斷認為是同性戀的傾象。但文弱的貴家公子竊慕飄零俠士的英風卻是分明，那種人的身份、環境和行事，都是公子爺只能慕想而絕得不到也做不成的。其後就因他的一句「尤物」誤評使得良緣不諧，造成二姐伏劍身殉、湘蓮憾恨終身的悲劇。這一句闖下大禍的話果是出於寶玉的無心？還是出於他絕難自認的微妙潛在意識？可供尋索之處不是沒有。再如水滸裏宋江對李逵、武松的特別眷愛也是同理，李逵的血腥嗜殺，代表著宋江潛意識裏的魔性；而武松的快意殲仇，又正是一直縈迴在宋江潛意識裏未之能行的憾恨抑壓。拉回到演義中來，由於羅貫中外緣資料的缺乏，不知他是否文武全才？就一般而言，同具文才武功的畢竟不多，這位讀書人身份的作者，很可能就沒有叱咤喑嗚，斬將搴旗的勇武。這一份不足的憾缺與嚮往，蟄伏在他的潛意識裏，一直吶喊著要求補償，促使他另塑一個勇武絕倫的人物，藉著人物豪勇的快意來滿足平衡他自己。

關羽的神武，精采始見於溫酒斬華雄一段：

「操教釃酒一盃，與關公飲了上馬。關公曰：『酒且斟下，某去便來。』出帳提刀，飛身上馬。眾諸侯聽得關外鼓聲大振，喊聲大舉，如天摧地塌，岳撼山崩，眾皆失驚。正欲探聽，鸞鈴響處，馬到中軍，雲長提華雄之頭，擲於地上，其酒尚溫。……。」

難能可貴的是作者的敘事手法，不採正面交鋒，而由帳內的聽覺來形容表現，實在佳妙。自此美髯公與赤兔馬、青龍偃月刀的相得益彰，大將名馬寶刀，樹立起凜然神威，其後在斬顏良的時候：

「關公奮然上馬，倒提青龍刀，跑下山來，鳳目圓睜，蠶眉直豎，直衝彼陣，河北軍如波開浪裂。關公徑奔顏良。顏良正在麾蓋下，見關公衝來，方欲問時，關公赤兔馬快，早已跑到面前；顏良措手不及，被雲長手起一刀，刺於馬下。忽地下馬，割了顏良首級，拴於馬項之下，飛身上馬，提刀出陣，如入無人之境。……。」

斬文醜的時候又是：

「文醜回馬復來，徐晃急輪大斧，截住廝殺。只見文醜後面軍馬齊到，晃料敵不過，撥馬而回。文醜沿河趕來。忽見十餘騎馬，旗號翩翻，一將當頭提刀飛馬而來，乃關雲長也。大喝『賊將休走！』與文醜交馬，戰不三合，文醜心怯，便撥馬遶河而走，那關公馬快，趕上文醜腦後一刀，將文醜斬下馬來。……」

作者筆下的大將神威，正如毛宗崗所評的「如生龍活虎」。六百年來一直引得讀者們快意敬佩無已。只是明眼人一看就知這是過份的誇張。小說場景寫的是戰場而不是戲台。萬軍之中，哪有可能一人一騎衝進去斬殺主帥，又能從容下馬割頭拴頭，再能全身而退安然返回本陣，除非這真是「無人之境」。這是文人「想當然耳」沒有戰陣經驗的想像筆觸，荒謬近乎神話的描述，把兵凶戰危的沙場美化、簡化得離了譜。

當然，除了這些不合理的成份之外，作者之寫關公還多有著可信可感的地方。如他的重義，對玄德的精誠不渝，穿著玄德所贈的舊袍，明示不忘故主；獲贈赤兔馬一再道謝，想著的是一日千里的驥足能助他縮短迢遙，提前晤見玄德；義釋華容表現他大丈夫的恩怨分明，刮骨療毒顯示他自制力的超越常人。小說中表現歷史人物的事蹟，雖然部份是實，但作者不僅對真實事件有所渲染，更是真實之外另行製造想像情節。例如寫關公性行的嚴正不苟，絲毫不與女性有所關連。由他侍奉二嫂，恪守禮義，在暫歸曹操，班師返回許昌的途中，好色的曹操想要「亂其君臣之禮」，故意安排使關公與二嫂共處一室，書中所記的關公是：「乃秉燭立於戶外，自夜達旦，毫無倦色。」傳說後世的狂生金聖歎，大膽在頁上加上他的疑問：「誰人見著？」到晚夢見關公來送一車金（影射斬字），其後夢兆應驗，聖歎果然死於刀下。如這一傳說是真，金聖歎是犯了創作的大忌——未能祛除心理的不協調——（在聖歎處身的清代，關公已被渲染成神，天下廟食供奉，狂士雖有大膽的著墨，內心不無畏懼）。其實章學誠也已指出演義之作是「七實三虛」，虛的部份多半得之於稗史傳說，混入正史不易分解。歷來的批評如：

……古今傳聞譌謬，率不足欺有識，惟關壯繆明燭一章，則大可笑。乃讀書之士，亦什九信之，何也？蓋緣勝國末村學究編魏吳蜀演義，因傳有羽守下邳，見執曹氏之文，撰為斯說；而俚儒潘氏又不考而贊其大節，遂致談者紛紛。案三國志羽傳及裴松之注及通鑑綱目，並無此文，演義何所據哉。（少室山房筆叢四十一）

而由三國志關羽本傳註又見一條：

蜀記曰：曹公與劉備圍呂布於下邳，關羽啓公，布使秦宜祿行求救，乞娶其妻，公許之。臨破，又屢啓於公。公疑其有異色，先遣迎看，因自留之，羽心不自安。此與魏氏春秋所說無異也。

這一條資料的可信度很強。曹操的好色已見於他納張繡的寡嬸，使得張繡降而又叛，這一節中所述的悅美自留當然不足為奇；不妙的是兩雄爭美的另一位竟是關公。雖然我們還不致懷疑到關公對兩嫂的守禮，但他是人而非神，仍具有人性弱點是可信的，秉燭一事為後人臆測忘加是可信的。這位歷史人物，在演義中成仁之後，就已被妄加上一連串的迷信成份：玉泉山顯聖（還我頭來）；東吳慶功宴上附體追殺呂蒙；首級送到洛陽，開匣時的口開自動，鬚髮皆張驚倒了曹操；托夢泣告玄德；以及在先主征吳時顯聖助子復仇。他的靈魂竟然一直在呵護著兒子關興，其後在關興戰陣危殆之時再度顯聖救助，不但有形與力的運作甚至還能發聲說話。小說素材迷信如此，亡人與生人無異，實在已是匪夷所思的神話。在科學昌明的現代，讀者們應當無人採信，奇怪的是至今讀者猶能不介意這些迷信落伍的成份，而為這位亦人亦神的人物感動嗟歎。甚至多有人在閱讀演義時略去敗走麥城一段，不忍於英雄末路的傷悼。原因何在?兩項明顯的因素：一是武聖關公的神化，自宋真宗時即已被封為武安王，其後歷經明清兩代，近千年來屢次加封為王為帝，國境之中各地普建關廟，武聖的血食供奉勝過文聖孔子。垂傳千年的世俗習慣，已在國人的心理立下敬畏的牢基，心理因素不由得不信，即使不信也將難負於惴惴不安。另一項重要因素是演義普及民間家喻戶曉的宣揚之功，功效之所以龐沛宏大，就在於作者以人物代表自身，以理想與情感的貫注，使得人物自然地昇華成聖成神。

三、海狼——依理想與現實的不同而分別塑造人物

研究傑克倫敦比研究羅貫中容易得多，不但是前者與後者相差了五百五十年接近現代的便利，前者外緣資料的完備不同於後者資料的既少而不確。而且更明晰的是傑克倫敦自然主義的文學傾向，便利研究能有線路可循，對作品意識的探究較有把握，不致流於臆測或偏差太大。

文學創作要求寫境與造境的充實，寫境的源泉在作者生活的采姿，造境的根本在作者性

格的複雜敏銳。而生活與性格兩者的形成又都是由於環境。一般來說，「窮而後工」是可信的。基於人類好逸惡勞的共性，智能的發揮常需要藉重環境的迫壓刺戟，就如蕞爾原子經過撞擊放出巨大核能一樣。富足安樂的人生固然可喜，但逸安使智能不須發揮也無從發揮，地底暗流畢竟未能破土而出蔚為滾滾江河，終其一生的凡庸沒有價值，那就不是可喜而是可悲了。因此，雖然我們悲憫於作家們的困逆，但另一方面也為他們慶幸，失之東隅收之桑榆，正因為有此困境的磨練，刺戟了作家們才情煥發，偉大的作品於焉而生。

類同於中國文學史許多位窮而後工的作家，傑克倫敦的一生極不尋常。生父詹尼是一位星相家和精神哲學的「教授」，母親芙羅蕾系出名門但情緒不穩，小傑克出生之時，她就曾企圖自殺未遂，產後八月嫁給經常更換職業的約翰·倫敦。生活常是漂泊流動而又貧困。幼年時的傑克沒人管教，生父已不知去處，繼父經常失業。母親以教授音樂、精神學以及如何迅速致富的方法為業，音樂與精神學既未能使她穩定，教人致富而自己貧窮又徒然是可笑的反諷。傑克秉承遺傳的敏銳思想，在沒有羈勒也沒有指導的成長發展裏形成過份敏感早熟。幼年時就已學會成人們的一切嗜好，經常耽溺於幻想，如他的自述：

> 「我是一個病態的孩子……我時常陷入於精神狂亂的狀態中。於是孩子們頭腦中所能想像得出的種種可怕的事情，一齊湧到眼前成爲事實般的搬演出來。我看見別人犯了謀殺罪，也看見兇手前來追逐我。我喊叫，我掙扎……漸漸陷入於狂亂的狀態。我好像被關在瘋人院裏，被看守人鞭打，四面圍繞著狂喊的瘋人。

從小就在為混飽肚子的童工零工生活裏掙扎，經常為一角錢工資在機器旁做苦工，十六歲參加舊金山灣劫蠔賊隊、藉著騎馬、航海、拳擊與酗酒來訓練自己的男子氣慨，冒險的生活裏有衝動縱慾也充滿焦慮。十七歲參加去日本海白令海獵海獺的船隊，這一次不凡的經歷，成為他日後創作「海狼」素材的依據。一八九三年參加科克西運動（coxey 美國政治改革家），曾以懾人的力量拯救友人。一八九四年因遊蕩罪判刑三月，出獄後返回故鄉奧克蘭，夢想著寫作、成名和財富。開始發憤讀書，孤獨而著魔地閱讀一切可看的讀，用以來教導自己。每天工作十九小時，以鐵的意志來規範自己要求達到成功。兩年後進入加州大學，因不滿學校的教育方法而在數月後放棄。開始拼命寫作，投稿極不順利，其後為了生活去洗衣坊做苦工，耗盡體力的勞動竟使他的寫作力不從心。

一八九六年偕同姊丈參加去加拿大的淘金隊，歷經艱困，因罹患壞血症被迫中止回國。「行萬里路」充實了他創作的寫境，常在半飢餓的狀態下日以繼夜地打字，以他流浪生活豐富的閱歷配合理想發表，以一定成功的自信堅持克服沮喪。直到一九〇〇年短篇結集「狼的兒子」出版，終於使他嶄露頭角。他的小說以嶄新的筆觸揚棄了十九世紀文藝的貧血、敏感、逃避、偽善的濫調，勇敢地剖示人生的殘酷、醜惡、嚴峻以及美善，袒陳人們視為禁忌而避諱的縱慾、野性與死亡。題材著重人與自然的鬥爭，元氣力量龐沛強大，為現代美國小說展開了新紀元。擺脫傳統束縛，以真實的文學型態促使小說走向大眾平民化的天地，率先透過廿世紀的科學態度，把美國人用來征服新大陸，建設龐大產業的力量元氣，藉著文學酣暢表現出來。

一九〇一年短篇集「他祖先們的上帝」（*The God of His Fathers*）出版，傑克的技巧再進為嚴謹簡潔，部份的粗糙冷酷特具震撼，作品意識顯示文學中死亡的誘惑更勝於性力誘惑。一九〇三年出版以一隻狗為主角的「野性的呼聲」（*The Call of the Wild*），作品的新穎強力又贏得大量的贊美。小說的暢銷使他獲得財富，傑克買下一條名為浪花號的單桅船，在船上反芻他水手的經歷，寫出了他的長篇力作「海狼」。一九〇四年出版，出版前就已被預訂了四萬部，出版後作者被譽為稀有的獨創天才，提高了現代想像文學的品質。這部小說成為美國文學中另一個里程碑，不僅是由於寫實大膽，更重要的是內涵表現的唯心唯物，現實與理想的衝突，提高了現代小說的學術成份。出版三週之後就躍登暢銷書的首位。

這位勤持終成，具備自我特殊風格的作家，成名之後仍然賡續他的習慣，經常旅行，不停地寫作。每年收入上萬，但無時不在負債之中。在他往日的困逆裏所透支的體力太多，健康的耗損不是金錢所能彌補。同時由於切望寫出自己滿意的偉大作品，而又一直不得不遷就現實賺取稿費還債，作家自期的層面再上表現突破，格於環境健康而力不從心，再加上家庭的失和，一種徒勞無功的空寥，迫使他在四十英年自戕。這位傑出的人才曾如彗星出現似的一夜成名，也曾以創作炫示異彩，結果竟如曇花似的急遽凋落。

形成為傑克倫敦作品意識主幹的是自然主義（naturalism）思想。自然主義以十九世紀末葉現代科學方法來研究自然環境和遺傳對於人類社會的影響，根據達爾文的物種原始論，把人生當作是一種生物化學的現象。認為人類先天性地具有著和宇宙不能調合的弱點，先天性地被命定必然走向死亡解脫之途。上帝不存，形而上學只是一種沒有意識的遊戲。文學領域的自然主義，本質是為對人類進步與理想的反諷，是面對著冷漠世界和沒知覺宇宙的絕望。自然主義冷漠無情的科學與法俄兩國頹廢陰暗的文學，在南北戰爭之後逐漸影響到美國文學。美國社會在工業迅速而無節制的發展之下，資本的集中為勞工大眾造成日益增長的痛苦不安，社會問題影響到思想與文學的是深刻的悲觀主義，進化論生存競爭，冷酷無情的思想在現實社會裏普遍地被信奉運用。傑克倫敦的人生經歷就是自然主義文學絕好的素材，他曾經不加選擇地吞噬了含有雜質的達爾文與馬克斯思想，接受尼采的超人哲學，認為人可以分成兩類，一類是超人另一類是普通大眾。超人要比普通人更高大、強壯、聰明、能克服一切障礙，並且堅信群眾須由少數超人來統治，因為：「絕大多數是愚人，必須由少數智者來予以照顧。」同時宣告他的自信：「我一定會使自己成為有用的超人，我一定會使自己成名。」

成名前的困逆當然是誘使他傾向自然主義的根源。他的作品常以奮鬥求生存作為主題，超人英雄有如金髮野獸，常與輕視傳統的女性相配，以表現作者對世俗的輕蔑與否定。作品意識就是他性行理想的表白，形式表現真切大膽而又充具強力。可是這位自許為超人英雄的作家，在現實生活裏卻節節敗退，一直在向傳統世俗受協，英雄的努力並沒有推翻什麼新建什麼。不斷向上的結果，書中的主角人物無不以失敗為收場，而他自己也和他筆下的悲劇人物一樣，獲得的只是無垠的空寥。在他自傳式的小說馬丁・伊登（Martin Eden）扉頁所寫的小詩，可說就是他作品的總結與人生終極的先兆：

讓我在熱血沸騰中度此一生！

讓我痛飲夢者之酒後醉臥！

但不要讓我見到泥塑的軀體

踉蹌的復歸塵土——一個空虛的神龕！

敏感的作家不能忍受白髮老醜的難堪，難忍與生俱來先天性死亡迫壓的沉重，難禁復歸塵土空寥的悲愴，一直憧憬著憑恃智力長擁有情熱與香美。得自遺傳的過敏特性，可悲的身世與艱困成長流浪的經歷，以及他後天自建的思想線路，驅迫著他去奔赴擷取一朵虛無飄渺的絕巔奇花——以超人成就來肯定交代自己——而人世間的現實與理想永遠是懸差巨大，懷抱著熱切嚮往的傑克倫敦，雖曾在現實人生中努力表現他類似超人的形象，但與他書中塑造的，理想擁抱的畢竟相差太遠。絕巔奇花的可望而不可及，創作的華采雖能使讀者滿意，苦的是卻都不是他自許追求的偉大。生命苦短，表現的渴欲預估已難有滿足的機會，過猶不及的敏感作家，既不能忍受現實與理想的差距，就只好接受他書中著墨最濃的死亡誘惑而結束自己。

筆者以為海狼一書的意識表現是在現實與理想的衝突。作者塑造了兩個人物來分別代表這對立的兩面：以海狼拉森的超人形象代表作者的理想線路；以韓福的凡人形象代表他現實人生的線路。因為書中大半篇幅側重拉森，所以先行分析這位超人的形象和理念，然後再來介紹與他對立的韓福。

一、超人的形象：作者以韓福第一人稱進行敘述，寫出初見時超人的外型以及敘述者的感覺：

「一位壯漢，在艙口踱來踱去，狂嚼著口中的雪茄煙蒂，就是這人無心的一瞥，將我從大海中救了起來，他身高不過五呎十吋或五呎十吋半，但我對他的第一個印象並非如此，而是被他那種體力充沛的神態懾住；他身體雖然並不太高，但非常魁梧；寬闊的肩膀，堅實的胸膛，顯示出瘦削健壯的人特有的堅韌無比的力量。他身材寬厚，好似一隻大猩猩，但面容上卻絲毫沒有猩猩的蠢態。我努力描述的，僅是他那無窮的力量，這是原始動物——野獸，緣木而居的原人——所具有的力量，它的本質是兇殘、野蠻而敏捷。生命的本質在於活動的力量，力量的本質塑出各種不同的生命。總之；這股力量在體內蠕動，好似一塊龜肉或截去了頭的蛇，在手指的刺戳下彈躍顫動。這給與我強有力印象的人，在甲板上來回踱著，步履穩健而有力，每一絲肌肉的動作——從擺動的肩膀直到咬著雪茄緊閉的嘴唇——都顯得堅強果斷，透出一股力量。實際上，雖然他每一下動作均充滿力量，但卻似更有無窮的力量潛伏體內，待機而動，令人望而生畏，好似雄獅的發威和暴風雨的狂怒。」

這是常態時超人的素描，再看他雄力運作時的動態，也是經由韓福以旁觀角度的形容：

「海狼拉森潛伏的力量再度鼓動起來，這一切是出乎意料的快捷，時間不出『的答』

兩秒鐘，他從甲板上向前躍過六呎有餘，把拳頭送上這孩子的肚腹，一剎時，我自己好似挨了一拳，肚子裏感到一陣難受，由此可見我的神經組織是過於靈敏，見不得兇殘的景象，這侍役——體重至少有一百六十五磅——被拳頭打得雙足騰空，凹癟的肚腹貼住拳頭，像是裹在木棒上的一塊濕布，他身體被擊得向上躍起，在空間劃了一條短弧，然後倒跌下來，頭和肩膀衝在甲板上，正跌在大副的屍體旁邊，他痛苦的呻吟著。」

以上對超人的印象還只是停留在外型的階段，其後海狼拉森在敉平一次船上的叛亂中受了傷，韓福替他包紮，有一段深入到男性健美藝術感受的形容：

「我煮好開水，將藥品整理清楚，準備替他包紮傷口，他談笑自若，打量自己的傷處。我從未見過他赤裸的身體，他那強壯的肌肉，使我驚羨得幾乎停止呼吸，這並非由於我自身的瘦弱，而是全憑內在的藝術眼光，使我如此感覺。我被他全身完美的線條懾住了；那簡直是出奇的美麗。我曾見到前艙那些漢子們的裸體，雖然其中數人也具有堅強的肌肉，但總有些什麼地方不對勁；不是這裏肌肉不足，就是那裏過份發展或彎曲，破壞了人體的對稱，不然就是腿生得太短或太長，筋肉選份飽脹或太弱，祇有夏威夷佬全身線條勻稱，但太勻稱了，好似女人的體態。海狼拉森的身體，洋溢著一股男性美，舉手投足之間，堅強的肌肉在光滑的皮膚下躍動，我忘卻聲明——祇有他顏面的皮膚，被日光灼成古銅色；他的身體，由於斯坎拉維安的族系——潔白得一如婦女的皮膚，他舉手撫摸頭上的創口，我看見他的雙頭肌在皮層下閃動，像是一個活的東西；就是那強壯的雙頭肌幾乎奪去了我的生命，我親眼見到他無數次揮動致人死命的拳頭，我出神凝視著他，一小團消毒棉花，從我手中墜落地下。」

從外緣資料可以想見作者是一位具備強力而慓悍的男子，但在他的心目中，另有著更強的力與智與美綜合的超人形象。在書中透過韓福的敘述，作者塑造了這樣一個近似完美、人間絕無的神。從一些細微的描述中表現了作者對超人塑像的崇拜，甚至我們還可以察覺到作者潛意識的升浮，有著自愧弗如暗戀著、仰仗著超人假象的變型表現：例如：

「海狼拉森沒有笑，雖然他那灰色的眼睛微微閃出一絲笑意，我這時站得離他很近，他剛才向死者咒罵時，我對他的第一個印象，是屬於身體方面；他的臉是方型的；線條強勁，五官端正。第一眼望去，神態是粗壯的。但當你繼續觀察他全身時，這種粗壯的感覺消失，他體內好似蘊著一股無窮的精力和勇氣，下巴，兩頰，濃密的眉毛高低適度的覆在眼睛上——這些，全都是勁氣內涵，深不可測。

那雙眼睛——我有機會認識清楚——巨大而漂亮，兩眼距離很寬，隱在濃密的眉毛下，四周鑲著長黑的睫毛，眼珠本身是灰色的，但顏色時時改變，好似日光下閃爍的絲光；時而淺灰，時而灰綠，有時更變成海水般的清藍色，這眼睛用多種偽裝將靈魂掩飾，但在極少情形下，這兩扇靈魂之窗突然開啓，赤裸的眼光射出，這雙眼睛有時凝出灰色天空般的陰鬱，有時爆出劍光揮舞的火花，有時閃出北極的寒光，但同時又能射出溫暖柔和的光芒，強烈而剛毅，誘惑而逼人，贏得婦女們的心，使她們心悅誠服的獻身於他。」

二、**超人的理念**：作者筆下的超人不是徒具健美強力的匹夫，而是同時具備有豐富的學識智能，並且又已建立一己思想系統的完人。海狼一書最主要的部份是在表現超人的理念線路，也就是作者畢生編織的思想體系。這些理念藉著拉森與韓福的對話表現出來，一片片的，在小說裏顯得生硬而不自然。但我們也得想到作者的難處，這種集錦式的設計雖然未臻理想，但總比一條鞭式的直述說教要好一些。理性主體的發表，筆者認為作者的主要目的有二：一是謀求意識表現之後交代自我的肯定快感。另一項更重要的是，以他的思想理念向讀者世人徵詢同意與否。

本文的析介程序，首先歸納他對生命的基本觀念：

「我認爲生命是一堆污穢，」……「他好似是酵母；一個可以活動一分鐘，一點鐘，一年或一百年的東西；但最後仍是靜止不動，大的吃掉小的，爲的是繼續生存，強者吞噬弱者，爲的是保全氣力；最幸運的將其他一切均咽下肚腹，於是牠活得最長久；這就是一切，……」

「我認爲生命就是酵母，要活著就得吞噬別人的生命，生存僅是卑鄙的成功，嘻，如果按照『供與求』的關係來說，生命是世界上最賤的東西。祇有這樣多的海洋，祇有這樣多的土地和這樣多的空氣，但生命的激增是無限的，『大自然』是一個揮霍的傢伙，不信請看那些魚和牠們數百萬顆的魚卵，由此再反觀你我二人，祇要我們有時間和機會，我們的生殖機能可以製造出數百萬的生命，那們我們就成爲一國或一洲人的父親。生命？呸！它是沒有價值的，是賤東西中最賤的東西，到處擁塞充斥。『大自然』用一隻濫手撒佈生命。祇能容納一個生命的地方，她播下成千的生命，於是生命吞食生命，直到最強壯最卑鄙的生命存留下來。」

「那麼爲什麼要動？因爲動就是生存嗎？停止不動成爲酵母的一部份那就萬事皆休；但是——就是這樣——我們要生存和動，雖然並沒有理由如此；因爲生命的本質就是生存和動，求得生存和動。……」

由於這種植根於進化論，偏於物質主義的基本觀念，產生出作者對世俗人性缺失的檢討，也列出了他反傳統、反永生的意見：

「你下不了手的，你並不是眞的怕，而是軟弱。你的傳統道德觀念勝過了你。你是日常聽到和書本讀到流行於一般人中間的觀念的奴隸，在你還是口齒不清的孩子時，這些信條就塞進你的腦袋，它不顧你的哲學思想，和我所教給你的一切東西，不准你殺一個手無寸鐵和不作抵抗的人。」

「而你知道我會殺死一個沒有武器的人，像抽支雪茄那樣平淡無奇，……你知道我是怎樣的人，你罵過我是蛇，老虎，鯊魚，魔鬼和卡力班，並且，你這可憐的傀儡，你這小應聲蟲，你不能殺死我——好像你也是一條蛇或一尾鯊魚，因爲我也和你一樣的有著四肢和軀體。」

「這一切是污穢的，這就是生命。生命是如此污穢，那麼永生又有什麼用處和意義？什麼是最後結局？這一切又是什麼？你自己不會耕種，但你吃掉或耗去的食物，可以救活許多勞苦耕種而自己沒有東西吃的窮人。你信仰的永生是什麼？他們信仰的又是什麼？以你我二人作比，當你我二人生命發生衝突時，你那強調的『永生』還值什麼？你希望回到陸地上，因爲那裏對你這類污穢的生命較爲相宜，但我的怪念使你留在船上，這裏是像我這類污穢的生命興旺的所在，我將你留在這裏；我可以使你生，也可以使你死。可以在今天，這個星期，或下個月內死去，我現在就可以殺死你，用我拳頭的一擊；因爲你是一個悲慘的弱者，但如果我們是永生的，這又是爲什麼？爲什麼我把你留在這裏？……」

「他鼓起反抗精神，他不懼怕上帝的雷電，雖然被驅入地獄，但他並未被擊敗，他煽動世人反抗上帝。爲什麼他被摒出天堂之外？因爲他沒有上帝勇敢？沒有上帝榮耀？不！一千個不！誠如他言，上帝是更具威力，他的雷電威猛強烈，但魔鬼是一個自由的靈魂，爲了自由，他寧願拋棄安樂，忍受痛苦，他不屑於伺奉上帝，什麼都不屑於伺奉，他不是傀儡，他用自己的腿站立，他是一個獨立的人。」

一種思想體系的建立，價值就在能影響人類社會破舊佈新。人世之間本無絕對，所有的人類想出來的理念，都要受到不同時空的考驗。舊有的一切合理美善，在空間上既不能涵蓋舉世，在時間上又不能永久恆存，必然會隨著時代進展而變動革新。新建基於破舊的精神是對的，但若只是破壞而沒有建設，那就是淺薄的不智。傑克倫敦的思想體系有破舊也有創新。例如他表現在書中海狼的生活態度，生活意義，以及對快樂的詮釋：

「強權就是公理，這就是一切。懦弱就是錯誤，說也可憐——一個人強壯就是好，懦弱就是壞——或者可以說：強壯是一件好事，因爲能佔便宜。懦弱是一件憾事，因爲到處吃虧，拿眼前情形作比：佔有這筆錢是快樂的；佔有這筆錢對我是件好事，如果我把這錢給你，我就對不起我自己。」

「一個人不會對不起別人，祇會對不起自己。當我考慮別人的利益時，我就對不起我自己，你不懂嗎？當兩個酵母互相吞噬時，怎能顧及對方的利益？這是牠們注定的命運；互相吞噬，要吞食對方，而不爲對方所吞食，不如此，那牠們就錯了。」

「這是你自己的事，你現在沒有任何律師或代理人，所以你必得倚仗自己，當你賺得一塊錢時，緊緊抓牢它，一個人像你這樣，把錢隨手亂放，是應該丟失的，並且你還犯了罪；你沒有權力引誘你的同類，你引誘廚子，於是他落了圈套，你使他永生的靈魂陷入險境……。」

「你想我爲什麼弄出這玩意？」他突然問道：「想揚名於後世嗎？」他嘲弄似的大笑；「完全不是這回事，想獲得專利權，由此賺錢，因貪得無饜而整夜工作，這就是我的目的，同時，完成一件工作也使我快樂。」

「創作的快樂，」我說。

「我想應該這麼說，這是表現生命快樂的另一種方式——它是活的；活動克服了物質，有生命的勝過了死亡的，這就是酵母的驕傲，因爲它活著而且能蠕動。」

「當一個人的生命被別人掌握著時，這對他是一種刺激；人類生來就是賭徒，生命乃是他們最大的賭注，賭注愈大，刺激也愈大，是我將里奇刺激得憤怒如狂，我爲何否認這種快樂？關於此點，我待他眞是不薄，我使他活得比前艙一切都有價值，雖然他自己並不知道，因爲他現在有了目標——想殺死我。說眞的，韓福，他現在活得很有意義，我猜他過去一定從未活得這樣起勁過。老實說，在他憤怒極點的時候，我還眞有些妒忌他呢。」

以上前三段是海狼迴異於一般的自私和冷漠。第四段顯示的創作快樂，目的不同於一般的利他，而是純物質的利己，甚且運作的原理也是基於進化論式的酵母作用。第五段所述的快樂來自畸形的施虐刺戟，雖然在人性中有著因被虐、自虐而產生快樂的情形，但那是明智的人類都願去調適而不願強調的。冷酷的物性偏差如此，相對地削弱了人性。同時，在這一段裏強調生命意義價值只在保持生存，忽略了人類有異於禽獸的生活意義。果然生命只是單純的生純而非具備貢獻價值的生活，人和禽獸又有什麼分別？歷史文明為人類建立起超越物性的尊貴，而傑克倫敦的物化思想卻要把人類拉回到原始，這豈不是一種荒謬的倒草！綜合以上，作者新建的一些理念是不合於現世人類社會情理的。可以想見這只是作者的理想，就連作者自己在現實生活裏也必然做不到。由此分析，可以測度出他的理想與現實之間的懸差之大。

超人典型居然也有與一般人相同的情感，對他的身世環境表示出委屈不甘，這一點與常人的認同，雖只是偶然間情不自禁的一閃，卻也彌足珍貴，那也就是傑克倫敦表現自我的假托了。傳出的訊息不僅是他的不平之鳴，間接也說明了他偏激思想形成的根源。這一段寫的是：

於是他說道：「韓福，你知道農夫播種的這個譬喻嗎？如果你還記得，有些種子落在石頭上，那兒土壤不夠，它們就在那裏生長，太陽上升時，它們被灼焦，因爲他們沒有根，於是乾枯了，荊棘又阻過它們的生長。」

「那麼怎樣呢？」我說。

「怎樣？」他問，略帶怒容，「這是一件憾事，我就是這樣一粒種子。」

三、韓福代表的線路和對立的結果：韓福是本書的敘述者，也是舍超人拉森之外的另一主角，代表著與超人理想相對立的另一線路，唯心而理性，生活在現實中的現代人。身份且是文明人中的尖端份子——文學評論家。由於一次傳奇性的海難，被海狼拉森救起，文明人成了超人的擄獲品，被迫充當侍役。幽靈號航行在大海裏，遠離人類文明國土；整條船在超人的統治之下，也就回溯到原始世紀，成為達爾文生存競爭的試驗場。文明紳士淪落到這隔絕的野性天地裏來自是十分尷尬，他所擅長恃以贏得尊敬的智能一下子變得全然無用，就像是滿腹經綸的羅貫中不幸處身在元代，被列為只比乞丐高一等的「九儒」。飽受嘲弄折磨的韓福，可能的抉擇一是反抗一是適應，反抗既然絕無希望，那就只有適應。韓福奮力掙扎求生，在動輒得咎侮辱欺凌的陌生環境裏從頭學習自衛，他向水手們學習，向超人拉森學習，也在自己錯誤裏學習：在目睹暴行時能抑壓正義衝動而沉默隱忍；利用學識吸引海狼交談，使自己獲得養傷休息的機會；看出廚役的色厲內荏，以牙還牙爭回地位，贏得大眾的刮目；不參加強生、里奇的反叛，是他有先見之明的智慧。一位文弱書生，在強權蠻橫的環境裏居然不曾沮喪犧牲，反而逐漸適應改進強化。等到海狼船長敉平叛亂，他被擢升為大副，成為幽靈號僅次於超人領袖的第二號人物。促成文明人韓福蛻變的因素是環境的壓力，原始的血腥刺戟（如開刀沒有麻醉，患者狂飲威士忌忍痛），以及接近超人拉森的濡染，喚起了潛藏在韓福文明人心性裏的原始動力，恢復了他原始人類求生的本能。而另一項更重要的因素是這位文明人理性自制，智慧運作的功能。蛻變後的韓福已接近超人的標準，只是文明人的理性情義仍在，不同於拉森的物化殘暴，這就是作者自我期許的模式，也就是他矛盾衝突的所在了。

海狼拉森改造韓福的訓練成功，甚至連韓福自己也不無驕傲，執行大副職務能夠稱職，甚至在海狼發病時，他能獨立發號施令統理全船。強生里奇逃亡，追捕的結果意外地出現惟一的女角毛黛，在近似原始的純男性的環境裏，突來一位秀外慧中的文明女性，情節不免於有男有女的俗套。作者的安排絕不只是在增加傳奇故事的浪漫色彩，筆者認為毛黛出現的作用是很重要的。是她激發了海狼拉森原始的性欲需求，撕破他堅強自制的假面；催促一個獨夫潛藏的自卑感升浮。（在韓福與毛黛惺惺相惜熱切談論文學之時，海狼的冀圖加入凌駕已經力不從心，自卑感促使他遷怒廚師，野性顯露暴力橫施，使這小人物在鯊吻下斷肢殘廢）；促使他企圖以表現來平衡自卑而倒行逆施（暴力演示，懲死強生里奇，向活閻羅挑釁）。直到後來海狼企圖強暴毛黛，物種遺傳的原型顯露，超人的自制力全面崩決。毛黛的危機與愛慕的傾心加速激發了韓福的勇決（韓福的自信已逐漸重建，在毛黛出場之後就已激發他表現的氣慨，為維護強生里奇敢於正面反對海狼），同時也斬絕了韓福為近似超人而傲的微妙眷戀之絲。重返文明社會的意願燃起，加上所愛者朝不保夕的危機煎迫，促使他偕同毛黛登上冒險的逃亡之途。值得深究的是，作為韓福逃亡勇氣憑依的，除了愛情力量與文明社會生活習慣的召喚之外，還有沒有其他？有的！那就是本書主題意識的重點所在——超人理想的終不可行，理性的抉擇是復返到現實的文明世界。

海狼拉森命終荒島，理想與現實，兩線的對立與比較有了結果。正如毛黛所說：「他現在已掙脫一切桎梏，他已是一個自由的靈魂。」桎梏著使他不得自由的就是那超人思想的附骨之蛆，一直要到死時才得掙脫。從超人一分分一寸寸的衰竭休止，顯示出即使強者也難免於死亡終結的可悲。活著的人類不能隨心所欲，又苦於不能有充足的時間來爭取。「乾坤終有同休日，天海原無不了緣。」絕無永恆原是人類先天性最沉重的愴懷，空寥原是宇宙間最大的悲情，傑克倫敦總算是為億萬人類的抑悒，做了一次差強人意的抒發。

是超人而有不治之症，象徵了人類不可能十全的命定。有病而病在腦病——一切心智體能的中樞——，點明超人致命的所在是他思想的謬誤。超人思想只是一種不宜實踐的理想。過高的理想只是人類自築的空中樓閣，就只能讓它一直懸在嚮往裏，用以來平衡稍減現實生活裏的痛苦。圓顱方趾的人類裏，任何人也不該幻想超越所有的同類，中國易經裏宣告的哲理「亢龍有悔」，早已明示那高處不勝寒的孤絕境地是去不得也達不到的。是以明智者只讓它在意識裏縈迴運作，提供調適功效，而永不去妄求實踐；妄想超人的看似高明其實不智，追尋的途中既只是徒增痛苦，追尋的結果也只是徒勞無功。

如前所述，作者以理念發表向讀者徵詢，而那否定的答案又已由他自製，在結尾時宣告。許多因素驅迫傑克倫敦曾經試作超人之旅，在這本書裏，藉著對立的線路人物表現他理想與現實意識的衝突。顯示的結果是此路不通，超人永遠只存在於理想；而人——仍必須生活在現實裏。

四、比較與評估

一、比　較

①作者：以十四世紀的羅貫中與十九世紀的傑克倫敦比較。處身亂世的羅貫中真是「才秀人微，故取湮當代」「人代冥滅、清音獨遠」，他的作品價值金玉沉埋，光采直到後世始

被發現肯定。對一位死後享名的作家，也可以想見他生時不為人知的抑悒寂寞。他的生年卒年已不可考，但可信的是會比傑克倫敦老壽。作者不幸，生長在文士最受輕視迫害的元蒙，遭逢改朝換代的大動亂，生活極可能是坎坷飄零。坎坷的寫境經歷雖不能進入他的歷史小說充作素材，但變相形成為動力，配合他敏銳的想像，促成了傑作的表現，這一點是可信的。傑克倫敦的生命雖然橫跨十九、二十兩個世紀，但只有短促的四十年華。他的外緣資料完整，不同於羅貫中的是，在他活著的時候就已由創作表現得享盛名。自戕早逝的因素多半不是外在的社會環境，而是他內在心理的病毒。作者身處的時代，雖是如日正昇的美國現代盛世，但受到當代思潮暗流的激盪，加上他身世的悲苦、飄零坎坷的經歷、複雜的性格與想像力的敏銳豐富，他所具備一流作家的條件，正與羅貫中相同。

②**素材**：演義是歷史小說；海狼是想像小說。但就作家寫境言：海狼有作者早年獵獺的經歷依據；演義卻是假借歷史素材的架空。演義素材採自史事傳說，難免受到拘束；而海狼全憑作者傳奇性的編造，能有不受拘限的想像恣放：這是兩書造境方面的不同。時代的不同影響古典小說與現代小說在素材採取上多有差異：在演義的時代裏，科學實證精神不夠，作品不免有迷信成份；而作者又常以宿命觀的強調用來沖淡讀者對英雄人物失敗的悲愴；在現代文學海狼裏就看不到這些成份。此外，在演義中的女性是被忽略的，雖有貂蟬、孫夫人表現稍具個性，但也未能構成為明晰完整的線路；在海狼裏則不然，毛黛的安排雖是輔佐韓福線路的配角，但自有她性行表現的價值。這些素材取捨輕重的不同，是因為中西民族性的不

同，也是時代進展，科學實證的影響和男女平等觀念的改進之故。

③**手法**：如前所述，兩書都是藉人物分化方式來表現作者的意識，但是線路不同。演義是寄情於歷史人物的借屍還魂，將作者自己一分為三各具重點，分別作性向理想不同的表現；海狼則是依理想與現實將作者自己一分為二，由人物性行的對立中去產生比較，兩部作品手法最好的一點是意識全在人物對話，情節進行中表露，避免正面主觀，最能符合尊重讀者的原則。在小說天地裏，作者只擔任敘述而不做法官，讓讀者自去抉擇、裁斷、認知。讀者的獲得是內發的自然而非外來的接受，讀者在尋繹玩味之餘，除卻理性認擇的獲得之外，還能自有其一份參與的珍貴。這一點，在屬於現代文學的海狼來說應是不足為奇，但在演義寫成五百多年前的環境來說，實在難能可貴。

④**形式**：篇幅的大小：海狼的卅九章廿萬言，是演義百廿回六十萬言的三分之一。時空的比較：演義敘述史事，自靈帝宦官外戚之亂到西晉一統，時間超過了一個世紀；而海狼只是一段海上經歷的短短時日。空間來說：演義包括了整個古中國甚至邊地蠻夷；而海狼的情節進行只在船上海中荒島三處。人物數目：海狼一共只有廿七個有名字、曾經出現的人；而演義的敘述之廣，人物繁多，有名而重要的無慮百千。就使用文字來說：演義用的是中國古典淺近文言；海狼使用現代語言。結構方面都是直敘，演義採用舊格章回體；海狼用的是現代小說的分章。

⑤**內涵**：兩部作品都是作者「表現」渴欲的發表，但表現的目的不同。演義是在藉著人

物的表現達到作者假象式自我肯定的目的；海狼是在借人物而行對比檢討，以表現作者的認知為目的。演義述朝代的興衰，英雄人物的成敗，充具著感性；海狼以理念思想為主，偏向理性。思想背景方面：海狼一書以作者崇奉的自然主義、進化論為主線；演義則以作者的自我意識為中心，以中國讀書人傳統的儒家思想為中堅。在演義中的作者是主觀的，由於主觀的愛憎分明以及作者的自我珍愛，在處理人物時難免有偏；而海狼的作者就比較客觀，偏激的只是思想本體，在處理人物時態度冷靜，不曾流於感情化的大揚大抑。兩書同樣給予讀者以觀照效用，但各有不同的特性：演義是藉人物的優缺互見提供讀者人性調適的省思；海狼是以理想與現實的懸差提供讀者人生調適的悟得。

二、評　估

一項定則理應先被確信接受，因為在人類社會裏，古今中外絕無十全十美的人，所以人為的文學也絕無十全十美，有的只是優點多於瑕疵的接近理想。

有關兩部作品的瑕疵，已見於在前的分析與比較部份，不再贅列。今就兩書的價值試作評估。就形式方面說：這是小說意識藉人物分化手法而行表現的兩種線路，可供為創作手法的參考。就內涵方面說：由人物的性行表現，演義的教仁義，說忠烈，海狼的理想與現實的調劑，對於人類社會的效用，都是不受時空限制，長存而有用的。

最為重要的一項價值：演義和海狼所寫的都是「真實的人」，和現代億萬讀者一樣，都有優點也都有缺點，而且優點缺點常就是同時存在的一體兩面。就因為兩位作者具有如此正確的認識，筆下的人物因此鮮活真切，能被讀者接受，感覺到親近親切，小說的意識效用，因此能由人物的表現充份傳達發揮出來。

令人惘然驚心的是，人物的結局常就是由於他性格形成必然不可避免的因素。如在演義裏的諸葛亮，這位讀書人的自白：「吾非不知，但受先帝托孤之重，惟恐他人不似我盡心也。」鞠躬盡瘁是負責的優點，但若過份，就成了讀書人拘泥的短見。身膺重任而事必躬親，影響到分層負責運作功能的失效，以致於勞累早死，功業凌遲，辜負昭烈托孤，多智的孔明嚴重的缺點，就在這過猶不及的不智。如在劉備行事中透露出來的權術：當陽一役，明知沒有勝算，竟然宣告鼓勵百姓追隨，目的在為他製造因護民遲行而被敵軍追及，因護民而戰敗的藉口。至於故摔親兒，市恩趙雲一節，已是盡人皆知的不誠。甚至在白帝托孤，對著孔明的那一句：「若嗣子可輔則輔之，如其不才，君可自為成都之主。」看來也不是他的肺腑之言，而是一次有把握的冒險。深知面皮薄是讀書人的特性，這著力有效的一句必能換得諸葛亮肯定的承諾。人君劉備的仁厚竟是如此，稍稍深入，虛偽的另一面分明可見。再如關羽的待人，性行上先天的缺失適與張飛相反。張飛是「凌下」，對待部屬嚴苛；關羽則是「傲上」，瞧不起同僚。馬超來投時他要挑戰比武，名列五虎上將之首還不滿足，大言羞與老卒黃忠同列。忘了他流浪漢的出身，完全沒想到謙遜待人，以增強團結力量。他的剛愎自用，不僅孤立了自己，更影響到蜀漢整體。最嚴重的是違反了「聯吳制曹」的政策，一句「虎女豈配犬子」的率性堅拒闖下了大禍。（金聖歎的指責是「然則虎兄又何配犬嫂？」）破壞了吳蜀聯盟，失去荊州，從此斬絕了蜀漢進圖中原的希望。

海狼裏的兩線代表人物亦復如此：拉森只顧他超人理想的向前，卻未警覺他人性的淡失與離群的不智。照理說他早就可以從部屬怨毒的眼光裏警覺回頭的，可悲的是這位一意孤行的獨夫，竟在眾叛親離的情形之下猶不反省，執意去追求那高危而孤絕的境界，終於以生命為他荒謬的理想殉葬。至於韓福，看似正常其實不然，從環境的更易與海狼的鑑照中，甚至連他自己都能察覺有虛偽做作、懦怯、自憐、多項物種遺傳的原型未除。

兩部書裏的主角人物何以都會如此？最大的理由是他們都是人，是人就會有不自知的共性，看得清別人的缺點而看不到自己嚴重的缺失。這一共性又永遠無法根絕，因為優缺互見本是人類與生俱來的本質如此。

而文學的價值功效就在於斯，是它藉著人物的性行情節，表現了作者經歷深思的悟得，提供給所有活著的讀者省思調適。雖然在人類社會，人類歷史之中，所有活過的人都只能佔有片段時空，所有的人都不能生活得十全十美，但透過文學觀照調適的功能，能使讀者們在有生之年做得比較好，比較理想，這一點是可信而無疑的。

一九八二年四月二十四日台灣師大

中華民國第六屆全國比較文學會議論文發表

中外文學月刊第十卷第十一期（71・4）

時代因素影響之下文學風貌的劇變

——略述中國抗戰時期文學的發展與價值意義

有如一場悲慘而恐怖的噩夢，自一九三〇年筆者在上海出生，迄至一九四七年勝利之後，以一位十七歲的上等兵隨軍復員。十七個年頭，由童年而少年而青年，親歷中國對日抗戰時期，多的是顛沛流離，飢寒交迫，僥幸終能渡過劫難而存活於世，更也在苦難中接受磨鍊而成長。如今，當我回憶反芻，昔年刻骨銘心的記憶憬然赴目，明晰深刻一如昨日，雖然仍令我激動難安，但在辛酸之餘，卻也同時湧起了欣慰。基於人生得失互見一體兩面的原理，四十年來，於已漸能瞭解，那些艱困與其說是可悲，毋寧說是可貴，它正是培養我謙忍付出的動力之源，誠如中國古語所述的雷霆雨露，儘管方式不同，一樣的都是大自然給予人類的磨鍊恩施。

在此我更當以榮幸虔誠之心來善盡我佐證之責，同時，也請容我以一個從事文學教育者的身份，以我熱愛文學的至誠，為中國抗戰時期的文學發展與價值意義，略述管見，提供各位先進學者的參考。

一、文學表現風貌的突變

王國維人間詞話說：「四言敝而有楚辭，楚辭敝而有五言，五言敝而有七言，古詩敝而有律絕，律絕敝而有詞，蓋文體通行既久，染指遂多，自成習套，豪傑之士，亦難於其中自出新意，故遁而作他體，以自解脫，一切文體所以始盛終衰者，皆由於比。」

這就是文學的不全性、生物性的道理。筆者以為自然、人、文學三者，實具有先天性的關聯。人是自然的產物，一切運作當如自然一樣的規律，而文學表現既屬人為，又難免具有與人一樣的不全性與生物性。天地不全，永恆祇是人類在存活之期用來聊以自慰的一個畫餅。在浩淼宇宙的廣漠時空之中，即使千萬年人類心智凝聚的文明，也終將不免於冰河瓦解，小焉者人類個體生命的生老病死，以及文體、風貌的始盛終衰，終究不過祇是一度時空的存有與煌燦。不全性與生物性既已是宇宙間的鐵則，它所印證的絕無恆存實已不容置疑。儘管文體、風貌鮮活存有之期比起人類壽命來要長，但它的轉變、僵化、死亡之跡正和人生如出一轍。

由上所述，我們可以歸納勾劃出中國新文學發展的軌跡。試以新詩發展線路為例：新文學運動早期的自由（白話）詩，顯然是針對有清一代古典詩迴光反照期、反芻期所作的反動。自由詩由古典詩蛻變而來，雖然早期甚至難脫它承接古典的痕跡（如胡適的嘗試集），但它表現形式的自由與「我手寫我口」的白話語體，確是一種除舊佈新的革命。新興的文體風貌以它的新異之姿取代了舊體舊格，開創為文學新潮，風氣延展，逐漸由淙淙涓流擴大而為壯闊江河。可是屬於它先天性的不全性仍在，自由、語體化的特性雖能改進舊有格律與文言艱深，但得失互見一體兩面的缺失本來存在，隨著時間而日益難掩它的陋缺，因自由而形成的空泛，因語體化而形成的膚淺，導致廣大讀者的不喜。當它生物性的老醜日益彰顯，風貌就已開始醞釀改變。先是出現過渡時期的小詩（冰心、俞平伯、汪靜之等），以精鍊含蓄作針對平淺的反動，其後逐漸通過過渡，發展到揚棄平淺廣度，要求藝術深度的新格律詩（新月詩人）與象徵詩（李金髮等）的建立。

新興的風貌常是前一風貌的反動，史跡所示如此。但這種蛻變都是漸變，是基於文學的不全性與生物性而形成的自然改變。是文學發展中一般性的原理。

另外有一種不同於此的蛻變線路，那是因時代的大變動而引起的文學突變。有如「時勢造英雄」的人生道理一樣，文學影響改變時代不易，大時代影響改變文體風貌甚易。在中國，當一九三一年「九·一八」事變，一九三二年「一·二八」事變，日本軍閥侵略中國的企圖一步步化暗為明，全中國人心強忍的激憤一天天沉重高漲，終於在一九三七年七月七日，蘆溝橋的七七事變，揭開了全民抗戰的序幕。從此，久蟄悲憤的人心昇揚為救亡圖存的實際行動，絕大多數的文人作家，都懷抱著對家國的赤誠，以其銳利之筆，投入這一場爭生存、爭自由的大戰爭，作為抒憤，作為鼓舞，文學風貌的蛻變如響斯應，由格律、象徵的藝術殿堂裏出來，走向破碎的祖國大地，為億萬苦難的同胞代言，以心力淚血灌溉作品，造成了寫實詩與朗讀詩的極盛。

這是因時代劇變而形成文學風貌的突變，也就是中國抗戰時期，文學發展迥異於前，不同於一般的特色。

二、寫實與鼓舞

中國抗戰時期文學表現風貌的主流，是為寫實與鼓舞。

㈠**寫實**：與超現實風貌相對的寫實，它的發生總是在動亂困苦的時代。是在烽火流離、人命危淺不保的戰時，或是在瘡痍破碎，困苦重建的戰後，這種時代常是寫實文學發展的溫床。基於「物不平則鳴」之理，「苦悶的象徵」文學的肇因最能適用於此。而在另一角度來說，人類生活中的精神物質兩端本是難以得兼的魚與熊掌，常是在嚴重地缺乏「免於匱乏的自由」，物質不得溫飽甚至難免飢凍之時，另一種「免於恐懼的自由」像是公平補償似的，反能夠凝聚而上揚。物質少缺的生活雖苦，但卻差幸能有求生意志精神的昂揚，雖苦而不悶，是為抗戰時期一般中國人的感覺。當然，文學、哲學的表現與人類的精神層面息息相關，人類的精神上揚之時，正也就是文學與思想蓬勃發展之期。從人性來說，也許這就是「痛定思痛」的原理吧！無論古今中外，轍跡常是如此。略舉數例：如胡適說戰國時代諸子百家學說的風起雲湧，是為「民生痛苦思想的反動」，古詩十九首發生在東漢亂離時代，公安竟陵浪漫思潮文風的背景是昏暗的晚明，晚清譴責，寫實小說之盛是為作家們在天明前最暗一刻的吶喊。而西洋近期的發展情形也是一樣，存在主義是為法人在納粹鐵蹄之下，苦極悟得的人性尊嚴的自覺，以及二次世界大戰之後，寫實主義文藝的蔚為極盛，正可作為本文所述理念的詮釋例證。

㈡**鼓舞**：若說這名詞是筆者杜撰，那也不過份，它其實就是中國抗戰時期流行的「抗戰文學」，因為內容表現題材流於單一，甚至被譏為「抗戰八股」。雖然在筆者少年之時，也曾對它不無反感，但是卻在事過境遷的現在，重新體認到它的價值，而反省到當年的自己實在幼稚武斷。就文學史來看：懷念鄉國、同仇敵愾，鼓舞恢復的文學風貌原本就有，例如宋室南渡之後，詞人們重度他審音調律唯美的賡續，但仍多有家國之思的悲咽之作，喚起中興的清剛之音，如晚年的李易安，早期的陸游、辛棄疾，以及岳飛、張孝祥、張元幹等人，直到如今，當讀到李易安的：

> 願將血淚寄山河，去洒青州一坯土
> 木蘭橫戈好女子，老矣不復志千里，但願相將渡淮水

幽咽豪情，讀來仍然使人盪氣迴腸。這本是源出於人性的自然至情，無可厚非。真不知時當南宋之際，會不會也有人譏諷它是「反金復宋八股」？

而由文學使用觀來說，文學表現雖是獨立的藝術，不必也不宜受政治的影響，但也不能說文學就該是專唱反調，影響破壞團結的，文學既是表徵人生，當然必要顧及到生民大團體的存亡安危。當在中國抗日戰爭之時，廣大的國土上多有著民智未開的地區，有的老百姓還以為這只是改朝換代，不知道這是一場關係到亡國、關係到自由或奴役的民族殊死之戰，為要喚起全民的警醒團結，文學擔當起宣傳任務，建立共識，那是極自然而無可旁貸的責任。同時，前線與後方相互的關切，敵人的橫暴以及漢奸倀狗的醜罪，都有賴文學的宣傳報導來

連繫、認識。為了因應救亡圖存的時代，這一文學風貌的建立推展實是必需，皮之不存毛將焉附，國人理應認知到它宣揚的實效，至於因題材特定而形成的模式格套，那也是文學表現優缺互現，顧此失彼的不全，是不必也不忍再行苛求的了。

中國抗日戰爭時期，除了上述兩項文學主流之外，另外也曾有題材風貌迥異於主流，而以表現新異具備價值的，支流的代表作家是徐訏與無名氏兩位，徐氏的小說敘寫人性人生，無名氏的小說瑰麗浪漫，風行的原因，是由於他們兩位能夠脫出主流，另闢蹊徑，給人以一新耳目之感。

三、表現的抽樣

㈠**新詩**：沉痛悲苦的寫實詩與慷慨激昂的朗讀詩蔚為極盛，幾乎所有的詩人（包括戰時崛起的新銳）都投身於此，限於篇幅不能一一列舉，使筆者記憶最深刻的是戴望舒的詩集「災難的歲月」，寫陷區獄災，真實懾人。艾青的詩作因應時代需要而散文化，對當時的詩作表現影響很大。寫實詩中沉痛詩篇，例如葛珍的「一個人」

一個人
一個異鄉人
死在這裡
當時幾個好心人

草草把他埋葬
生前他寄住在村邊一處小店裡
突然他病了
他呻喚
身邊沒有多餘的錢
只一件貼身的棉襖
幾次想賣掉它
年老的女店主是個好心人
她替他配藥她可憐他
生前他是沉默的
死後也沒有留下好多話
只有一句
把棉襖留給媽媽……
但她不曾遵從他的遺言
卻給換了幾串紙錢
這是一座墳

很低
土已漸漸鬆了
這是一個荒涼的地方
很少人來到
只有秋風
每年回來
在他墳頭蓋上幾片落葉

朗誦詩中，被譽為「時代的鼓手」的田間，擅長以類似鼓點節奏的短詞，挑起讀者進軍式的激昂，如他的「假使我們不去打仗」：

假使我們不去打仗
敵人用利刀
殺死了我們
還要用手指著我們的骨頭說
「看！
這是奴隸！」

此外，必須一提的是詩與歌的結合。當年的抗戰歌曲，曾以豪壯的鏗鏘，唱出了我華夏民族的心聲，喚起共鳴，獲致廣大的效應。如麥新作詞，孟波作曲的「犧牲已到最後關頭」：

向前走，別退後，生死已到最後關頭
同胞被屠殺，土地被強佔，我們再也不能忍受，我們再也不能忍受
亡國的條件，我們決不能接受
中國的領土，一寸也不能失守
同胞們！向前走，別退後，
拿我們的血和肉，去拼掉敵人的頭
犧牲已到最後關頭，犧牲已到最後關頭

一九七三年十二月十三日，南京淪陷首都西遷重慶，日軍在南京大肆屠殺中國人，這就是震驚中外的「南京大屠殺」，當時有光未然作詞，夏之秋作曲的「最後的勝利是我們的」，代表了全民的悲憤，為痛史留下了印證：

是誰殺死我們的父母兄弟？還有我們的妻子兒女？
把我們的房屋，在砲火下變成灰？
是誰奪去中國廣大的土地？還有我們的礦產糧米？
把我們的子孫，永遠做他們的奴隸？
他們是東洋強盜，是兇惡的日本帝國主義！
起來！全中國的同胞！
把抗日建國的旗幟高高舉起！高高舉起！

起來！爭自由的奴隸！
把壓迫我們的枷鎖，快快打碎，快快打碎！
這是偉大的戰爭，這是光榮的戰爭！
最後的勝利，是我們的，最後的勝利是我們的。

㈡**散文**：在寫實與鼓舞兩大主流風貌中，散文的功效與詩歌稍有不同，表現深刻而真切感人的題材多屬寫實。抽樣如李廣田在「灌木集」中寫流徙；巴金在「龍・虎・狗」中寫戰時後方生活；豐子愷在「辭緣緣堂」中寫逃亡；以及無名氏「火燒的都門」中的戰時情景。今舉柯靈的「流民圖」一篇中部份為例：

自從南市也隨閘北成了灰，這一方小小的土地上就多了十幾萬難民。他們背後是漫天的火，是無底的恐怖；前者是鐵蒺藜，是木棍的揮舞。求生的慾望驅使著他們，突過尖刺和鞭擊，抱著血痕涔然的頭，向租界擁進來，被擲在寒風如割的街頭巷口，開始跟自然的威脅肉搏。

馬路是整潔而坦蕩的，生路卻是這樣地窄。坐在冰冷的舖道邊，看著碧眼金髯的洋人昂然過去，他們手裏牽著的小狗，似乎也在傲視著這些無國的流民。

而最後，他們終於不得不向路人羞赧而惶惑地伸出了乞憐的手。

也許是一位老者，清秀的風貌說明他幾個月前還度著從容的歲月，現在卻顫巍巍地在風前獨立，行人過去，就尾隨著，囁嚅地吐出哀蟬似的聲音，追了一程卻又廢然地退回來。壯年人的倨傲的心，如今是受著無情的摧殘了，在人前低著頭，無可奈何地做著他們所最不屑做的行爲。年輕的姑娘和婦人，有的還偎依著茫然無知的嬰孩，只有坐在黝暗的牆角下，埋頭在手掌中間嚶嚶哀泣……打發了白天，里弄的詹下就做了他們的安息所。冷風匝地，睜眼是凝凍的寒空，星星冷然霎著眼。經不起折磨的，就這樣悄悄地永睡不醒，等第二天早晨，讓「普善山莊」的屍車來替他們盡最後一次義務。難民收容所，受難人群的天堂，可是有限的場所哪容得下這麼多可憐的生物，何況現在連這一點恩惠也得仰求於外人了。而自私者還在不幸者的身上吸血！

佛教徒用幻想造成種種地獄的慘景，它們的悲慘卻還不及人間萬一。每一次躑躅街頭，特別是酷寒的冬暮，對著淪落路旁的無辜的人們，總是禁不住無端的哀感，而一想到他們墮入這種慘境的原因，一種不可抑制的憤怒，又來猛叩寂寞的心靡了。

㈢小說：長短篇發展都蔚為極盛，擁有廣大的讀者，發揮了寫實與鼓舞龎沛的效應。大結構的篇幅不能如詩歌，散文般來例舉，筆者只能抽樣列舉一些書篇：如巴金「第四病室」的後方寫實。老舍的「四世同堂」寫北平淪陷之後的亡國奴之悲。蕭紅的「生死場」寫東北抗日血淚。吳祖緗的「山洪」寫鄉團抗敵。姚雪垠的「差半車麥稭」寫農民參戰。這些都是抗戰大時代裏的血淚和流，極具振撼與啟示力量的佳構。

筆者還要特別推崇三位作家的作品：一是鹿橋的「未央歌」，這本書在抗日勝利之年完稿，遲到十餘年後才出版風行。題材雖只是戰時青年男女情愛，但卻顯示了動亂時代中青年成長可貴的歷程。第二是徐訏的「風蕭蕭」，題材只是通俗小說裏的間諜故事，但竟在徐氏不落窠臼的手法之下化腐朽而為神奇。不僅是情節的高潮曲折，文辭的新美悲壯；更重要的是作者以他對哲學的體認與心理分析的專長，籍著作品寫出了人性中潛在的層面。經歷八年抗戰，天天盼望著勝利，等到勝利突然來臨，驚喜之餘，由於來不及準備連結另一追尋目標，竟然會產生出一種失措與空虛。這是筆者當年的經歷感覺，想來也必是當年大多數知識份子的感受。傑作的共鳴強大，源於人性的因素在此。第三位是通俗小說作家張恨水。在戰時，他的章回言情小說十分風行，作品也曾為烽火時代盡過力量，一部「大江東去」寫南京都城陷落與逃生，國仇家恨，感人深刻。另一部「新水滸傳」，以超現實手法寫梁山泊一百零八條好漢，全都參加了靖康之變，抗金衛國的大戰，悲壯淋漓，題材雖是舊瓶新釀，同樣是抵抗外侮侵略，民族精神的昂揚，足能引發讀者們同仇敵愾的心志。

㈣**戲劇**：抗戰時期是話劇發展的黃金時代，劇本創作風起雲湧。筆者記得，當時大後方劇運發展蓬勃，更盛的是劇本的流行廣遠，儘管紙張印刷粗劣，青年人閱讀的興味不減。烽火歲月之中，這種，「閱讀」過的劇本已是不計其數。以抗戰為題材抽樣如田漢的「大史劇」，表現抗日聖戰，真切撲實。夏衍的「一年間」寫空軍故事與抗戰希望。宋之的有「自衛隊」寫軍民合作，另有與陳白塵合作的「民族萬歲」，與老舍合作的「國家至上」，都是氣慨沉雄，劇力龐沛的愛國劇。

抗戰時期，幾乎所有的劇作家都投身於抗敵洪流，組織團隊去前線演出。在後方上演。同時，在大後方各地的小型劇團組合有如雨後春筍，雖然戲劇藝術難免粗糙，舞臺演出的物質條件不夠，但它宣傳鼓舞的效應卻是既廣且大，為我國族團結抗敵，提供了宏大的貢獻。

㈤文學論評：抗戰時期的文學論評，在全民救亡圖存的意識要求與文藝使命之間，建立起因應大時代的定向，首先有一九三八年一月樓適夷起草的「中華全國文藝界抗敵協會發起旨趣」，其後於一九三八年三月二十七日發表「中華全國文藝界抗敵協會成立宣言」（老舍、吳祖緗起草），揭示了抗敵救國的共識。在共識建立之後，文學論評遂能確立指向，與文藝創作配合發揮輔成作用，統合力量，促成我國渡過那一段危亡艱辛。文學論評的表現，抽樣重點如下：

朱自清的「新詩雜話」，說明詩的散文化在訴諸大眾，這一點。正和抗戰時期文學通俗化的要求相應。

艾青的「詩論」，主張詩的前途應和民主政治的前途結合在一齊。他說：

「憲法對於詩人比對其他的人意義更為重要，因為只有保障了發言的權利，才能傳達出人群的意欲與願望，一切的進步才會可能。政治詩是詩人對一個事件的宣言，是詩人企圖煽起更多的人去理解那事件的一種號召，是一種對欺蒙者的揭露，是一種對於被欺蒙者以警惕。詩是自由的使者，永遠忠實地給人類的慰勉，在人類的心裏，播散對於自由的渴望與堅信的種子。」

這一段話，使我們想起胡適的名言：「我不一定贊成你，但我誓死擁護你發言的權利」，旨哉斯言，「沒有自由，何來文學！」我們實已在此找到了最好的宣告。

胡風的「戰鬥的批評」，堅持主張文學表現的內容至上，文藝創作者應以揭露痛苦，鞭達現實為其職志。他的主張尤重於魯迅在一九三六年「民族革命戰爭的大眾文學」的觀點。提出了文藝戰鬥的任務（內容、主題），揭示了文藝戰鬥的道路（方法、形式），具體而明晰地導引抗戰文藝走向寫實，鼓舞的大道。

四、價值評估

中國文學的發展，由詩經時代開始，迄今已超過了二千年。在這二千年壯闊的文學長河裏，隨著歷史遞嬗，文體風貌的盛衰，數不清的潮頭起落都已過去，都曾在文學史料裏存留下煌燦的輝光刻度，留供為後浪賡續再進的原動力量，為億萬國族同胞精神提昇，心靈饗宴的永不枯竭的源頭活水。

抗日戰爭時期的文學發展表現，是為長河浩盪奔流中的一度洪峰，當洪峰已退，嘯呼聲歇，就該要進到中國文學史的里程碑上，留供為經歷者的回憶，後起者的省思，發揮它承祧已往，啟發未來的歷史任務了。

一九四五年八月十五日日本投降，艱苦萬端的抗日戰爭終告結束。四十一年後的今天，抗戰文學一度飛揚的壯歲雄風早已歸束沉潛。到如今事過境遷，且讓我們來作省思，它的意義價值何在？為當代、為後世，它又提供了什麼？留存了什麼？

筆者淺見認為，應有四項：

㈠寫實風貌對於讀者的平衡效應：抗戰時期，國族億萬同胞捲入這場空前的劫難，家園破碎，骨肉分離，輾轉流亡，飢寒交迫，種種苦難，豈是筆墨所能盡述，雖然在中國近百年動亂歷史之中，先已曾有太平天國，八國聯軍，國民革命，軍閥爭戰，北伐統一等多次戰爭，但時間之久，範圍之廣，較之全民抗日戰爭，都有不如。在這場時空廣久的艱苦歲月中，對於每一個身遭國難的人來說，最主要的是如何來強化他求生的意志，使能堅忍渡過艱危。在此，寫實風貌發揮了它最大的良效，誠如亞力斯多德悲劇定義所述，悲劇力量，主要在喚起觀眾讀者的憐憫與恐怖，而使之淨化提昇。中國抗日戰爭時期文學的寫實主流，盡寫動亂大時代裏，我國族人民身受的各種苦難，透過作者的敏銳與同時，鮮活呈現在讀者眼前，使得讀者們在恐怖之餘，從而產生出比較性的平衡效應。一如約翰·克利斯朵夫卷中所述：「戰士們！當你發現世上受苦的不止是你一個時，你一定會感到安慰，而你的希望，也就將在絕望中再生了吧！」人類的原型之一是害怕孤獨，當孤獨感祛除，感覺到比上不足，比下有餘，在這場戰爭之中，同胞們的遭遇還多有著比自身更苦的，求生的勇氣與信心因之大增，堅忍的心志因之強化。而效應之大，更能由個人擴及到大眾：繼著恐怖比較性的平衡之後，讀者們還能有憐憫良知的昇浮，產生出一種類似杜甫茅屋為秋風所破時的心態，以己之苦度人之苦，進而發揮博愛，忘了自身的苦，認知到大我比一己更為重要，國家若不得獨立自主，個人即無自由存活的可能。就此，萬千讀者的心志，在感受認知之後凝強，銳身去擔起濟助同胞，共紓國難的大任。

㈡精神武器的鋒銳淬利，人類生活之中，有形而具象的一切遠不如無形抽象，精神力量的勝於物質，已是不爭之論，戰爭的克敵致勝，不在於兵員武器的眾多精良，最終的因素是在於人心，中國抗日戰爭開始，我國在日軍優勢的裝備與強旺侵略鬥志的迫壓之下，節節敗退，但等到時間一久，陷區廣大，日軍泥足日深，久戰無功，鬥志日漸鬆懈，所佔的只是城市據點，點外廣大鄉村全為我國軍民掌握，那一種四面楚歌的環境，想來也和「不知何處吹蘆管。一夜征人盡望鄉」的情況相同。眾多被軍閥徵召而來的軍士，羈久不歸，懷鄉情切，加上國際情勢改變，侵略者已成為眾矢之的，勝利凱旋已逐漸無望，被圍在城市據點裏進退兩難。日本敗降的表現因素是國際眾怒，軸心瓦解，以及原子彈的威力，而內在因素是在於侵略者的理虧，久戰無功的士氣低落，即使沒有原子彈的促成。戰敗也是必然，所差的只是時間先後而已。而在我國方面，遭遇到強鄰的侵略，一再忍耐準備，忍到不能忍時起來抵抗，國人在歷經艱危之中，由於公理在我，悲憤悒結，越挫越奮，心志在堅忍圖存之下轉強。這是人生原型中困逆始強的道理，也正是終獲勝利的主因。而在這場戰爭之中，擔任為精神武器主力的就是抗戰文學，是它的鋒銳淬利，深深影響了全民人心，激勵了團結奮鬥，建立了勝利內在條件的堅實。

㈢歷史印證：文學表現是為歷史的印證，表徵時代、記錄時代本就是文學創作的職責。基於為人生而藝術之旨，文學的反映動亂時代，不僅在當時具有寫實的功效，而且能在事後留有史料佐證，使後世的讀者，在回顧唏噓驚心之餘，能有借鏡調適。同時，文學創作不同於史料記載報導，能以情節鋪敘表現特殊，以形容功能加強感受，效應的深廣尤在冷靜的史籍之上。古典文學中杜甫的「詩史」之作，四大奇書之首，歷史小說的先河三國演義，其所以膾炙人口，正就是作品中充具了作者的主觀愛憎，情感強烈，足以影響引發廣大讀者的同情共鳴。

但在這一環，檢討起來卻不無憾缺，抗戰文學雖然具備了為苦難時代作證的價值，但可惜的卻只是表現了大時代的某一部份，未能有一部煌煌巨著，用鉅構篇幅，龐沛力量為時代作全面性，更為深廣的表徵。如托爾斯泰以「戰爭與和平」記拿破崙征俄，如羅曼羅蘭以「約翰・克利斯朵夫」記法國大革命。就時代而言，中國的抗日戰爭，國族同胞所承受苦難的酷烈不下於俄、法當年，遺憾的是長篇小說表現未盡理想。或許可以說，是戰時作家們的生活太苦，鉅構創作的配合條件不夠，該要等到戰後比較安定才能來專心撰作。可惜的是一九四五年抗日戰爭甫告結束，國內動亂又起，本國作家竟不能擁有足以醞釀偉大作品產生的環境，歲月流逝，抗日勝利迄今已有四十一年，經歷當時的人已漸老，這一憾缺或許已是永不能補，十分可歎。

㈣文學表徵時代，留予後世的比較與省思：人生所企求的兩項：一是屬於物質的「免於匱乏的自由」，另一是屬於精神層面的「免於恐懼的自由」。兩項的難以兼得，顧此失彼，得失互見，已是人生定則。抗日戰爭時期，海岸線被封鎖，大後方國人的物質生活嚴重缺乏，筆者親歷其境，飢凍是經常的事。沒有免於匱乏的自由；但在精神方面，卻是朝氣蓬勃，信心十足。勝利之後，一般國人的物質生活日益安定富裕，有了免於匱乏的自由之後，卻發現精神的凝聚發揮反而不如昔年。這才了解到困逆與逸安，生活環境影響到個人心性的重大。籍著抗戰時期表現時代實況，國人心態的文學作品，到如今來和表徵現代生活、現代人心態的文學篇章相比較，可供省思調適之處正多，它的意義價值，實是不凡。

五、結　語

一般都稱中國抗日戰爭是「八年抗戰」，其實抗戰文學的風起雲湧，早在一九三一年九、一八事變前後即已出現，前後算來，時間長達十四年之久。如今，這一因時代因素而突變的文學風貌，已隨著戰爭結束而成為過去，它已進入到中國文學史頁，留供憶念，提供為比較省思的重要資料了。

中國文學史壯闊流程已經超過了三千年，新文學史也已超過了一甲子。淵源流長之中，多少次洪峰出現，但願在今後縱線承祧與橫面移植的鎔鑄功能之下，開展創造新美的一頁。

一九八六年十二月十二日韓國漢城中國現代文學學會
「中國抗日戰爭文學」學術研討會論文發表

承祧與創新

——古典詩文與現代詩的連結發皇

新文學與舊文學並非相對而是相連；舊文學是新文學的源流根植；新文學是舊文學的延伸發皇。在新文學進展的過程中，儘多有蛻變舊有的轍跡。筆者從事新文藝教學，一向以古典詩文為例來說明新詩創作的原理手法；同時使用新文學的理論與名詞來為古典重新詮釋定位，目的在從事新舊文學的連結研究。期使古典菁華能在新文學領域中充份發皇；而新文學的進展，在厚實的源承昭明之後，更能充具信念，承祧開展而為滾滾壯闊的江河。

以下，就教學研究所得，歸納舉例，說明承祧發皇的重點線索，提供參考。

一、修辭方面：

㈠頂真：在詩句中以相同詞語作適當的排列組合，形成起伏層次，收取佳妙的連結加強效果：

古典例：唐、崔灝〈黃鶴樓詩〉

「昔人已乘黃鶴去，此地空餘黃鶴樓，黃鶴一去不復返，白雲千載空悠悠。」

新例：徐志摩〈再別康橋〉

「輕輕的我走了，
正如我輕輕的來，
我輕輕的招手，
作別西天的雲彩。

那河畔的金柳，
是夕陽中的新娘；
波光裏的艷影，
在我心頭蕩漾。

軟泥上的青荇，
油油的在水底招搖；
在康河的柔波裏，
我甘心做一條水草；

那榆蔭下的一潭，

不是清泉，是天上的虹
揉碎在浮藻間，
沈澱著彩虹似的夢。

尋夢？撐一支長篙，
向青草更青處漫溯；
滿載一船星輝，
在星輝斑斕裏放歌。

但我不能放歌，
悄悄是別離的笙簫，
夏蟲也爲我沈默，
沈默是今晚的康橋。

悄悄的我走了，
正如我悄悄的來，
我揮一揮衣袖，

不帶走一片雲彩。」

徐作之中，第一、五、六、七四段中都使用了頂真手法。不僅如此，詩人更在四五段及五六段的結尾使用頂真連接，使原本手法使用更有了突破的創新。古典時用來作為句與句之間的連結手法，到了現代，已能進展為段與段之間的連結了。

㈡詞性混用：

古典例：

「春風又綠江南岸」（宋，王安石〈泊船瓜洲〉：形容詞「綠」作他動詞用。）

「紅了櫻桃、綠了芭蕉。」（宋，蔣捷〈一剪梅〉：「紅」、「綠」形容詞均作動詞。）

新例：

「紫了葡萄、憂悒了黃昏。」（楊牧詩：「紫」、「憂悒」形容詞作動詞。）

「海、藍給它自己看。」（瘂弦詩：「藍」名詞作動詞。）

「星空，非常希臘。」（余光中詩：「希臘」名詞作形容詞。）

「在中國，最美最母親的國度。」（余光中詩：「母親」名詞作形容詞。）

㈢意對：不是在相等位置上的對偶，而是意象上的對比，最能造成雄闊的氣象：

古典例：

長安「一片」月，「萬户」擣衣聲。（唐，李白〈子夜秋歌〉）

「十年」生死兩茫茫，不思量，自難忘，「千里」孤墳、無處話淒涼。（宋，蘇軾〈江

城子〉）

新例：

「千里」的明月，「萬里」的旅客。
寂寞的孤城，似甕，
今夜裏，「一時」同在褒城。
「一城」的月色，如銀。（鍾鼎文〈褒城月夜〉）

㈣層纍：層次性的加強感受，排比的句子越後越強。

古典例：

「試問閑愁都幾許，一川煙草，滿城飛絮，梅子黃時雨。」（宋，賀鑄〈青玉案〉）

新例：

「燕歸是春
花朝是春
偶而落雨是春
一個玩河小孩的面頰是春。」（翔翎〈春訊〉）

㈤音樂性的視覺美：

古典例：

「坐聽一篙珠玉碎，不知湖面已成冰。」（宋，楊萬里詩：音樂性的清朗）

「今宵酒醒何處，楊柳岸曉風殘月。」（宋，柳永〈雨霖鈴〉，語悲而景麗，表現的是一種迷離恍惚的視覺美）

「平林漠漠煙如織，寒山一帶傷心碧，暝色入高樓，有人樓上愁。」（上半闋由遠而近，由遠景至近景特寫）

「玉階空佇立，宿鳥歸飛急，何處是歸程，長亭連短亭。」（下半闋由近而遠，由近景至遠景的淡出）（唐，李白〈菩薩蠻〉）

「離恨恰如春草，更行更遠還生。」（五代，李煜〈清平樂〉：視覺的延展）

新例：

「鏜然起了，
嗡然遠了，
漸殷然散了；
楓橋鎮上底人，
寒山寺裏底僧，
九月秋風下痴著的我們，
都跟了沈凝的聲音依依蕩顫。
是寒山寺底鐘麼？
是舊時寒山寺底鐘聲麼？」（俞平伯〈悽然〉，首三句表鐘響的由強至弱）

「離家的燕子，
在初夏的一個晚上，
隨輕寒的風色，
嬾嬾的飛向北方海濱來了。

雙雙尾尾底蹁韆，
漸漸褪去了江南綠，
老向風塵間，
這樣的，剪啊！剪啊。」（俞平伯〈憶十七〉，二段首兩句以淡出手法表現視覺美）

㈥典麗：就詩作中普遍使用古典成語、詞語，造成典麗的風貌，如：

「雪塵如花生自我底腳下。
想此時荼靡落盡在陽臺上
可有誰遲眠驚夢，對影歎息
說他年陌上花開
也許有隻紅鶴蹁躚
來訪人琴俱亡的故里」（周夢蝶〈聞鐘〉）

㈦隱喻：

古典例：如「月下飛天鏡，雲生結海樓」

新例：

雨落過，路亮了

一柄銀劍貫穿都市的胸膛

我從劍刃上走過

一個流血的過客（阮囊〈龍泉劍〉）

㈧轉折：

古典例：

古典韻文中使用轉折例如〈董西廂〉：「君不見滿川紅葉(A)盡是離人(C)眼中血(B)」〈王西廂〉的：「曉來誰染霜林醉(A)總是離人(C)淚(B)」〈牡丹亭〉中的：「遍青山啼紅了(B)杜鵑(A)」聯想的軌跡還可再延到鄉愁(C)又如：「荼蘼(C)外煙絲醉(B)軟(A)」都是以轉折手法層引出詩情之例。

新例：

歸巢的鳥兒，

儘管是倦了

還馱著夕陽回去。

雙翅一翻，
把斜陽掉在江上，
頭白的蘆葦，
也粧成一瞬的紅顏了。（劉大白〈秋晚的江上〉）

劉作〈秋晚的江上〉一首，從歸鳥、夕陽，到蘆葦、紅顏。由倦鳥之馱帶夕陽(A)進展到白蘆衰老的聯想(B)，再進展到白蘆之沐浴夕陽呈紅，聯想到有如一瞬間短暫的紅顏(C)。

二、題材方面：

㈠超越現實題材之使用：運用故事題材而賦以新義，以舊瓶新釀手法表現現代人的生活情感。如：

「我總是聽到這山岡沈沈的怨恨
最初的飄泊是蓄意的，怎能解釋
多少聚散的冷漠？罷了，罷了
我爲你瞑目起舞
水草的蕭瑟和新月的寒冷
異邦晚來的擣衣緊追著我的身影
嘲弄著我荒廢的劍術，這手臂上

還有我遺忘的舊創呢
酒酣的時候才血紅
如江畔夕暮裏的花朵。

你我曾在烈日下枯坐——
一對瀕危的荷芰，那是北遊前
最令我悲傷的夏的脅迫
也是江南女子纖弱的歌聲啊
以針的微痛和線的縫合
令我寶劍出鞘
立下南旋贈予的承諾……
誰知北地胭脂，齊魯衣冠
誦詩三百竟使我變成
一介遲遲不返的儒者。

誰知我封了劍（人們傳說
你就這樣念著念著

就這樣死了）只有簫的七孔，
猶黑暗地訴說我中原以後的幻滅
在早年，弓馬刀劍本是
比辯論修辭更重要的課程
自從夫子在陳在蔡
子路暴死，子夏入魏
我們都悽惶地奔走於公侯的院宅
所以我封了劍，束了髮，誦詩三百
儼然一能言善道的儒者了……。

呵呵儒者，儒者斷腕於你漸深的
墓林，此後非俠非儒
這寶劍的青光或將輝煌你我於
寂寞的秋夜
你死於懷人，我化爲漁樵
那疲倦的划槳人就是
曾經傲慢過，敦厚過的我」（楊牧〈延陵季子掛劍〉，以原本讚美信實的季札掛劍故事題材轉作情愛憶念的抒情。）

㈡古典詩題材

古典詩：

還君明珠雙淚垂，恨不相逢未嫁時（唐，張籍〈節婦吟〉）。

新例：

他也許愛我，——也許還愛我，
但他總勸我莫再愛他。
他常常怪我：
這一天，他眼淚汪汪的望著我，
說道：「你如何還想著我？
想著我，你又如何能對他？
你要是當眞愛我，
你應該把愛我的心愛他，
你應該把待我的情待他。
他的話句句都不錯，——
上帝幫我！
我應該這樣做！（胡適〈應該〉）

古典詩：

可憐無定河邊骨，猶是春閨夢裏人（唐，陳陶〈隴西行〉）。

新例：

飄蕩的春風越過原野，

生命之泉給她帶來了，

白骨墓邊草，茸茸地，

茸茸地因溫暖而滋長。

春草一年一回綠，

那堆白骨卻風化了，

包骨的膚脂已經腐爛，

天靈蓋化爲褐色的泥滓。（程兆翔〈白骨草〉）

古典詩：

朱門酒肉臭，路有凍死骨。（唐，杜甫〈自京赴奉先詠懷五百字〉）

新例：

屋子裏擺著火爐，

老爺咐吩買水果，

說「天氣不冷火太熱，

別任他烤壞了我。」
屋子外躺著一個叫化子，
咬緊著牙齒，對著北風呼「要死」！
可憐屋外與屋裏，
相隔只有一層薄紙！（劉半農〈相隔一層紙〉）

三、通變方面：

使用古典韻文，散文中的詞句意象而行通變，構築新詩的句或段，如：

㈠古典：

「銅山西崩，洛鐘東應。」（《世說新語》〈政事〉）

新詩：

「乃有我銅山之崩裂了
你心上的洛鐘也響著嗎？」（吳望堯詩）

㈡古典：

「月出驚山鳥，時鳴春澗中。」（唐，王維〈鳥鳴澗〉）

新詩：

「月

駭然湧出
驚醒
單身宿舍閣樓上的
一群灰鴿子」（葉維廉〈更漏子〉）

㈢古典：

「全家都在秋風裏，九月寒衣未剪裁。」（清，黃景仁〈都門秋思〉）

新詩：

「九月的已涼的風聲裏，
正是人家刀尺聲響的時候；
而我背著妻子失望的眼睛，
在風聲中典當秋天。」（常白〈九月紀事〉）

㈣古典：

「巡曾楹而空揜，撫錦幕而虛涼。」（南北朝，江淹〈別賦〉）

新詩：

「我願寂對著那裏古樹底下枯葉掩著的千年的石像，
我願凝視著掩住了柴扉的茶屋前虛設的空床」（穆木天〈我願〉）

㈤古典：

大珠小珠落玉盤（唐，白居易〈琵琶行〉）

新詩：

「廊外垂著水晶簾，

明珠剔透，狂舞，

於玲瓏的綠玉盤。」（朱蘊〈雨後〉）

(六)古典：

「長江不應滿，是儂淚成許。」（南朝樂府〈華山畿〉）

新詩

「起伏著的煙波，

盈盈以淚匯成，」（朱蘊〈墳場〉）

(七)古典：

「庭中有琵琶樹，吾妻死之年手植，今已亭亭如蓋矣。」（明，歸有光〈項脊軒志〉）

新詩：

「兄弟！不要再流浪了！不要再流浪

臉色已如此之憔悴，像一片，秋天的落葉

那間童年的小屋，你一定還能記起

屋前的榕樹；也已亭亭如蓋了啊！兄弟」（陳勤〈歸〉）

㈧古典：

「出師未捷身先死，長使英雄淚滿襟。」（唐，杜甫〈蜀相〉）

新詩：

「我抓住自己如抓住一把
未喝血之前
即已折斷的
劍」（洛夫詩）

㈨古典：

「日日花前常病酒，不辭鏡裏朱顏瘦」「百草千花寒食路，香車繫在誰家樹」（五代，馮延巳〈鵲踏枝〉）

新詩：

「你是正在旅行中的一隻候鳥，
偶爾地過訪了我這秋的園林，
（如今，我成了一夜秋的園林，）
毫無顧惜的，你又自遙遠了。
遙遠了，遙到不可知的天邊，
你去尋，另尋一座春的園林嗎？

我則獨對蒼白的紗窗，而沉默，
悵望向窗外，一點白雲和一片青天。」（李廣田〈窗〉）

(十)古典：

「我欲負汝去，羽毛何摧頹。」（漢樂府〈艷歌何嘗行〉）

新詩：

啊！兀鷹，你曾振翅奮飛
想飛上青青的天
但羽毛凋零
你不能去

啊，蒼龍，你曾臨崖長吟
想一遊蒼蒼的海
但鱗甲脫落
你不能去！（覃子豪〈兀鷹與蒼龍〉）

(十一)古典：

「流水何太急，深宮盡日閑，殷勤謝紅葉，好去到人間。」（唐〈宮詞〉）

新詩：

別了！春水，
感謝你一春潺潺的細流，
帶去我許多意緒，
向你揮手了，
緩緩的流到人間去吧！
我要坐在泉源邊，
靜聽回響。（冰心〈春水一八二〉）

(十二)古典：

「離別家鄉歲月多，近來人事半銷磨，唯有門前鏡湖水，春風不改舊時波。」（唐，賀知章〈同鄉偶書之一〉）

新詩：

偶然間憶到了心頭的，
卻並非久別的父和母，
祇是故園旁邊的小池塘，
蕭風中，池塘兩岸的蘆和荻。（李廣田〈鄉愁〉）

(十三)古典：

「落日照大旗，馬鳴風蕭蕭。」（唐，杜甫〈後出塞之二〉）

新詩：

兵車向前方開，

炮口在笑，

壯士在高歌，

風蕭蕭，

鬃影在風裏飄。（臧克家〈兵車向前方開〉）

㈥古典：

「年年柳色，灞陵傷別。」（唐，李白〈憶秦娥〉）

新詩：

冷落的渡前，

一株楊柳在憔悴著，

這裏曾掛過不少離人的淚影吧！

於是，孤單的旅客，

默默摘了一枝。

沉重的舊夢，

褪了色的心情，

於是，都刻在這柳枝上，

壯他的行色。（李微〈古渡頭〉）

(十五)古典：

「舊時王謝堂前燕，飛入尋常百姓家。」（唐，劉禹錫〈烏衣巷〉）

「古來聖賢皆寂寞，唯有飲者留其名……與爾同銷萬古愁。」（唐，李白〈將進酒〉）

「舉盃邀明月，對影成三人。」（唐，李白〈月下獨酌〉）

「桃花流水杳然去，別有天地非人間。」（唐，李白〈山中問答〉）

新詩：

這樣正好，你說你要用月光寫詩
讓那些閃爍的句子
飛越尋常百姓家
……………
你向牆上的影子舉杯
千載寂寞萬古愁
在一俯一仰中盡化爲聲聲低吟
……………
永王不見得能分享你月下獨酌的幽趣
對飲的三人中

想必不會有喋喋不休
向高山流水發表政見之輩
…………
就在那天下午
訪戴天山道士不遇的下午
雨中的桃花不知流向何處去的
下午，我終於看到（洛夫〈李白傳奇〉）

(六)古典：
「少小離家老大回，鄉音無改鬢毛催。」（唐，賀知章〈同鄉偶書〉）
「共看明月應垂淚，一夜鄉心五處同。」（唐，白居易〈望月有感〉）

新詩：
鄉音未改，兩鬢已衰
母親
三十多個寒暑匆匆的催逼
我仍只是一隻
追逐天涯的孤雁
…………

一夜的鄉心
五處的悸動（洛夫〈血的再版〉）

㈦古典：

「香霧雲鬟濕，清輝玉臂寒。」（唐，杜甫〈月夜〉）

「蒹葭采采，白露未已。」（詩經〈秦風，蒹葭〉）

新詩：

秋水潺潺地走進相望的瞳仁深處
玉臂已覺清寒的時節
…………
當苔濕而又迷茫的路如秋意長
我感覺不論白露未已或已
恍惚的身影都成了夢裏的蓮花（陳義芝〈蒹葭〉）

四、結語

由上所述，新詩創作修辭手法源承於古典的，曩昔巧手偶得的佳妙再見於今日，今日讀者的欣喜意會不下於古人。而就題材、通變兩線來說，作者基於對古典的感通而自然使用；讀者因此引領感染而獲致感通。現代創作與古典創作，作者的情動辭發與讀者的披文入情，轍跡相同，這是文學創作既便捷，又深切的可行應行。

文學上的古典與現代一體前後承連，不同的是兩者的發展；依照文學生物性的定則，古典文學的菁華發揮已盡，由於他的語言不能表徵現代人生，再也不能廣行於現代已是必然，屬於他的精神面貌，將在繼起的新文學中去含蘊、蛻變再生。古典文學的今日價值在整理研究，延伸發皇；而開墾壯闊，擔當表現人生人性之職的，自非現代文學莫屬。

以上管窺數則，只是我古典領域繁富華采的部份火樹銀花，數千年的文學遺產菁華，可供現代文學創作採擷變化，承祧發皇的實在是太多了。一個可信的鐵則是：舊文學創作的原理原則，精神境界一定是與新文學創作相連相同的，甚至於藝術表現的手法，也一定是足供現代參考比較，變化使用的，所不同的只是詞彙使用的新舊之異而已。

何時我們去倉儲中檢點塵封，取出來翻新使用？

一九八八年十月九日輔仁大學第九屆中國古典文學會議論文發表

國內大學中（國）文學系中國現代文學教學之檢討

筆者從事中國現代文學之研究、教學，自五十九學年度（一九七〇年九月）起，迄今已近二十三年。曾經開授課程包括：一九七〇至一九七三在台中興大中文系開授新文藝、文學概論；一九七三迄今在師大國文系先後開授新文藝（現代詩、現代散文）、現代小說、現代戲劇、文學批評、中國近代文學史；以及曾在文化大學中文系擔任的現代小說，現在擔任的新文藝、現代詩：以上先後所開課程共計八種。已出版教材專著有：現代詩五種、現代散文一種、現代小說四種、現代戲劇一種、文學批評一種、另筆者散文結集一種，短篇小說結集二種，共計十五種。

以上自述，非敢有半點炫耀，只是為筆者發表論文的背景列舉徵信，有關中國現代文學與教學的研討會議，期待已久，此番能附驥參與，與眾多同道、博雅君子切磋研討，深感欣幸。願以我二十三年的經驗，就國內中（國）文學系現代文學教學方面，提出淺見，供作參考，並請指教。

一、教者的條件

㈠應具備創作經驗：教者與學生，有如教練與球員，優秀球員投籃百發百中，教練投籃或只是百發一中，仍能以理論，經驗來教導球員，但他也絕非不會運球上籃。鑒於現代文學各類文體教學之中，理論與創作實務並重，教者本身當要具備創作經驗，非如此不能勝任創作指導。

㈡敬業督導改正創作：由前述創作之必需，又由於人性主動之不易、被動之可進，所以必需規定學生的創作，嚴格要求，督導改正。筆者所以因「改正」而非「批改」，是因為這不同於中學作文，教者毋需命題（不應範限），原則只是提供創作的體式方向，讓學生們自去馳騁，抒發情理；同時，也因為學生們的創作既是出於「即興」、「言志」，而非「賦得」，屬於他們自我的情感、理念自應受到尊重，教師不必也不應改動。教師的職責在教導學生能創作「合格」的現代文學篇章，要求在「合格」之後，再能有「精美」、「顯現自我的風格特色」的理想進展。

㈢心態與表達：筆者以為：現代文學既已是繁複多樣，而學生們又各自有才質性向的不同，所以教者的心態，不可自居於崖岸高層，該是站在指導協助的立場；重在啟發學生們的追尋自得，而不是範限與傳授；期望的是在容許，鼓勵之下，學生能有自我創意的伸發。中國現代文學歷史不長，還在開發之中，任何學生的創意自得，容或就是構成為日後現代文學煌峨殿堂的片瓦拳石，那都是我們教者所期盼樂見的。此外，愚以為任何一位充具熱誠，具備認知的教者，必然也都是有他相當的主觀（不敢說是一家之言，但也絕非邯鄲學步，僅是充當古人或外國人的傳令兵）。教學過程之中，教者的主觀既是來自他的自得與再創造，功能即是藝術的珍貴。只是在傳達之時，容或與學生的自我形成扞格，就此，筆者建議可以「主觀立論，客觀傳達」的教學方式來行調適。

二、教材問題

不同於古典文學的有本可宣，現代文學的教材，既不能有團隊合作的編纂，就只能任教者的各自為政。目前業已浮現的困難是：現代詩、現代散文兩類域外材料的擷取與教學的不易，教者與學者既不可能有夠格的譯述能力，譯作的採用及與本國文學的比較、整合都是問題。詩、散文、小說、戲劇四類的名家名著賞析專著雖有而散見，系統專著尚未出現。文學批評方面問題最大：屬於本國原有的論評資料儘多，但精采的「點」都只如星佈銀河，等待著有志，有能力者集合眾力去連點成線之後，才能充作教材；〈文心雕龍〉的六觀已舊，必需翻新；域外使用的批評線路（歷史論、形式論、社會文化論、心理學批評、神話原型論），有待與本國文學傳統整合。中國近、現代文學史方面，雖然已有專著，但與中國文學史專著（如劉大杰的中國文學發達史）比較起來，精要妥適的落差很大，還只能當做資料來處理。近、現代文學發展的史料（線）與作家作品（點）的規劃彙整，新文學史可用的教材，還在期待之中。

此外，由於文學發展的生物性與不全性，反動律（新興風貌常是前一風貌的反動），我們已可認知：五四的平易文風業已老化，精緻文學始兆已現而且風行，現代文學早已具備超越近代文學的成績。近代作品（如胡適的詩，朱自清的散文等）的湯湯水水、鬆鬆垮垮，就只有「史」的價值，可以引證我國新文學發展根屬的本土性，少有可供現代文學藝術手法參考，借鏡的質素。名稱定位該當是由舊文學過渡到新文學的橋樑，是「新文藝」中前期的「老文藝」，價值在「史」而不在「藝術」。

三、教法檢討

這是經緯萬論，最為多面性的一環，可否容我略提管見，藉供參考：

㈠必需與我國古典文學傳統菁華連接：新、舊文學不是相對而是相連：儘管本國古典文學的創作已不能再現高峰，但在數千年傳統文學遺產之中，仍多有精神，手法的菁華，等待著我們去研究、整合，移來新文學的待墾廣原上承祧發皇。既是遺產就不能束之高閣，只供觀賞，現代的繼起者必應通過整理、研究、比較之後來變化使用。既要以現代學理，詞語為古典重新定位，更要鎔舊鑄新，承接光大。例如新的「意識流」手法類同於漢魏樂府；小說中的「後設」早見於宋元話本；新文學的作家中，徐志摩能改變「頂真」手法，使相同詞語連結句式的作用擴及到段與段連結的新樣；俞平伯能將醉心清真詞的「淒清」移來新詩創作；

卞之琳詩作的深密中可見有南宋纖巧詞風之跡。古典文學豐美遺產之中，正多著可供我們去采擷，連結，通變使用的佳妙，慚愧的是這一項極具意義價值的工程少有人做。且容筆者在此呼籲，在現代文學教學之中，首需使學生了解到新舊不可偏廢，國族傳統文學根屬血緣的重要，進而結合眾力，共同來開發這一項遺傳工程。

㈡義理論評與辭章創作的不可偏廢：義理是辭章的神明魂魄，辭章是義理的血肉豐采，愚以為學者應相輔相成，不可偏廢，設若只取一端，缺失之重，將不下於古典與現代之執一。曩昔男生大多偏向義理研究，誤以為「行有餘力，然後學文」，對辭章藝術存有不屑的偏見；而女性又大多誤深義理艱深，不敢嘗試，以致常停留在辭章表現的軟性層面。殊不知辭章內涵的堅實正是義理範疇的理念；而理念發表，要求能夠引發閱讀興味，進而產生共鳴認知，一定又是非有優美辭章不克為功。義理的價值在文學藝術精要的深度；辭章的價值在文學藝術鮮活的廣度，深廣兼具原是一體兩面的輔成。

此外，在前瞻性的效應上又不可不慮，文藝創作難免瓶頸阻限，想要輕舟過山再能突破，理論是一條足可仰賴的途徑。又學生在進入社會之後，事業的冗繁勢將影響創作，那創作的靈感動力既非呼之即來揮之即去，可遇難求的情形之下行將導致斷簡殘篇的夭折，惟一可行的是同時來做論評研究，藉著方向確定、資料收集，結構擬妥之後的提得起又放得下，自可與創作平衡、並行而漸進具備成績。再者：論評之所以必應與創作同步，更重要的理由是它對人生的具有大助，具備群性與表現渴欲的智能之士，投入社會中去做事或是研究，必然需要魄力。青年們魄力的訓練，一般都以為是由經歷之中得來，而愚見認為還有一條重要的管道，那就是從事論評研究與發表，其中理念的自得，正也就是個人決斷魄力的表徵。

㈢**通識效應**：文學教學若是未能與生活事理，人性人生整合，那是孤立的淺陋。如太史公「究天人之際、通古今之變」那種天花板上，四通八達的境界，當是教者都應自勉而勉人去尋索、攀登的高標，階梯之始，愚以為就在「通識」。試舉一例：如現代象徵詩風原理「朦朧勝於明朗」，原是基於尊重讀者人性自我，避免明示，佈置想像天地引發多角多面自得的設計，說明了「距離的美感」；同理，它也在顯示人與人之間「遠交近攻」刺蝟性可慮的預防；又是實際生活之中車行保持安全距離的定則。如此的一炁三清，文藝創作、生活之理，行動規則角度儘管不同，而理念歸屬總是一端。教者學者，該做的是尋索連接，要求通達；不可草率忽略；更不可加設路障，使之孤立隔絕，坐失了深廣效應。

㈣**教學程序與創作指導**：一般的程序是理論——作法——例舉賞析。但屬於教者的性向、認知既然各各不同，程序的訂定以及項目的輕重當然也各自有殊。教學一如藝術，忌諱的是格套模式，任何教者都不可能盡善盡美，只要能有自我，並能發表特色，那就是可貴。在我們現代文學的沃土廣野之上，眾多園丁致力的分項不同，耕鋤的工具與手法各有殊勝，而收取的效應，無不就是溪澗淙流，開展成江河，歸匯於海岸的壯闊。學生們的才資在引導，教勵之下開發，花樹枝葉繁茂，香美各自不同，而蔚為園地錦繡風光的全景則一。筆者在此，只願提供一項意見促請注意：那是本國現代文學中各文體的發展史料（線）與作家作品

（點），理應同時並重，精美的點如未能藉重線連，永遠只是散沙，不能予學者以縱橫兩面的全盤了解。這一項類同於文學史的工作，必然的理由是基於任何向前的發展都必需同時做好向後的回顧省思，溯本尋源就是支持開展前行的基石。

在前已述創作的必需，天橋把式的光說不練既已不行，理想的程序是在收件改正之後來辦創作批評觀摩。一班之中，就全部作品進行分析是辦不到的，愚意可行的是「優缺互見」，優秀篇章列出討論觀摩，缺失者不列全篇（常也只是部份不佳），只就缺失部份，彙整之後來由教者歸納說明訂正。

㈤與活動結合：課堂教學，難免偏於教者表演，對學生個別的性向、才資差異不能深知，僅由創作表現來了解那是不夠的。再加上現在的學生不喜發問，雖有教者預留時間，虛心鼓勵，換來的仍只是露齒微笑而已，當然這並不代表他們沒有問題，都已經消化良好全部接受（那是絕不可能的反常），他們只是膽小，又擔心自己提問的淺薄（都是不必要的豈有此理）。換個場所，心態不同，那默默點頭無語的或許就會侃侃而談。而我們教者所盼望的也就在此，所盼的不只是從課堂眾多晶瑩眼光中讀到的那一份感動理解；更希望能聽到一些問題意見，及時解惑；甚或由於學生們偶發的自得，有助於教者的材料或修正，意外地收取到了教學相長的效應。

教學與活動的結合，已屬必然。

方式當然很多，可否容我列舉做過的一些供參考：師大二十年，曾經擔任過話劇社指導，又一直擔任詩社、寫作協會的指導，設計推展社團活動，從活動中去接觸學生，輔導他們的研究、創作，以及「行萬里路」的辦事能力。所辦的活動大項如：校內的現代文學獎、詩作競賽、詩歌晚會、話劇演出、文藝營、個人專題發表會等……。對外的是推荐作品在報刊發表，與報社合作辦文學週，鼓勵指導參加文學獎，推介參加新人獎並為之作評等……。師大國文系還有一項具有意義的傳統，每年校慶展出各班的辭章創作，筆者所授各班作品悉數參展，自然能收砥礪之效。

四、問題與前瞻

二十多年之前，國內大學新文藝課程開設的情形是：怎一個愁字了得，好不淒涼。前輩們少有提攜，多的是盲目否定，蓄意排斥，說這是浮淺的，不算是什麼學問，教者嘛當然也是淺薄，不夠料教古典的才被充軍來下放勞改。想想那些既固且陋的學究，進入到堂廡深廣的古典殿堂，「白髮死章句」出不來也是自然；再加上時不我與，趕不上他所不熟悉的新樣又是難處，他們的反對是其來有自的不得不然。到如今新文藝附庸雖猶未蔚為大國，但經過了篳路藍縷，確已開展出繽紛的風景。儘管在老學究歸山之後，仍有少數春秋鼎盛的新學究在繼烈承志，持續反對，但情況卻已是好得多了。披荊斬棘的荒涼蒼涼已經過去，王道砥平的通衢或可在望。分析因素，勞改的戍卒何敢言功，實是拜受時代趨新之助，文體發展，實用價值的必需如此；再者就是青年們的認知，他們的需要與選擇，趨向促進了自然的發展。

然則新路既闢，坦廣未必，迤邐長途，問題正多。

一是人才的培養與課程問題：研究所雖已有敢以新文學為題材來撰寫論文的，但缺乏新舊文學比較，連結、研究的課程，更未能有計劃地來培養人才、風氣有待加強開展。研究所的基礎在大學部，中（國）文學系課程最重：經、史、子、集樣樣都來。師大國文系尤其是負荷千鈞，還得承繼發揚傳統拿手的小學，再加上愈來愈多的教育學分，以及國文老師的正字招牌教材教法，學生們在七個學期（最後一學期要試教、要參觀教學、旅行，忙得很，上不了什麼課）中以填鴨方式生吞下的什錦大拼盤，菜色太多，消化不良，蜻蜓點水，輕輕淺淺，如此的營養供需，要求學生們能醇，能深，能廣，哪裏能夠？

再加上教育部規定修改，學分愈來愈少，課程時數不斷縮水，如必修的中國文學史，兩年八學分尚且教不完，縮水之後巧婦做的是少米之炊；又為了中學配課方便，學生加修外系學分，沾一點「第二專長」的邊，結果當然是更雜、更淺；竟有所謂的教育專家學者，甚至主張師大學生要有十項全能，能包辦中學所有的人文，甚至社會課程。這情形走回到昔年師範專科訓練大學包班制師資的那一套，近似於抗戰時期師資荒時急就章式「簡易師範」那樣的淺陋得荒謬。

是精或博？是廣抑深？面對分工必然細密的未來，究竟該當如何因應？

依他系來說，一旦課程線路，學習指向增加，必然的因應改弦一定是分組，何以中（國）文學系守成如此！因循如此！是不是該要來面對，改進了？！

如果義理、辭章能夠分組，或是竟能分得更細，有關現代文學的一些課程：如文藝心理學、文藝哲學、美學、西洋文學史、西洋文學概論，名著導讀，中國文學批評史等……可以在系、所中設計程序開設，現代文學的基礎課程學分也可以酌增，這樣是不是具有前瞻價值？要在提供學生以理想的學習程序與內容之後，才能培養出人才，促進本國文學的理想發展。

第二：中國現代文學發展的三線綜合（現代詞語、古典傳統承祧，域外移植）之中，第三項做得最差，甚至可說是沒有成績，有關本國文學與域外精美的比較與整合，已是亟應當行，非如此不能有躋列世界文學之林的基礎先決。然則國內的比較文學還在起步，該由哪些人來合作？如何合作？也是該及早開始的了！

第三：是現代文學發表園地的缺乏，報紙增張，副刊縮小，輕，薄文學不行其道，專業雜誌很多（美容的，音樂的，汽車的……什麼都有），惟獨文學雜誌寥若晨星。青年們的創作沒有發表園地，以致於文學生命無路請纓而被迫夭折。想想我國新文學運動早期「文學研究會」、「創造社」的盛況；想想日本現代文學專業雜誌之盛，以及他們合理，公正的批評制度的建立，筆者難免汗顏沮喪，再想想台大夏氏兄弟「文學雜誌」的慘澹經營，影響到弟子輩的白先勇等人自創「現代文學」天地，就現代文學的發展言，「害人賠本」的文學雜誌是一定要做的了！今日不做明日後悔，筆者有鑒於此，近期曾於報刊上以螳臂奮張之姿呼籲，結果竟是言者諄諄，聽者藐藐，沒有人理我！

五、結語與建議

容或在問題不得紓解，筆者的心情表徵沉重，但我的信心並未喪失，尤其在這場會議之中與各位齊聚，孤軍的蒼涼可由吾道不孤的親切而趨淡，誠如〈約翰·克利斯朵夫〉卷末所言，在孤獨感袪除之後，希望將由絕望中再生。可否容我作一具體的建議：就由這一次與會的同道開始，讓我們來籌組一個「中國現代文學研究會」（慚愧！韓國的許世旭兄，居然早已組成了這樣的一個組織）、群策群力、共同來謀求改進。盼望我們現代文學的軍容日益壯大，鼓角齊鳴，揚纛前行，合力來開展中國現代文學，蔚成為壯闊江河，顯現洪峰，替中國文學史寫下煌燦的，嶄新的一頁。

一九九三年六月六日文化大學中國現代文學教學國際研討會論文發表

精緻文學的再現

～戰後台灣文學的特色

一、文風變革的始兆源頭

戰後的台灣文學，自一九四九迄今四十七年之中，在姹紫嫣紅，潮流起落的眾貌紛呈之下，若要歸納探究其特色，筆者的淺見以為，顯具之一的是為「精緻文學的再現」。早在一九六四年四月，時年三十六歲的余光中，以一篇〈下五四之半旗〉首先提出釐清認知的呼籲，是為發展精緻文學的始兆先聲，幕啟之前的第一記重亮的響鑼：

偉大的五四已經死了。讓我們下半旗誌哀，且列隊向她致敬。雖然她的孩子們，德先生與賽先生，已經漸漸長大，雖然她的第三個孩子。白話文學，已經活了四十多歲；可是五四她自己已經是死了。至少至少，在現代文藝的金號銅鼓聲中，蒼白的五四已經死了，已經死了好幾年了。蒼白，而且患嚴重的心臟病。……

然後我們將升起現代文藝的大纛，從她的墓前向遠方出發。我們如此將她埋葬，並無半點不敬之意。因爲，她委實已經太老太老了，雖然還有那麼多孩子那麼迷信她的青春。現在我們正正式式而且乾乾脆脆地爲她舉行了葬禮，這一代的青年們便不能再存任何依賴的心理，而現代文藝的大軍進行曲，在悲戚的輓歌之後，將顯得更加的洪亮而且震耳。

依文學史軌跡來看：各種文學風格由肇始以至極盛，無論它執領風騷的時間多長，總會衰落凋謝，而新興的文學潮流又往往是舊文體舊風貌的反動，文學史就在這種循環更迭的力量中運轉無窮。五四新文學運動，就以其自由創作的特性作為古典文學格律範限的反動。大凡新風格的產生，必然有它獨特的文學主張和表現手法，奠定本身在文學史上的意義，但在正面揭櫫的方向之後，卻又常帶有反面的缺失。五四新文學提倡「我手寫我口」，確實能從日趨僵化的舊文學窠臼中開闢一個自由、活潑的新局面；但當這一陣新鮮的浪潮湧過之後，人們開始反省：文學難道就只是口語的筆錄，平淡真的是最佳妙的創作手法嗎？

就因為文學風貌先天的生物性與不全性，五四因瑜不掩瑕導致下台鞠躬是想當然爾。使我們料不到的是老祖母的風華銷退得太快，猶未半百，還只在一枝花的四旬華年，即已老得龍鍾。

二、精緻文學析例

從六十年代到八十年代，台灣的精緻文學蓬勃發展。三十年來，已由少見陌生的附庸逐漸興盛而蔚為大國。以下抽樣析介五例，以供與會諸君子參考，並引証吾言之不虛。

㈠一過米蘇里河，內布拉斯卡便攤開它全部的浩瀚，向你。坦坦蕩蕩的大平原，至闊，至遠，永不收捲的一幅地圖。咦呵西部！咦呵咦呵咦——呵——我們在車裏吆喝起來。是啊，這就是西部了！超越落磯山之前，整幅內布拉斯卡是我們的跑道。咦呵西部。昨天量愛奧華的廣漠，今天再量內布拉斯卡的空曠。

芝加哥在背後，矮下去，摩天樓群在背後，舊金山終會在車前崛起，可兌現的預言。七月，這是，太陽打鑼太陽擂鼓的七月。草色吶喊連綿的鮮碧，從此地喊到落磯山那邊。穿過印地安人的傳說，一連五天，我們朝西奔馳，踹著蓬車的陳跡。咦呵西部。滾滾的車輪追趕滾滾的日輪。日輪更快，旭日的金黃滾成午日的白熱滾成落日的滿地紅。咦呵西部！美利堅大陸的體魄裸露著。如果你嗜好平原，這裏有巨幅巨幅的空間，任你伸展，任你射出眺望像亞帕奇的標槍手，抖開渾圓渾圓的地平線像馬背的牧人。如果你癮在山岳，如果你是崇石狂的患者米顛，科羅拉多有成億成兆的岩石，任你一一跪拜。如果你什麼也不要，你說，你仍可擁有猶他連接內瓦達的沙漠，在什麼也沒有的天空下，看什麼也沒有發生在什麼也沒有之上，如果你什麼也不要，要飢餓你的眼睛。

咦呵西部，多遼闊的名字。一過米蘇里河，所有的車輛全撒起野來，奔成嗜風沙的豹群。直而且寬而且平的超級國道，沒遮攔地伸向地平，引誘人超速、超車。大夥兒施展出七十五、八十英里的全速。霎霎眼，幾條豹子已經竄向前面，首尾相銜，正抖擻精神，在超重噸卡車的犀牛隊。我們的白豹追上去，猛烈地撲食公路，遠處的風景向兩側閃避，近處的風景，躲不及的，反向擋風玻璃迎面潑過來，濺你一臉的草香和綠……。

以上是余光中〈咦呵西部〉的片段，余氏以其新力創作提供為革新五四文風理論的印證。這位詩人，散文家，其「左手的繆思」較之詩作非僅不遑多讓甚且有以過之。筆者以為：其人貢獻之一：在使詩與散文兩種文體混溶而互補。現代散文風格新建，因需在平淡、直敘中開展繽紛姿采，很自然地受到現代詩的影響與啟示而發展形成「詩化散文」，將詩的表現重點（精鍊、想像）移來散文，以濃美的語彙辭藻，新力句法，深密意象與鏗鏘音節等等，形成散文世界中一個嶄新而充滿潛力的新品種。非僅能滿足讀者對美感的要求；亦且能使作者高超勃發的才思慧感淋漓展現；更者可使主題傳達的思想情感，能有深刻的拓展與廣大的詮釋。

〈咦呵西部〉，敘寫新大陸遼闊平原、逞其陽剛豪力，藝術精美。常感於張愛玲形容、譬喻功能之鮮活，在新文學有史以來，前無古人。斯人既以古稀之年，淒涼蓋棺，孤寂死於異國；差幸可見今日之繼起者尚能有人，余氏文中，以慧心設計的譬喻功能屢見。如：「永不收捲的一幅地圖」、「整幅內布拉斯卡是我們的跑道」、「奔成嗜風沙的豹群」、「猛烈地撲食公路」。而擬人，動感的形容又極鮮活。如：「太陽打鑼太陽擂鼓的七月」予人以熱力感受。「遠處的風景向兩側閃避，近處的風景，躲不及的，反向擋風玻璃迎面潑過來，濺你一臉的草香和綠」，非僅是視覺的飛閃，更且有嗅覺的清新。而「旭日的金黃滾成午日的白熱滾成落日的滿地紅」，長句以視覺色彩的不同來感受時間變化，設計佳妙。篇中多用各種修辭技巧：倒裝如：「內布拉斯卡便攤開它全部的浩瀚，向你！」詞性混用如：「如果你『癮』在山岳。」「要『飢餓』你的眼睛。」尤以：「如果你什麼也不要，你說，你仍可擁有猶他連接內瓦達的沙漠，在什麼也沒有的天空下，看什麼也沒有發生在什麼也沒有之上。」一句最為特殊，有似拗口令似的類疊設計，極為新穎耐看。

(二)雖然叔本華對哲人著其靈眼於愛情題材，嘆恨它爲數也少，然而自從柏拉圖的「筵話」篇和「斐德羅」篇用宏文偉辭暢述了愛情三昧以降，直到近代心理學家的科學分析，西方學者們對這個問題的概念上的討論，就是粗疏覽來，也是恢詭譎怪，嘆爲觀止的了。反觀我們除了近代一、二學者餘興所至，偶然也有些雅詞韻語之外，似乎我們對愛情的根本看法，還是謹守著「食色性也」這個古老而簡樸的箴言。然而有趣的是，無論抽象的概念活動有如何繁簡的差異，愛情的事實，和愛情所激發的藝術創造，在任何一個文化中都是豐盛而多彩，活躍而富生命感的；事實是，愛情以任何一種文化環境做它的沃土良田。譬喻來說，這完全屬於個體的情感運作，就像泥土中滋滋作響的水氣，和嗶剝發芽的種子，共同在神秘醞釀生命的情景，它初初看來，對那一片大土地是那樣的微不足道，可是卻供給它無限生機。許許多多愛情活動在不同的時空裏發生、演出，像種子在春天不經意地冒土滋長一樣；其中一些由於藝術機緣，乃蔚爲大樹，花燦葉茂，造成這片土地上的永久風景，這搖曳生姿成爲永久風景的花樹，自然就是用來譬喻經由文學作品所表現出來的愛情景觀了。……因此之故，我們才可以去領略愛情那一種情緻紛披的景象；從這裏，我們解放並且滿足我們的人性，從而免除去將愛情視爲一赤裸行爲的這一知識和觀念上的獨斷。……這個愛情觀和前述霍小玉等類浪漫情愛比較起來，有一個完全對立的性質，它絕不是生命的完整投入，它只是生命歷程中的一些景象，彷彿風吹浮雲，水泛漣漪，樂音過耳，朝霞在天。……回顧起來，浪漫與古典，根本說還是情同事異，所有的情愛都是心頭一點暖熱的嚮往，而發散的光度有異而已。率其生命衝動的浪漫愛，猶如春天野火，熊熊而燃，不能自已；一時情緒的陶醉愛，彷彿流螢閃灼，風韻自賞，引人遐思；因情悟道的傾賞之愛，不啻長空見月，澄澈晶瑩，此心無礙；追求靈魂相契的唯心之愛，譬如是蒼穹星辰，幽渺而永恒；踐守信約的生死之愛，淬礪如砧上火花，驚心而動魄；婉轉幽微的默想之愛，便好像荒村燈火，令人顧念而懷思。

唯有讀過樂蘅軍教授長文〈浪漫之愛與古典之情〉的，始能認知到論評散文的今昔不同。樂文以多樣的采姿為原本堅實而乾枯的文體加注了血肉豐采，使之血脈解凍，充具情熱，展現出迥異於前，而又足能承先啟後的全新風貌。雖然如此瑰麗的筆觸使得讀者難免有買櫝返珠顧此失彼的眩惑，但因既不是先天性的不容修改，所以在今後的賡續之中，可信必將有更為理想的呈現。

樂氏精緻論評的采姿，一在於她多用現代詞語以及新詞的創造。現代詞語如：「愛情『景觀』或者從人事現象中『抽離』出來。」「全部『統攝』在人類一個『模式』活動之下。」「這完全屬於個體的情感『運作』。「浪漫與古典總是情感的兩個基本『樣態』。」「可是滎陽生的愛情國度是『架構』在光影閃爍的感覺世界。」「也就失去了早先那歡快的『基調』。」「這兩個心在本質上毫無『間阻』。」代稱使用如：「文學從不把愛情自生命裏孤立起來，而是以它為人生的『潛望鏡』。」「就會使文學故事『貧血』。」「當愛者本身被疑慮、矛盾、失望、衰枯所『凌遲』的時候。」「愛情以任何一種文化環境做它的『沃土良田』。」「他們是透過信念而從容堅決地赴生命之『筵席』。」「這兩個人類心靈的『狀詞』。」濃縮詞彙如：「古典愛情的內在性質也就日漸墮失（墮落流失）。」「將逐漸失去它們的妥適（妥當適合）性。」新創詞語如：「這實在便是浪漫愛情特具的『氣稟』。」「所以這裏面就不會有一味沉溺於生活的『懵懂』絕望。」「至於精神相期不朽更且能『謬托』於神話。」「但我們現在究竟不過是對情感作意趣的『品索』。」「我們視它為作品意念所托，而不只是美感的『塗飾』。」「而不能不落進悲劇的『死陰』中。」「由於她對韓朋生命交會的『契愛』。」

其次是她文言句法詞彙的承祧。如：「然而自從柏拉圖的筵話篇和斐德羅篇用宏文偉詞暢述了『愛情三昧以降』。」「其中有一些由於藝術機緣，『乃蔚為大樹』。」

三是她文句的繁複之美與力。如：「我們解放並且滿足我們的人性，從而免除將愛情視為一赤裸行為這一知識和觀念上的獨斷。」

四是她文句鮮活的動感。如：「就像泥土中滋滋作響的水氣，和嗶剝發芽的種子，共同在神秘醞釀生命的情景。」「因此之故，我們才可以去領略愛情那一種情致紛披的景象。」「它只是生命歷程中的一些景象，彷佛風吹浮雲，水泛漣漪、樂音過耳、朝霞在天。」「踐守信約的生死之愛、淬礪如砧上火花、驚心而動魄。」

(三)在中國神話中，一種悲劇性的叛逆精神曾經給後世無數辛勞役役的中國民眾，帶來無限的希望與信心，明知道追逐太陽的終點是一片日落後的黑暗，卻仍有渴死于道的夸父；明知道對方是君臨大地的人間之王，卻也有常羊山下，斷頭之後以兩乳爲眼，以肚臍爲口，繼續舞干戚而戰的刑天；明知道太行王屋兩山巍峨險峻，卻也有率妻帶子移山的愚公…………

以上是王孝廉〈漂與誓〉一文的片段。超現實題材早見於二千三百年前的楚辭，迄至現代，它已是文學創作擴大幅員主要的指向。王作以神話傳說益加現代感受，是為舊瓶新釀，借屍返魂。基於人性編織夢幻以謀求平衡的常態，如此表現是由於「神話是民族的夢」的需要。題材呈現，在今古比較之後，讀者的得失感受是：可有為物質進展豐裕便利的欣慰；同時也有得失互見，在歷史進展之中，人類精神生活反不如前的驚心。從而認知到物質不如精神，文化更重於文明，遂能有向民族根屬文化回歸共識的建立。這類作品的行文效應常是回顧與前瞻同具：回顧的是族群尋根的作用，由神話傳說的溫故認知到族群的原型記憶，通過溫馨或是蒼涼的感受，均有助於族群精神的強化。而前瞻的效應則是保留、表現了傳統與鄉土，具備有類似鄉土文學「禮失而求諸野」的作用，以之來調適現代人的生活心態，忮求自現實虛妄提昇回歸到素樸純真。

王作以我國精衛填海神話與日本雁風呂的傳說相較，由對海面漂流木枝的不同詮釋，表徵兩國民族性的不同。一是在悲劇痛苦的現實之下所建立的信心與反抗；另一則是以詩意的美麗哀愁，對無奈悲劇所作妥協式的歎息與悼念。在比較式的理念充份明確之外，藝術表現最能以長句表現氣勢，再進而藉著傳說人物，感性之句來濡染讀者。尤以「刑天舞干戚，猛志固長在」悲壯形象的刻劃，揭示了不屈不撓、自我樹立的生命意義。在歷代溫柔敦厚的詩旨文風傳統之下，特別提供現代人以一份既反面，而又強力的省思。

(四)知道他不是無情，但世上也有一種人，眞正是情薄，有的就是那麼一點感情，還要依這個大千世界所需，普渡眾人的散化到諸親人友好身上，剩下的，就是那麼一點，如何都再逼不出多一絲一毫。

說他情薄，還有一些道義，不到要負責的地步，尚不會負心。於是每每聽他說：我就妳這樣一個女朋友，妳走了後，我再也不交女朋友，我不要欠人，欠人總是不好，人要積點德。

他當初來追逐，怎不曾想到要欠人？他現在身在其中，還不忘聲明，他不曾留妳，走不走決定在妳，他就是不要負欠於你。氣憤世上的理豈不都讓他佔盡，他又讓妳感到他對妳有那麼一點虧欠，不多到有所行動，卻也有那麼一點。就像他的感情——如果眞是個薄情負心人，激情過後，他會強要妳走——可是妳眞要走，明知他不無心傷，他卻又眞會讓妳走。……

這是李昂〈貓咪與情人〉中的片段。這一篇探討「只願相互擁有，不願相互佔有」的「不婚」心態。當事人經過了自以為瀟洒的那一段，等到認起真來，難免會患得患失，進而徬徨難捨……。本篇傳達出時下男女婚姻與自由抉擇的無奈。篇幅結構衝突一如短篇，只是人事單純，全依敘述者的感覺而抒發，它的屬性不是小說而是「小說體散文」。貓咪與情人兩線進行主從錯綜，從線貓咪的成份幾乎與主線情人相當，暗喻主從兩線本是一體。這一篇創作手法藝術極為精緻：除卻諸多修辭法則的純熟使用之外，特點分析有三：一是日本式句法的新穎。如：「貓咪顯然確定自己會回來，因而當發現不再有魚等待著，便自憐的坐著咪咪叫的這個姿影，沒來由的在心中引發一陣顫慄的感動。」其次是「正」、「反」意象的層遞使用，敘述者自白她對情人的怨尤，同時又並生著她母性寬容，情侶細緻的維護。如「知道他不是無情」（正）「但世上也有一種人，真正是情薄，有的就是那麼一點感情，還要依這個大千世界所需，普渡眾人的散化到諸親人友好身上，剩下的，就是那麼一點，如何都再逼不出多一絲一毫。」（反）「說他情薄，還有一些道義，不到要負責的地步，不會負心，於是每每聽他說：我就是妳這樣一個女朋友，妳走了之後，我再也不交女朋友，我不要欠人，欠人總是不好，人要積點德。」（正）「他當初來追逐，怎不曾想到要欠人？他現在身在其中，還不忘聲明，他不曾留妳，走不走決定在妳，他就是不要負欠於你，氣憤世上的理豈不都讓他佔盡。」（反）「他又讓妳感到他對妳有那麼一點虧欠，不多到有所行動，卻也有那麼一點，就像他的感情——如果真是個薄情負心人，激情過後，他會強要妳走——」（正）「可是你真要走，明知他不無心傷，他卻又真會讓妳走！」（反）如此細密的心理曲折的抒寫，出之以精心的句法設計，真是少見的精妙。

(五)向來愛的便是清曠自如的生活方式。「閒愛孤雲靜愛僧」，學生生活的從容自適裏，起坐間該常有掩卷忘機、神遊物外的逸趣，或是深思索默、精浮神淪的縱情天地吧？為此，我住的地方就叫「隨意居」。也為此，筆墨詩書之間，便常有我任情的痕跡了。常常，我先聯想到酒。

也許，你很難找到像我這樣愛酒的女孩子。我之愛酒便如愛洪荒中流來的神話，愛弓弦上奏響的傳奇，愛浪莽放獷的豪情，愛美艷淒絕的戀歌；未必是淺酌或豪飲，常只是在手中小心翼翼的捧著，默默凝視著那種蜂蜜般剔透的晶瑩，遙想著「玉碗盛來琥珀光」的情致，抑或是「小槽酒滴珍珠紅」的溫柔。……然而我是愛酒的。也許只為了酒上的詩情、蒼涼與絢麗，抑或只是為了一種低迴不去的纏綿，更或許只為了酒液本身的一種澄澈。……

也許正因如此，常只需要一瓶未開封的酒，一爐未燃盡的香，一卷微黃的書冊，一盞熒熒的燈火，便足夠我擁被坐看一篇秋雨飄搖的長夜了。尤其是，粉壁上懸垂的字跡，總帶著破紙飛出的靈動；挑燈展卷，神遊物外之餘，更易令我聯想起醉後舞刀的超邁，以及青衣笠帽，劍穗翻風，疾雨中蕩舟出海的浪莽俠情。而每當夜風自窗縫間捲入，倏然捲起長垂的淺色窗簾滿室飄拂，嬝嬝柔柔的爐香乍然吹散，突來的幽寒透衣如水，總令我愕然良久，不知該如何去解釋那一縷古典的訊息。……

是不是因爲古老的紙傘在意象之中已與水色山光溶爲一體？否則我爲何常常想起花深無地的煙雨江南？是不是因爲古老的紙傘在思念中已與追念懷溯揉成一片？否則我爲何常常想起唐詩宋詞裏的繾綣深情？………

要橫心去面對生死離別，原是很艱困的了。尤其面對著不忍割捨的牽牽絆絆。而這傘仍舊默然保著它沉靜的容色，斜倚著堅實的壁角，用沉寂來映照多情的面貌。然而它亦總有銷亡的時候。銷亡到即使重回美濃，也已不能再買到與它面貌相同、聲氣相通的兄弟的時候。

以上片段，摘自柯翠芬的〈隨意小札〉。筆者以為，儘管現代散文新風貌發展多樣，而我們所期待的主流卻迄未出現。誰是能成為主流的散文新樣？惟有符合三線（古典承祧，域外移植以及現代詞語的使用）揉合條件者始可。柯君為文，有如欒蘅軍教授，古典承祧與現代詞語二項足符標準，而文辭之瑰麗精美又復相似。假以時日，或許就是主流洪峰亦未可知！屬於本篇的承祧之跡，在四言成語如「掩卷忘機」、「神遊物外」等等之外，古典詩句配合意象情緻，如「閒愛孤雲靜愛僧」、「玉碗盛來琥珀光」、「小槽酒滴珍珠紅」，信手拈來，自然妥帖。修辭方面：一二兩段之間短句，形成良好的切頓。類疊使用，多而且佳。如：「我之愛酒便如愛洪荒中流來的神，愛弓弦上奏響的傳奇，愛浪莽放獷的豪情，愛美艷淒絕的戀歌。」「常只需要一瓶未開封的酒，一爐未燃盡的香，一卷微黃的書冊，一盞熒熒的燈火。」

本文以轉折手法之純熟為其特色。如：「為此，我住的地方就叫隨意居，也為此，筆墨詩書之間，便常有我任情的痕跡了。」的二折。以及再進「然而我是愛酒的，也許只為上酒上的詩情，蒼涼與絢麗；抑或只是為了一種低迴不去的纏綿；更或許只為了酒液本身的一種澄澈。」的三折。

篇中可見有剛柔並濟，如：「更易令我聯想起醉後舞刀的超邁，以及青衣笠帽，劍穗翻風，疾雨中蕩舟出海的浪莽俠情。而每當夜風自窗縫間捲入，倏然捲起長垂的淺色窗簾滿室飄拂，嫋嫋柔柔的爐香乍然吹散，突來的幽寒透衣如水，總令我愕然良久，不知該為何去解釋那一縷古典的訊息。」以夜風意象出現為界，在前俠劍的剛性與在後簾捲，爐香，幽寒，古典的柔性，形成為相濟之後的感性傳遞。

也有視覺鮮麗、音響鮮活的媒體使用最為佳妙的當是以長句傳達的情的純真與深切，足能感人。如：「是不是因為古老的紙傘在意象之中已與水色山光溶為一體，否則我為何常常想起花深無地的煙雨江南？是不是因為古老的紙傘在思念中已與追念懷溯揉成一片：否則我為何常常想起唐詩宋詞裏的繾綣深情？」此外，她更有一種非是重複而類似加強的句法值得研究。如：「然而它亦總有銷亡的時候，銷亡到即使重回美濃，也已不能再買到與它面貌相同，聲氣相通的兄弟的時候。」

三、文學風貌的遞嬗之跡

「……蓋文體通行既久，染指遂多，自成習套，豪傑之士，亦難於其中自出新意，故遁而作他體，以自解脫，一切文體所以始盛中衰者，皆由於此。」與前所述文學的生物性、不全性、反動律相應，早在廿世紀初，王國維（一八七六—一九二七）先生就已有此睿智性的論斷提出。各種文體、風格的遞嬗之跡，在此理論鐵則的導引之下煌然而明。我國韻文由四言而楚辭而五言而七言；由古詩而律絕而詞而曲是如此。唐詩風貌由古典（上官沈宋）而浪漫（李白王孟岑高），而寫實（杜甫元白大曆十才子張藉）、而唯美（郊島李賀李商隱）是如此。即使如歐陸的文學發展：由古典主義（如密爾頓的《失樂園》）而浪漫主義（雨果大小仲馬）、而寫實主義（巴爾札克福祿貝爾）、而自然主義（左拉莫泊桑）、而唯美主義（王爾德），蛻變痕跡，莫非如此。

而與這一條文體，風格變化發展線路並行而不同的另一線是基於時代而生的變革。什麼樣的時代產生什麼樣的文學，特殊的時代自有其文學之特殊。如六朝的唯美，那是因為時局動盪、政治黑暗、人命危淺，文士們苦悶於醜惡的現實，只能在文學中去構築自由桃源，或是美善華采，用謀「畫餅充饑」式的假象平衡。再如五四之後，一九四九年之前的現代詩發展轍跡：由白話、自由詩（胡適、劉大白）而小詩（冰心、汪靜之），而格律詩（徐志摩、聞一多），象徵詩（李金髮、戴望舒），是屬於文風蛻變正常的軌跡。及至在格律、象徵詩之後，一變而為朗誦詩（高蘭、田間），寫實詩（艾青、葛珍），卻不是淵源前風格的反動，而是由於時代的劇變。既是抗日救亡圖存的時代，必需以淺白呼號喚起同仇敵愾，所以要朗誦詩；而億萬同胞家園殘破、骨肉流離，又哪能不作寫實悲憤的熱淚傾流？

一九四九以後，海峽兩岸文學風貌發展比較是很分明的兩線不同。在大陸是屬於時代的影響，自一九四九至一九六八，二十年中鎮壓反動、箝制言論，幾無寧日。（一九四八——五一土改，一九五〇——五二鎮壓反革命，一九五三——五四三反、五反，一九五四——五五肅反、批判胡風，一九五七——五八反右，一九五八——五九大躍進、三面紅旗，一九五九——六一自然災害，一九六二八字方針，一九六四——六五四清，一九六五年十月由批判海瑞罷官開始，展開抓黨內走資派的文化大革命）。原本只是對當權者的政治爭鬥，擴大成尾大不掉，迫害無辜，摧殘文化的大浩劫。文革十年，餘波盪漾二年，直到一九七八，總算惡夢過去。在以上所述的歲月中，除了極少的地下刊物，朦朧詩以外，就只有無足稱道，可卑而濫調的一言堂樣板文學，為二十年文學史留下一片空白。

改革開放之後的當代文學風貌變革：第一階段是對文革傷痛揭露、省思、改革的傷痕文學、反思文學與改革文學。第二階段是探索文學中對內的尋根文學，對外的現代基調以及文化小說。第三階段是九十年代興起的實驗文學的新樣。

與中國大陸不同，台灣的文學風貌改變，純然是循著文學自然發展的軌跡。抗日戰爭結束之後，因看時局的風雨飄搖，以及寫實主義先天性予人以失望、沮喪的負面顧忌，原本必應蓬勃的寫實文風應盛而未盛。嗣後在安定的時局之下，配合經濟發展，要求精緻的進展，逐漸形成為精緻文化中的精緻文風。

四、創造、迎接新時代文學

筆者所述的「精緻文學的再現」意指這種文學風貌並非創舉，而是早見於以前、曾盛於曩昔，如今改變了頻率重新投射出來，一如火浴鳳凰，形象雖有改變，而精神仍然承祧著原有。五四的文風既已把藝術品還原到原料的階段，我們的當代文風就要重新把原料加以藝術處理。綜上所述，五四文風由一九一九年發軔迄今，高齡七十有七，實已老邁衰微，即將在新起的風貌代興之下歸束沈潛，而成為文學史上的一段里程刻度。現在，代興的精緻文風正在發展，錯非戰爭發生、民生凋敝、寫實重現，否則，新的文風即將以其優美精深的藝術特性，風行當代，成為文學江河中的主流洪峰。

在座都是教學、創作、研究文學的同道，筆者有幸附驥，謹提淺見，俾供參考，並希指教，以匡不逮。最後，希望我們同道能夠群策群力，共同來創造，迎接新時代的文學，使之無慚於古，更為煌燦。謝謝各位，敬祝各位健康快樂。

一九九六年五月十一日中正大學台灣文學與生態環境學術研討會論文發表

論文學性篇章教學中的再創造

壹、撰文緣起——我與銳初師

筆者今在即將退休之前參與發表論文，特別聲明的是絕無半點愛現或與諸君子爭勝之意，為的只是一份窖藏久遠的感念之情，請容一敘：

前年五月，母校五十金慶，筆者應慶祝特刊邀約撰文〈典型在夙昔〉~記章微穎、宗亮東兩位人師。首記撰文動機：「也許是對我往昔坎坷的難忘；亦或是對斯地斯人的憶念之深；更且是那一份因緬懷真切激動而成的驅迫。請容我抒寫我所親炙的兩位人師」。筆者於三十九年附中畢業考入師院國文系，因病休學一年，四十年復學，在班上一直沉默自卑，毫無表現。當時在三、四年級擔任「國文教材教法」、「教學實習」課程的就是章銳初老師。四年級時班上的假試教，那是每個人準備一段，上臺在同班面前表演，老師在旁看著，筆記優點缺點，完畢後接受老師和全班的批評。不必擔心同學們，因為除非特殊，否則誰也不會來注意你。而個人能用的時間不過半小時，所以我只準備了一闋小詞上去。全班假試教完畢，老師提出檢討，要選出一男一女來再做示範，總以為中選的一定是班上的風雲人物，沒料到被老師識拔的，竟是貧病交加、沒沒無聞的我。老師說選我的原因是教學過程「平穩」，沒有或繁或簡的參差。唉！師大四年，生活心情，兩皆灰黯，萬萬沒想到死草之上竟然也有華風乍起，能有被肯定、給予表現的機會。我對老師的感激，不僅是一種知遇，更是他在我長期自卑閉鎖的心態中，及時加注了信心與力量。

再表演的篇章，我選〈滕王閣序〉，老師不以為然，改用〈岳陽樓記〉。又是我好高騖遠的幼稚，難得有他的教正，才能免於力有未逮的出醜。〈岳陽樓記〉講完，接受批評，記得被班上的戴璉璋舉出錯誤，板書「槳」誤為「漿」，哈哈！小戴畢竟不錯，是有注意，否則他怎麼會知道。

離校後曾和老師通信，還記得老師的覆函中有：「萬里之行，自此而始。」鼓勵我終能掙脫灰黯自卑，開始來努力教學、研究、創作。老師逝世的那一年我在台中靜宜學院，收到訃文，想著與其感傷，不如振起精神來承繼老師的志業。我不曾北上來參與執紼，卻是排除萬難，在靜宜中文系四年級開設了「國文教學法與實習」課程。當時最大的困難是學生的實習場所，靜宜不比師大，不能在學生試教期間其他課程一律停授。是以實習試教必須安排在晚間，透過台中市師大校友們的支持協助，洽妥台中商專附設補校作為實習場所。大問題有了著落，開始來安排課程內容。我所做的完全就是章老師傳授的那一套：自編講義，講授教學要點，指導學生編教案，訂正教案，講授習作教學，選印中學生的作文，由選修學生批改、我再用黑筆訂正。校內先舉辦假試教，進行個別指導訂正。在試教之前，先行編寫每一課的教案，讓選課學生熟悉，然後再排定二人一組，出發上陣，一位擔任教學、另一位替她掠陣，改作業，一週之後交換。

當時在靜宜，這是破天荒的創舉，中文系選課學生踴躍，對我的嚴格要求也很能配合，據說有家住較遠，就為了這一門選修課，特別在靜宜附近租住的。那時我還兼著很重的行政工作，但每晚都去看學生試教，一方面是考察教學能力，另一方面也是給她們信心。記得有一次我患感冒，家人勸我休息，但惦記著有一位學生我還沒有看過，而她也只剩這一晚有課，非去不可。騎著機車去商專，中途車子壞了，硬推著車到學校，出了一身大汗，看到了那位同學的教學，我的感冒好像也沒事了！

我的學生出路很好，那時正值九年國教伊始，需才孔亟，師大校友在中部中等學校做校長的很多，對我都很信任，就憑我的一封八行書推介就能延聘。記得有一次到一所高中，校長到教師休息室喊一聲：「妳們的楊老師來了！還不快過來！」一下子擁上來七八位，好不熱鬧。

學生們總是在經歷之後才能了解一些，六十一年返回母校之後，每當四年級學生試教回來，有時候會很誠懇地對我說：「我們現在才知道做老師的辛苦，開始要來對你好一點了！」我總是笑笑說：「不必啦！留著這份心去對你們的學生吧！」這時候我的眼前，依稀可見章老師清朗的臉面和堅定的眼神，真想告訴我現在的學生們：「當年我也是和你們一樣的幼稚，實在很對不起我的老師，現在你們不必謝我，因為我對你們的付出，全是在感謝，報答我久欠未償的師恩！」

七十三年應邀兼任秘書室行政工作，第一件事是為「校史」催生，參與製作各項統計表件，資料中發現，章老師是師院時期第二任（卅六、卅七年）主秘，十四任三十五年之後有我這學生輩的來此，老師天上有知，不知是否會為之莞爾。

又知道他曾在四九、五十學年出任第二任夜間部主任，又說他曾在卸任時將節餘的經費交還學校，三十年來傳為佳話，是啊！這就是他，是我敬師的老師，就是那樣負責、廉能的人，才能有如此的清譽流傳！

貳、再創造

二十五年來彈指忽過，記得剛回母系不久，就傳出有「唱作俱佳」對我教學的評估。多年來經常思考教學得失，果若有那麼一點可稱，也絕非音量洪大或是肢體語言，那應是我所認知服膺的「再創造」的價值意義。人生之中，創作創造固然可貴，但卻不能寄望於如此靈慧偶得能夠所在多有，那是藝術、科學家們少有的一次彗星出現，優缽曇開。由於它的不普遍、不尋常，必須要有「再創造」者來為之延伸多角多面，更現璀璨輝光。此種功能，或是接近、重疊詮釋藝術、科技的原樣；更且可貴的是，在此演繹過程之中，能有再創造者的自我呈現。那是一種超越，有如鑽石琢磨多角的益現華采，非僅為原作提供更新的詮釋；而再創造者的心智、性格藉此也有了寄托發揮。通過了這些，後來者認識了原作者，也認知了再創造工程中功臣。人類文化文明，就在創作、創造者、再創造者們不斷的心力付出積累之下日益進展為豐厚繁富，精深而且遼闊。

試舉一些聞名於中外古今的再創造者：如李斯特以琴藝使貝多芬名曲不朽，黑澤明的導演使芥川龍之介原作生色，石玉崑以講唱絕藝轟動道光京師，林琴南以譯作《茶花女》的真切情熱贏得讚嘆……無論是演奏、劇藝、說唱、譯述，儘管表現均有所本，但必然具有再創造者的自我成份。通過他們的技巧與熱誠，遂使藝術承祧香火，鳳浴更新，長留予後人以龐沛的感動與啟發。

筆者以為教學工作是一種藝術，上乘的「人師」是在以他自己的人格、風範影響造就學生（如章師銳初、宗師亮東）。在當代，如此之人雖未斷絕但實已稀有，高遠的式範已不可得，或許我們可以勉力做到差可的「經師」這一層。善盡教學職責，在從事文學性篇章教學的時候（其他篇章或許亦可類通，但因筆者淺陋，不敢妄斷），具備「再創造」的精神力量，教材是我，我是教材，務使教材與教者之間沒有間隔。教者對教材，不但具有感動以及理念認知；更且能有自我感性、理念的再創造。透過教學技巧、方法，發揮教學藝術，使之淋漓不但可以無負原作；亦且足使學生感受得益；更且也藉此表徵了一己的生命動力、性格理想。

參、再創造的角度

一、教者由原作產生的共鳴發揮

筆者以為：教者之講授篇章，功能一如畫藝中的傳神寫意。教者必須去研究、了解作者，使用歷史論批評外緣資料，復還到作者創作的那個時代，以他的性格、口吻來替他代言。若能如此，則教者與作者的精神已然疊合。教學的「表」雖只是教者對原作所生的共鳴；而教學藝術的「裏」實已與曩昔作者現身自白無異。

如古典小說《三國演義》中的精彩片段〈舌戰群儒〉，首需判定的是主角已不僅是歷史人物諸葛孔明，而是藉題發揮表現一己性格理想的作者羅貫中。固然在七儒問難答對之中不無泛泛，但卻有三處精采所在不可不察，如：

第一段是在答覆步騭的問話：「孔明欲效儀秦之舌，游說東吳耶！」中，讚揚蘇秦、張儀。「……不知蘇秦、張儀，亦豪傑也。蘇秦佩六國相印，張儀兩次相秦，皆有匡扶人國之謀，非比畏強凌弱，懼刀避劍之人也……。」筆者以為，這是羅貫中竊慕蘇、張意識的轉嫁。歷史上的蘇秦、張儀，志士才人的身份與作者相同，身處亂世的環境與作者相同；不同的是：蘇、張畢竟能在歷經坎坷之後獲得成功，才智使展，風雲際會，吐氣揚眉；而作者羅貫中卻畢竟不能，有志不伸，落拓江湖。屬於他的那一份沈重的自憐感傷，就只有藉著稗史傳神，企羨蘇、張，情不自禁地流露出他心嚮往之而未之能行的憾缺！

第二段在嘲諷嚴畯所問的「治何經典？」孔明說：「尋章摘句，世之腐儒也，何能興邦立事？且古耕莘、伊尹、釣渭子牙、張良、陳平之流、鄧禹、耿弇之輩，皆有匡扶宇宙之才，未審其生平治何經典……。」這，該就是羅貫中才人性行，灑脫不拘的表白了。讀萬卷書，行萬里路的志士才人，在累積了自得之後，進一步必是去從事深究、類通、整合、要求達到

「究天人之際，通古今之變，成一家之言」的「通儒」標準，以鳥瞰、觀照的高功能來處理人生。「儒」可以是清貧自守的「寒儒」，但不可是抱殘守缺的「陋儒」，更不可是曲解意題，既固且陋的「腐儒」。

第三段反駁程德樞「公好為大言，未必真有實學，恐適為儒者所笑耳。」孔明的駁斥是：「儒有君子小人之別。君子之儒，忠言愛國，守正惡邪，務使澤及當時，名留後世。若夫小人之儒，惟務雕蟲，專工翰墨；青春作賦，皓首窮經；筆下雖有千言，胸中實無一策……。」這一番話是先前「腐儒」之論進一步的濾清闡發，說明君子、小人的不同。君子的價值在前瞻性的建立大功，為億萬人謀求福祉；而小人目光短淺，只能有舞文弄墨的雕蟲小技；兩者相較，人生的意義價值，有如霄壤。生活指向，高遠淺近，士人豈可不明，又何可草率？

以上三段，有如《史記》中的〈項羽本紀〉、〈游俠列傳〉、〈伯夷列傳〉，特見精采之因，是因作者的自我意識之凸顯。抑悒沈埋的作者有志未伸，借著稗史人物表現他的性何理想。雖然是一種畫餅充饑式的假象平衡，但也不失為表現交代一己的方式；同時，藉著這些資料，使得後世的讀者，能夠深入地去瞭解認知作者，意義價值，具見重要。

雖然傳留至今羅貫中的資料稀少甚且不確，但仍可自其中窺見其人的一斑。如「有志圖王」的胸懷大志、「至正甲辰」的元末明初時代，「與人寡合」當屬他天才寂寞的性行。看來他似是一位說書人，遭逢到「時勢造英雄」的亂世，元蒙統治崩潰已見，群雄並起，有理想有抱負的作者，雖然「有志圖王」，但苦於無拳無勇，何餉何兵（演義第一回指劉備「當日見了榜文，慨然長嘆」，那是作者的乏力之嘆），在分久必合的循環時局中，群雄的帝王事業次第瓦解於朱明的一統。讀書人本質的作者空懷壯志，而事功畢竟未能顯著，甚至不能如張士誠、陳友諒那樣轟烈地做過一番，但是他要求表現的生命動力仍然旺熾，以至於迫得轉向，去稗史中「傳神」以另築寄托，另謀表現。

《三國演義》的重要主題意識在「反元蒙，興漢宋」，是為作者羅貫中，以漢族讀書人身處元蒙異族統治，又不幸以文人身份被粗魯不文的異族統治者列為只比乞丐高一等的第九等，「萬般皆下品，惟有讀書高」的地位陡然下降到谷底，生不逢辰，叫他這位志士才人憤惋難平。當然「反元復漢」的意識是絕不能明述的，否則立有腦袋搬家的奇禍臨頭，是以這位才人使用了文學創作中「變型表現」的手法，把時代推前到三國，改以「尊劉抑曹」的「明正統」來代替表徵。事實上他所謂的正統，不是東漢時代的劉氏王朝，而是被元蒙侵略，有待恢復的漢人王朝。讀者們了解了此一重點之後，當知他在三國之中，為何偏愛蜀漢小國的原因了。

二、教者由原作延伸的新解

聰明的作者絕不會在作品中明白宣示主題，基於此，教者遂能獲致既深且廣的迴旋餘地，自原作去延伸出新的詮釋來饗宴學生。如張愛玲在她的〈紅玫瑰與白玫瑰〉短篇之中，揭示出她不曾明白貶損，但卻深深厭惡的人物佟振保，有賴於教者以自創造的力道來延伸紹介。

拈出的人生弔詭是「成長並不等於成熟」，有如植物之中，成長碩大的果實不一定就是成熟甜美，有可能只是虛有其表。本篇中的男主角佟振保，屬性就是如此的成長而非成熟的不平衡。出現在他感情世界中的三女性，第一位是他在留英時期結識的中英混血女郎「玫瑰」，兩人的情愛在臨別之前驟升到沸點：「他要怎樣就怎樣。可是……這是絕對不行的」儘管這種柳下惠式的坐懷不亂的自制功能，日後成為振保的自詡（或也是他自憐的變型），但根本的因素仍是他自私的，不成熟的懦怯逃避：「這樣的女人之在外國或是很普遍，到中國來就行不通了，把她娶來移植在家鄉的社會裏，那是勞神傷財，不上算的事。」

第二位是「紅玫瑰」友人王士洪的妻子王嬌蕊，振保臨陣脫逃的故技重施，只是他自詡的自制之盾必然崩決，那是一次標準的「始亂終棄」。分析這位男子的隱祕心理，至少可得有三：

㈠王嬌蕊以成熟肉體（性原型）與嬰兒頭腦（容易被人控制）來與振保合演情愛之劇，開始的立足點就已顯示不平等。男女情愛運作之中，男子常希望女方主動，以減少自己的費力；但在女子主動之後，男子的心態必然又會轉化為不夠珍貴的輕視，這是人性中的矛盾。性行洋化的嬌蕊相當主動。對猶豫趑趄的振保來說，起初是有便利的竊喜，但不久之後，一份得來甚易的輕忽不加珍惜，就在人性意識底層中冷然翻出。

㈡社會習俗，現實的顧忌：娶一個朋友之妻，振保害怕擔上破壞別人家庭，婚姻的罪名；更何況他是「出身寒微」，努力掙來的社會地位、名譽，想來人前人後，蜚短流長，哪能沒有影響？要叫他決心為情犧牲，斷斷是做不到也不願為的。

㈢多有如鴕鳥性格的男子，不敢也不願去面對困難，一遇危險困難的訊號山雨欲來，毫不思索地就埋首沙堆因循逃避。佟振保就是這種典型，在他的人生歷程之中，當也曾經歷過困難挫折，既然他不是愈挫愈奮的那一種，那就是愈挫愈餒，害怕爭取，克服艱難的疲累沉重，一次一次因循逃避，終於形成他遷就現實，不求改進的可悲的慣性。

第三位是「白玫瑰」，他正式的妻室孟煙鸝！依照沙文男子「外出貴婦，在家賢婦，上床蕩婦」的條件，這位白玫瑰妻室的采姿較之情婦紅玫瑰嬌蕊，以及更早的英倫混血女郎都差得很遠。那是在振保結束了紅玫瑰之戀以後，由他母親托人給他介紹，匆匆忙忙決定「就是她罷」的羞縮的女性，由於振保在比較之後對她的不愛不喜，煙鸝由不求改善，被動冷感，漸漸變成「一個很乏味的婦人」。夫婦之間，惡性循環的隔閡距離愈拉愈遠。

就連讀者們也不免訝異，卑屈的煙鸝居然竟能有過出牆的記錄，但在對象小裁縫的形象鮮明了以後，我們都能了解，這是荏弱的煙鸝找到了一個比她更卑弱的，是她企求用相濡以沫的卑弱互憐來紓解嚴重的空虛。有如溺水者抓到一堆小木板，儘管不夠堅實卻也聊勝於無，由於她類似動物掙扎求生的本能尋求，深沉的荏弱不禁引發起了我們的悲憫，差可掩蓋原本對她的卑視。

嬌蕊因振保的怯懦遺棄而終於成熟自立；一如乾燥花、紙花一般的孟煙鸝也在反省自身生命之後安於命定，紅玫瑰與白玫瑰的結局雖不盡理想，但都不失為一種安頓。在這一篇之中，反諷的對象不是看來荏弱的兩位女性，反倒是看似主導其實外強中乾的男子佟振保。這位充滿著水仙症的自戀狂者，以大男人的心態言行虛張聲勢，但卻不斷地臨陣退縮。在他的生命歷程之中，一直放棄改變，遷就現實境遇，一直在向自己妥協。他不是屢戰屢敗，更不是屢敗屢戰，而是不戰自敗。這一位始終沒有安全感的男子，形體成長而性質迄未成熟。在他的感情生活方面，一直忮求獲得情愛滋潤平衡，而自己卻又步步為營地吝於付出，甚至到確定擁有之後仍然不知珍惜。三春景去，花事闌珊，紅玫瑰既已離去不返，白玫瑰也已枯萎失澤，明日黃花的悵觸之餘，佟振保所能擁有的，就只是經歷之後的荒涼，蒼涼而已。

在前敘述佟振保的巴黎嫖妓；出現了突兀意象：「這一剎那之間他在鏡子裏看見她……那是個森冷的，男人的冷，古代的兵士的臉，振保的神經上受了很大的震動。」狹邪冶遊，無論如何總該是如「紅燭昏羅帳」那樣的旖旎才是，怎能想到那女性的臉竟然是一張「森冷的，男人的臉，古代的兵士的臉」。筆者以為這是「整合」手法，是作者使用兵士、戰爭、死亡的意象來與原本旖旎、溫婉的男女情欲作突兀的組合。征戰死亡的剛性醜暗一下子沖潰了原本情慾溫婉的柔性美好，極為準確地表徵了主角振保的破滅心理——尋求慰藉而結果竟是悔恨，如此浪擲了童貞實在太不值得。

鴕鳥性格的佟振保就是這樣一個拿不起放不下，自制功能不夠，禁不住情欲翻動而去買春，做了之後立刻又後悔自責的窩囊廢。經歷了玫瑰、嬌蕊、煙鸝二朵紅玫瑰，一朵白玫瑰，前二者對他的情愛，在他一遇危險，立刻龜縮的鴕鳥心態下變成了月照溝渠式的虛擲。後者那朵乾燥花，在他的自憐、忽視之下反抗，雖經有出牆之事，激起了振保想要毀滅的報復之念，但終於還是虎頭蛇尾地退縮。「第二天起床，振保改過自新，又變了個好人。」結尾看似平凡，其實反諷強大，說明了他自始至終，只是一頭可悲、可卑，永遠只有失敗的鴕鳥。

笨拙、愚昧的鴕鳥如此，而更可悲的是物種遺傳的原型，至今人類性格中仍然殘存著如此。男性之中，鴕鳥儘多（當然女性也不是沒有，而是在男性仍屬強勢的當代，女性作主的機率較少，使她們這種性行的顯現相對減少）。分析至此，能無警省？

三、教者的自得

創作者畢生忮求著偶然間靈光一閃的自得，那種打破他個人記錄的表現，絕非刻意求功所能倖致，而卻是屬於妙手的偶得。同樣的，教學者也在追求著自得，非有自得不能表徵他堅實的自我，不能建樹他迥異於原作；獨特而可使人信賴的理念點線。古今中外，才智之士無不在期待著自得的具現：創作者忮求能有自我風貌的建立；再創造者希圖建立起自我的理論系統。但在此長途上跋涉的千萬志士，能有機緣達成願望的，為數並不很多。

如南宋的陸游；這位多產詩家，早年詩作困在江西詩派的範疇裏，沐浴著唐季詩家們的輝光照耀，如青蓮浪漫詩的雄奇，老杜寫實詩的悲憫，義山象徵詩的深邃……一位位名家傑作，有如一座座群峰競秀、阻擋、嘲笑著後起者難能超越，使他在〈自述〉詩中發出感嘆：「我昔學詩未有得，殘餘未免從人乞，力孱氣餒心自知，妄取虛名有慚色」。追求屬於他自我的風格，一直到中年入蜀從戎之後始才「漸窺宏大」而「豪宕奔放」。〈自述〉中敘此過程：「詩家三昧忽見前，屈宋在眼原歷歷，天機雲錦用在我，剪裁妙處非刀尺」。他總算是獲致了自得，熱心的詩人並不自私，急著要來告訴同道中人：「世間才傑固不乏，秋毫未合天地隔，放翁老死何足論？廣陵散絕還堪惜」。他的熱心固然使人敬佩。但他能做的也只是根據自己的經歷，指示這是一條可以通達的道路方向，至於如何到達？那是屬於連他自己想說也說不出所以然的「如人飲水，冷暖自知」的「自得」層次，萬千殊相，人人不同，必須自去尋索悟得，而不是可以言詮傳授的。

自得由於閱歷經驗，當然也可由原作的再創造去獲致。如大陸學人余秋雨《山居筆記》中〈天涯故事〉一篇中記：

幾年前讀到過一篇外國小說，作家的國別和名字已經忘記，但基本情節還有印象。一對親親熱熱的夫妻，約了一位朋友到山間去野營狩獵，一路上丈夫哼著曲子在開車，妻子和朋友坐在後座。但突然，丈夫嘴上的曲子戛然而止，因爲他在反光鏡中瞥見妻子的手和朋友的手悄悄地握在一起。丈夫眩暈了，怒火中燒又不便發作，車子開得搖晃不定，恨不得出一次車禍三人同歸於盡。好不容易到了野營地，丈夫一聲不吭騎上一匹馬獨個兒去狩獵了，他發瘋般地縱馬狂奔，滿心都是對妻子和朋友的痛恨。他發現了一頭鹿，覺得那就是讓他排遣痛恨的對象，那就是自己不忠誠的妻子的借體，便握韁狠追，一再舉槍瞄準，那頭鹿當然拚命奔逃。不知道追了多遠，跑了多久，只知道耳邊生風、群山急退，直到暮色蒼茫。突然那頭鹿停步了，站在一處向他回過頭來，他非常驚訝，抬頭一看，這兒是山地的盡頭，前面是深不可測的懸崖。鹿的目光，清澈而美麗，無奈而淒涼。他木然地放下獵槍，頹然回韁，早已認不得歸去的路了，只能讓馬馱著一步步往前走。仍然不知走了多久，忽然隱隱聽到遠處一個女人呼喊自己

> 名字的聲音，走近前去，在朦朧月光下，妻子臉色蒼白，她的目光，清澈而美麗，無奈而淒涼。………
>
> 只有在天涯海角、絕壁死谷，生命被逼到了最後的邊界，一切才變得深刻。進入這種境地，可能是被人追逼的，可能是不小心自己闖入的，也可能是有意去尋找什麼的；一旦進入，可能倉皇逃離，可能不再回返，可能由獸變人，可能由人變獸，可能煥發哲思，可能逆轉情感，可能蔑視尋常，也可能渴求尋常，總之，全部升騰得不同一般。

余氏的重點在：「只有在天涯海角，絕壁死谷，生命被逼到最後的邊界，一切才變得深刻」。那是由人生的特殊境遇所產生的悟得。筆者由此尋索到另一種並非特殊而卻普遍的現象，同樣地可用作故事中丈夫原諒妻子（獵者放過奔鹿）的詮譯。重點在基於物種遺傳原型，人性之中不免爭鬥（有形或無形，無形的爭鬥更多，更大於有形爭鬥），但爭鬥成就的快感先決在於雙方的力量相當（旗鼓相當的勝利），甚至敗中取勝（以少勝多，以弱克強的逆轉），絕非以強對弱，十足無疑的必勝。那樣的勝之不武對自己並沒有任何快樂，甚且予人以卑鄙暴力的惡評。我以為上述的丈夫（獵者），就是在看到妻子（奔鹿）「清澈而美麗，無奈而淒涼」的目光時，警覺到她（牠）的荏弱，從而發出一種不忍人之心，就此放棄，不忍加害。筆者以為，這也就是原本就存在於人性中的惻隱之心的善端，也就是經常蒙敝於塵俗的良知。而是我輩讀書明理者必應省察、身行，更且去傳達給學生們了解的。（當不上是什麼珍貴的自得，只是由衷地提出供同道君子們參考）。

四、原作與人性，人生關連的闡述——通識意義

近年來通識教育高唱入雲，而所謂「通識」卻解說各殊，甚且側聞某校有將「造船學」列為通識課程的鮮事。筆者淺陋，愚以為通識意義，是在以所學與人性、人生連結，以謀能有提昇人性，調適人生之效。天下人生，萬事無不類通，所以學者首重通達，否則有如積食於腹，久成痞塊，非但無益，反成固陋。古往今來，通人不少，自可尋索；如太史公：「究天人之際，通古今之變」那樣的高標準或許企羨難能，但若如《儒林外史》‧〈楔子〉中的王冕：「王冕看書，心下也著實明白了。」那樣，愚意以為，凡人若能力戒固陋，努力格致，當是不難達成。要求通達，事例千萬，今舉一淺析為例：

1.文學表現中有所謂「朦朧」之說，主張用詞不必準確。如批評術語中的「高華」、「高古」的演繹含義既廣且深。這種作用本意在尊重學者，不用明確，主觀去範限，而留有廣大天地供學者去尋思「自得」。當然這同時也是基於人性本原的一種設計，人性中本就有排拒權威的自我，要的是自己去找，不願只是接受施與。儘管自尋要比人與困難很多，但這又符合了人性之中「珍視努力獲得」、「忽視輕易得來」的原型，是以樂此不疲。

2.由此推展，朦朧又是一種「距離」。由漢武方士招魂，見到李夫人朦朧身影而有詩，由日人芥川龍之介〈竹藪中〉浪人見蒙紗女郎而萌佔有之念，可見美感之生在於「霧裏看花」「月下看美人」的朦朧。由此可證「距離的美感」此一原則的所言非虛。

3.最現實，日常可見的事例如交通守則的：「保持距離，以策安全」。

4.重要的是夫子剖析的人性：「近之則不遜」，人際關係中，即使親如夫婦、好友，也必須要有適當的距離，這是人生的鐵則之一。

肆、結論

文學篇章教學中再創造的技法何止千萬，以上所舉，不過是淺見的一斑。蕪文至此，謹以兩願作結：

一為奉行半世紀的中學國文標準本，以國、高中區區十二冊內容範限教者與學生，坐使教者不能自選教材，自由發揮，學生囿限而所知淺少，以此來領導教學、考試，稱之為「八股取士」，殊不為過。八股之害早見於專制時代，至今翻版出現，是為大開倒車。切願及早廢除，使得教者能夠自擇教材，發揮「再創造」功能，確實達成中學國文教材，「通其用」的效應。

二為有望於我系同仁：師表風範，典型夙昔，如章師銳初、宗師亮東的「人師」標準，後起者理應矢志承祧，先由「經師」標準策勵，善自發揮篇章教學「再創造」的精神，逐漸完成觀念系統，以自我與篇章融合，從事教學。進而謀大學教育「文化人格」目標的接近、達成。以善盡師範職責，來培養新的、優秀的師範生，為我系、我校榮光再創佳績。

蕪文淺陋，敬供參考，並希指教。敬祝各位健康快樂。

一九九八年四月十四日

國立台灣師大紀念章微穎先生逝世卅週年學術研討會論文發表

華族神話的啓示意義

神話是民族的夢，是小說發展的土壤，不但重要而且是極重要。可惜國文系沒開這門課，而劉大杰的《中國文學史》的缺失之一即是神話闕如，嗣後雖有華正本的稍事輯補也還是不足。怪的是歷經多年居然一直沒人去補做這一段未完工程。而今「文風」的小伙子小女娃們居然注意及此，眞好！

一、神話的產生與華族神話

幾乎是任何民族都有她專屬的神話，在每一族群先民的原始生活中，必然有一些英雄人物出現，領導族人披荊斬棘，抗拒自然，克服艱困，逐漸通向文明……英雄故事傳說的流行，經過後世的增益、渲染、美化，形成為堅固了族人繼往開來的信念，象徵族群精神的圖騰。這，就是神話的產生與其所以重要的價值意義。

而我們華族當然也曾產生過美麗的神話，但與歐洲希臘荷馬（Homer850-880BC）的史詩伊里亞特（Iliad 一五六九三句）與奧德賽（Odyssey 二十四卷）相較，龐沛磅礴分明不如。

為什麼我們的神話不曾全部保留而系統演化，至今僅存零星片段？魯迅在他的《中國小說史略》中解釋為：「中國神話之所以僅存零星者，說者謂有二故：一者華土之民，先居黃河流域，頗乏天惠，其生也勤，故重實際而黜玄想，不更能集古傳以成人文。二者，孔子出，以修身齊家治國天平下等實用為教，不欲言鬼神，太古荒唐之說，俱為儒者所不道，故其後不特無所光大，而又有散之……。」

二、神話是民族的夢

在拙作《現代散文新風貌》中曾作詮釋：基於人性之中以夢想、希望引為進取之柱，神話斯為一個民族中全體成員共同的夢，攸關我華族先民留傳的輝煌圖騰，現來試作鉤沉。

「舜之時，共工振滔洪水，以薄空桑。」（《淮南子》〈本經篇〉）

「帝乃命禹卒布土定九州。」（《山海經》〈海內經〉）

「禹有功，抑下鴻，爲民除害逐共工。」（《荀子》〈成相篇〉）

這就是上古民族英雄大禹的治水了，可信那一次的大洪水患是全球、世界性的。發生在缺乏現代機具的上古，大禹僅憑他的智慧、體能與毅力，率眾銳志以赴，竟然在人定勝天的信念下完成了幾乎不可能的巨大工程。至今予人追崇的不僅是他「十年不窺其家」的無私；而且是「手不爪，脛不生毛」的犧牲勞瘁；更且是他痌瘝在抱，鍥而不捨的意志！由此印證到金石可鏤的人類智能開發的無限，施留於後傳承給華族後人的信念何等龐沛？較之現代，如邇近的林肯大郡事件、東星大樓事件等，那些以現代科技矗起的工程所以如積木，如腐塊般的倒塌，究其因當然不是科技文明的慚古，而是人類自私的敬業不夠，心志腐敗的今不如古所致。

「往古之時，四極廢，九州裂，天不兼覆，地不周載；火爁炎而不滅，水浩洋而不息；猛獸食顓民，鷙鳥攫老弱。於是女媧鍊五色石以補天，斷鼇足以立四極，殺黑龍以濟冀州，積蘆灰以止淫水。蒼天補，四極正，淫水涸，冀州平，狡蟲死，顓民生。」（《淮南子》〈覽冥訓〉）

「俗說天地開闢，未有人民，女媧摶黃土作人，劇務力不暇供，乃引繩摶泥中，舉以爲人。故富貴賢知者，黃土人也；貧賤凡庸者，引繩人也」（《太平御覽》七八引《風俗通》）

這二條更是奢遮得緊，不但是補天硬體工程，更且有裁成人類精神的軟體意義。儘管她「止淫水」的事功似與大禹重疊，又貧富貴賤的差等俗套不公，但所蘊含的啟示意義不曾因此而滅。女媧她是覆天載地的人類之母，陰柔的母性適與大禹的陽剛強力形成對比，顯示出人類「陰柔永盛」的至理，筆者以為她應是現代女性主義的標竿，人類無不都在母性的溫柔裍育中成長茁壯，所有來自溫暖子宮中的人類，都應認知到這份永續的溫柔工程的偉大，推而廣之，無論男女，除應承祧善盡養育的長者天職之外，還應了解到陰陽兩極，陰柔與陽剛互濟輔成之理，以此來調節自身，承祧進展，塑模成「比較理想」（因為沒有絕對理想）的黃土人，以告慰於我華族始母的辛勤美善。

三、神話是小說發展的土壤

「羿請不死之藥於西王母，姮娥竊以奔月，悵然有喪，無以續之。」（《淮南子》〈覽冥訓〉）

神話的濃縮的點，想像開展無不就是小說絕佳的題材。更妙的既是人事就能與現代人的生活、心理掛鉤，從而發展出省思調適的意涵來。想想嫦娥這位「嬌妻」，嫁了個射日英雄丈夫，英雄后羿的事業忙碌，在家裏蹲著的嬌妻難耐寂寞，一氣之下竊藥飛昇。可想而知是那位不被了解的丈夫的悲憤，當他的射日大弓射月無效之時，喊著：「為什麼妳不能了解我？」是呵！或許我們能忍受旁人的誤解，但床頭人又為何竟也如此？可信后羿的痛苦強音必然還縈繞於千萬年之後，千萬個痛苦男子的耳際！而那位嬌嬌女飛去冷清月界之後，祇餘一頭白兔為伴，看著傻蛋吳剛不斷地伐桂，她的悔恨可想而知。李義山〈嫦娥〉詩：「嫦娥應悔偷靈藥，碧海蒼天夜夜心。」說明了「人間性」的道理，儘管人類生活有諸多的不如意，也還是只能繼續存活著忮求改善，離群索居雖能逞一時之快，又其奈寂寞何？何況離去之後，失去了表現的對象，生命存在的意義也隨之落空。

這就是王國維的美學批評《紅樓夢評論》中所敘的「第三種之悲劇，由於劇中人物之位置及關係，而不得不然者」，筆者願解讀為「錯置」（人與人的關係位置之錯誤不諧）造成的結果則如王氏所言：「則見此非常之勢力，足以破壞人生之福祉者，無時而不可墜於吾前；且此等慘酷之行，不但時時可受諸己，而或可以加諸人，躬行其酷而無不平之可鳴，此可謂天下之至慘也。」旨哉斯言，莫非靜安先生也曾罹此性行差異造成的慘痛？由神話衍生的小說題材，真可引天下遭此腐心之痛者拊膺長歎。

「蜀王望帝婬其相妻，慚亡去，爲子巂鳥，故蜀人聞子巂鳴，皆起曰是望帝也。」（《說文》）

「杜宇死，其魂化爲鳥，名杜鵑。」（《成都記》）

神話衍生的小說題材淒楚可感，每年的杜鵑花紅，杜鵑啼叫著的「不如歸去」，既是望帝懷鄉的淒切，又是後世浪子意識的變奏。有家而歸未得，直是「郴江幸自繞郴山，為誰流向瀟湘去」形成的「可堪孤館閉春寒，杜鵑聲裏斜陽暮」（秦觀〈踏莎行〉）之苦。後世李義山的一首〈錦瑟〉將此延伸詮釋得好：「莊生曉夢迷蝴蝶，望帝春心托杜鵑」，解說人生線路，由蒙昧而有知，由有知而達空觀虛無的體認（絕無永恆，一切存有就只是一段，驚才絕艷，彪炳事功，藝術華采，無非空寥）。空觀虛無的人生底牌既屬不改，清醒的存有者仍必須去把它翻開，否則難免有愚蒙被騙或是畏崽逃避之嫌。然而當這一張最小的小二翻明之後竟該如何？空觀的體認不是盡頭，基於人生圓形回歸的定則，明智者仍應該策馬返轉，就短暫的有生之年來盡力做些什麼，藉此以獲取點滴的苦後之甘，並且交代一己。

雖然如望帝以「春心」（服務的人生觀）寄托於杜鵑一鳥，事功的終結仍難免「滄海月明珠有淚」（以大小之喻表壯志成空），「藍田日煖玉生煙」（美景幻失）。但做過畢竟不同而且差勝於未作，義山以神話小說素材來詮釋人生，這一份悲壯的抉擇，當可引發後世才智之士無盡的賡續追尋，在「獨上高樓，望盡天涯路」之後，去獲取那一份「衣帶漸寬終不悔，為伊消得人憔悴」經歷的刻骨銘心，以此交代，並作為嗣後暮色蒼茫、白頭僧廬聽雨時的回憶之資。

所謂人生的意義，不就是如此！

四、人性提昇

「大荒之中，有山名成都載失。有人，珥兩黃蛇，把兩黃蛇，名曰夸父。后土生信，信生夸父。夸父不量力，欲追日景，逮之於禺谷，將飲河而不足也，將去大澤，未至，死於此。」（《山海經》〈大荒北經〉）

日下追影的巨人夸父，果然只是個頭腦簡單、四肢發達的蠢人？神話的意義回歸正面，竟然是可貴的人性提昇。夸父的追日之行一如「海鷗岳納珊」的矢志突破同儕。他的渴欲即是萬物之靈人類永無止境的「表現」。就如現代的體能競賽的標竿，圓顱方趾者銳力以赴，忮求打破舊記錄，創造新記錄，以之證明人類體能開發的無窮，更重要的是鼓舞後之來者的追趕突破。永遠要向最高、最遠、最快、最重……的記錄挑戰，非如此不能饜足人性中表現的渴欲。陶靖節〈讀山海經〉詩之九：「餘蔭寄鄧林，功竟在身後」心儀的還只是巨人身後所化的鄧林造福了後世，殊不知更為重要的啟示意義另有高標。人類的體能常在迫壓之下出現超水準的演出（如李廣射虎鏃沒入石），這情形似與原子能藉撞擊而迸發巨大能量同理。依此，運動界常以巨大獎額的壓力來驅迫選手要求突破。但必然也有在生活中偶然的機會（如緊張驚惶），壓力之下體能揮發的強大或將更勝於世運記錄，祇是未著錄罷了。此外，筆者禁不住抱怨，人類心智的開發理應與體能同等重要，甚且更為重要，而揆諸當代，藝文創作的「重賞」顯然遠遜於運動競賽，是重武輕文？還是藝文高下的軒輊難定，不如體能競賽那樣精確到幾分之幾秒？果如此！更重要的才智開發、奇葩顯現難道就只能靠才人們自去掙扎，要落到「窮而後工」一如梵谷、杜甫那樣，淒苦甚至淒慘，生前沒沒無名，待到聲華鵲起，斯人已逝，墳草青青，志士才人的心智異采，空寥得竟是如明月梅花一夢？

「刑天與帝爭神，帝斷其首，葬之常羊之山，乃以乳為目，以臍為口，操干戚以舞」
（《山海經》〈海外西經〉）

華族神話的斷簡殘篇之中，最為筆者情鍾者在此。真難得往古的傳說留下了如此卓犖不凡的一段，是他表彰了人性尊嚴的覺醒與樹立。去你的什麼天帝，憑什麼我要臣服於你，誠如美海明威（Hemingway 1898-1961）的名言：「人可以被毀滅，不可以被打敗。」在陶靖節〈讀山海經〉詩第十首中可見讚美：「刑天舞干戚，猛志固常在。」雖被那高高在上的統治者天帝強勢斷首，但這位失敗英雄仍能「首身離兮心不懲」；仍能揮舞盾戚表現他的不屈不撓。是呵！人性之中自我的建構何等貴重，哪能忍受壓迫踐踏！走筆至此，思索到存在主義所言：「存在先於本質且創造之」，人之所以為人的存在意義，尊嚴在肉體成形降世之前即已賦定，嗣後即將憑此強固來建樹發展，若是俯首貼耳，懦怯順服，那與牛羊貓犬又有何區別？刑天的悲壯宣告，不啻我華族神話中的一顆明珠，他的「猛志」輝光，千萬年後澈照世人心性，啟示著掃除塵蒙，以抽象的心智強力統御遲早衰敗的具象肉身，趁著有生之年不斷尋求向前！

感懷他壯烈的啟示，要為他浮一大白，願他的精神長駐於萬千志士才人的孱弱之中！

> 「又北二百里，曰發鳩之山，其上多柘木，有鳥焉，其狀如烏，文首白喙赤足，名曰精衛，其鳴自詨，是炎帝少女，名曰女娃。女娃遊於東海，溺而不返，故爲精衛，常銜西山之木石，以堙於東海。」（《山海經》〈北山經〉）

〈山海經中山經〉記另一位帝女：「姑瑤之山，帝女死焉，其名曰女尸，化為瑤草，其葉胥成，其花黃，其實如菟絲，服之媚于人。」李善註江淹〈別賦〉句「惜瑤草之徒芳。」引宋玉〈高唐賦〉：「我帝之季女，名曰瑤姬，未行而亡，封於巫山之台，精魂為草，實曰靈芝。」筆者以為，若以這位瑤姬來與女娃相較，啟示輕重何異天壤，那瑤草祇是可用不必一定要用的化粧品而已，而「媚于人」又復窠臼於女性依人成事，大違「女男平等」的前瞻。習鑿齒〈襄陽耆舊傳〉記有神女廟在巫山飛鳳峰麓，這位神女即是宋玉創作浪漫賦的來源，至今神女峰猶然娉婷地立在巫山十二峰間供人瞻望，但經現代詩人舒婷的詩作〈神女峰〉「與其在懸崖上展覽千年／不如在愛人的肩頭痛哭一晚」發表之後，使我們恍覺她「人間性」的不夠，美麗浪漫的傳說感知也就是美麗浪漫，箇中的意義即是空空。

而女娃的精衛神話卻是充具意義，儘管地球表面四分之三全是水域，就憑妳小小的鳥族啣石來填實是九牛半毛無濟於事，但在理念上卻又是說得通的，滄海既然有限（何況人類還在與海爭地搞什麼海埔新生地之類的）而我鳥族的蕃衍無窮，雖然目前事功弗著，安知在千萬年後，滄海不能變為桑田！

大漢奸汪精衛的詩作也頗有佳處：「啣石成痴絕，滄波萬里愁，孤飛終不倦，羞逐海鷗浮。」神話的價值意義原本就不求實證，而在於她啟示「精誠所至，金石為開」的人性提昇的功能。

五、結　語

筆者以為，神話的想像延伸開發，是為文學創作超現實天地中強大的一支。根據創作寫境經歷與造境想像相輔相成之理。棲遲於紅樓中的小伙子小女娃們，當你們寫境素材缺乏之際，何不就造境線路來另闢蹊徑，衍生意義，通過精緻的文學筆觸來表現理念自我！

自一九七三年返回母系執教迄今，爾來廿七年，瞿然驚覺馮唐已老，夕照蒼茫時綴此蕪文，最為我鍾愛的你們，是否對我們師生香火之緣還能有雪鴻泥爪之憶？是否還能記取我的竭誠付出，記得我表徵生命動力揮發的聲音動作？然則又有誰能窺知我的抑悒孤寂，若果是沒有傳承，教學藝術的音量裊繞如梁空泥落，沉寥又何能免！我所衷心盼望的不是你們的惆悵有感，而是在殷切地希望你們能承祧香火，能以超越於我的志業伸張來慰！祝福你們！

二〇〇〇、三月於台北

原載於二〇〇〇年五月師大國文系「文風」雜誌五十八期

現、當代華文創作之承傳與轉化

前言

文學創作發軔於思想、語言，又因種族之不同而各具特色。雖然我們能夠兼通並使用各種文字，但若忮求要在流利達意之外更臻優美藝術的峰極，自非使用熟稔且與種性相合的母族文字不克為功。這是我華人寫作之所以使用華文為宜的基本原理。

中華文學發展，以一九一九年的五四文學革命為分水嶺，從此由舊有古典蛻變而為新的現代。新文學與舊文學並非相對而是相連。在新文學進展的過程中，儘多有蛻變舊有的轍跡。本次會議的主題之一——文學的承傳與轉化——可說是一條必應循行的康莊。新舊文學亟應研究、比較、連結；我們要去束之高閣的古典倉儲中檢點菁華，移來新文學待墾沃土中翻新發皇。期望我華族，文學的進展，在厚實的源承昭明之後，更能承祧開展為滾滾壯闊的長江大河。

可否容許我依多年研究、教學、評論的一點微末心得，就此角度作拋磚之引，提供為與會諸君子作為參考。

一、古典詞彙之沿襲使用

適度的古典使用非但不見艱深而能以精鍊使得篇章著力。詞彙之沿襲例如：樂蘅軍「其中有一些由於藝術機緣，『乃蔚為大樹』」「倩娘『不堪悒抑之甚』『委頓病榻』而靈魂卻悄然亡命來奔」。「一那一段文章最是『言深意永』，「傳古象外」的「悟情是道」的至文」。「然而自從帕拉圖的筵話篇和斐德羅篇用宏文偉詞暢述了『愛情三昧以降』」。

二、意象之通變

如洛夫詩作：「我抓住自己如抓住一把／未喝血之前／即已折斷的／劍」。通變自杜甫〈蜀相〉中的「出師未捷身先死／長使英雄淚滿襟」。又陳勤詩作〈歸〉：「兄弟！不要再流浪了！不要再流浪／臉色正如比之憔悴，像一片，秋天的落葉／那間童年的小屋，你一定還能記起／屋前的榕樹，也已亭亭如蓋了啊！兄弟！」通變自歸有光的〈項春軒志〉中的末段「庭中有琵琶樹，吾妻死之年手植，今已亭亭如蓋矣。」

三、修辭手法之承祧蛻變

這一線最是采姿繁美，大有可為。貴重不在沿襲使用；而在技法的更新蛻變。如：

㈠頂　真

古典詩崔灝〈黃鶴樓〉中的傳世名句：「昔人已乘黃鶴去，此地空餘黃鶴樓，黃鶴一去不復返，白雲千載空悠悠。」影響到新月詩人徐志摩的〈再別康橋〉：「輕輕的我走了／正如我輕輕的來／我輕輕的揮手／作別西天的雲彩。」可貴之處在徐氏的更新，相同（似）詞語的便用突破原有技法。非僅為句與句的連接，更進為段與段的連結：如四段末「沉澱著彩虹似的夢」與五段首的「尋夢」。五段末「在星輝斑爛裏放歌」與六段首的「但我不能放歌」。

㈡意　對

王國維《人間詩話》評李太白「純以氣象勝」。研究他他技法靈妙之一，在揚棄「形對」舊格而改用「意對」（意象之對稱）。如〈子夜秋歌〉中的：「長安『一片』月，『萬戶』擣衣聲」。後世悟得亦復不少，抽樣如東坡〈江城子〉中的：「『十年』生死兩茫茫，不思量，自難忘。『千里』孤墳，無處話悽涼……。」陸游〈訴衷情〉中的：「當年『萬里』覓封侯，『匹馬』戍梁州……。」迄至現代已見翻新，抽樣如鍾鼎文的詩作：「『千古』的明月，『萬里』的旅客／寂寞的孤城，似甕／今夜裏，一時同在甕城／『一城』的月色，如銀。」

㈢設　問

古典中以此表現著力者，至今更新以長句氣勢增強效果，如柯翠芬的：「是不是因為古志的紙傘在意象之中已與水色山光溶為一體？否則我為何常常想起花深無地的煙雨江南？是不是因為古志的紙傘在思念中已與追念懷溯揉成一片？否則我為何常常想起花唐詩宋詞裏的繾綣深情？」

㈣歧　義

在古典散文中所顯見的歧義，至今使用更能由多角（解說）擴展、多面（立場之改換）。古典例如小晏〈鷓鴣天〉中的「今宵剩把銀釭照，猶恐相逢是夢中」。解說角度可有「真實相逢又疑是夢」、「與君同夢」、「惟恐夢醒失落之苦，寧願無夢」。現代例如黃宜敏的小詩〈雨〉：「可知／點點滴滴／濕透你的都是／冰涼的／我！」。意象排比，更進到你（人）、雨（我）立場的歧變。

㈤媒　體

雖然媒體的改變已由音樂性、視覺美等進展到人性（含原型的飢餓，性原型）與恐怖（暴力、死亡）。但曩昔熟用的技法同時也已改變以新樣呈現。音樂性例如俞平伯的詩作〈悽然〉：「鏜然起了／嗡然遠了／漸殷然散了……」音樂表現由單一進展到具備由重而輕、由濃而淡、由集而散的層變。視覺美方面，俞平伯在詩作〈憶十七〉中表現尤屬新力：「離家的燕子／在初夏的一個薄晚上／隨輕寒的風色／嬾嬾的飛去北方海濱來了／。雙雙尾底蹁躚／漸漸褪去了江南線／老向風塵問／這樣的剪啊！剪啊！」。二段二句「漸漸褪去了江南線」，竟然就是當代影視中的「淡出」手法。較之古典的「離恨恰如春草，更行更遠還生」。

「離愁漸遠漸無窮，迢迢不斷如春水」。「樓高莫近危欄倚，平蕪盡處是春山，行人更在春山外」。視覺感受由綿延無際，突破具備為更為鮮活的動態。

(六)轉　折

這是由最早「六義」之一的「興」演變而來的技法。古典曲文例如《董西廂》中的：「君不見滿川紅葉(A)，盡是離人(C)眼中血(B)」（由紅葉聯想—淚血—離愁）。《王西廂》中的：「曉來誰染霜林降(A)，總是離人(C)淚(B)」（由醉紅—淚血—離愁）。《牡丹亭》中的：「遍青山，啼紅了(B)杜鵑(A)（由杜鵑花紅—杜鵑鳥啼—不如歸去的鄉愁）。「荼蘼(C)外，煙絲醉(B)軟(A)」（由柳條之軟—醉—為花色如酒荼蘼的開放）。現代的轉折手法如劉大白的詩法：「歸巢的鳥兒／儘管倦了／還馱著夕陽回去(A)／雙翅一翻／把斜陽掉在江上／頭白的蘆葦(B)／也粧成一瞬的紅顏了」。意象轉折的軌跡是：由倦鳥馱帶夕陽—白蘆衰老的聯想—白蘆沐浴夕陽呈紅，短暫的紅顏是為「夕陽無限好，只是近黃昏」。

及至當代，手法更進為以分號連接的層進：抽樣如戈壁的散文：「也許就要在經歷了那種雪花紛飛的刻骨鄉愁之後，返回溫潤家園的血脈才會知足而流動；抑或是在久久的語文扞格之後，特別渴望重溫那一份同文同種、斯土斯民的親切；更或許是我自己深知，那誤置在魏的客將廉頗，屬於他『思用趙人』的情懷。竟已穿透時空，躍動在我胸中」。「……無論是今日裏一室相聚的磋摩效應；或是嗣後『江闊雲低』中的回顧檢點；更許是『白頭僧廬』展卷摩娑的憶念空寥」。柯翠芬的散文：「然而我是愛酒的。也許只為了酒上的詩情、蒼涼與絢麗；抑或只是為了一種低迴不去的纏綿；更或許只為了酒液本身的一種澄澈」。

四、創作原則的開拓進展

古典創作經驗累積下的諸多原則，在沿用中不斷延伸，拓展而形成新樣。雖然源頭不變、精神一貫，但改變的幅度早已大異與前，有如牛車巷陌至今改為多線車道的通衢。重點如：

(一)餘 味

「有餘不盡」既是古典散文創作奉行不二的圭臬。原理在及時止歇，避免蛇足；到了現代，作者們已認知到創作不僅是作者的自我表現，同時也必需尊重讀者，創作重在不說的什麼的情形下說的一些。由此具備的效應有二：一是免除說教的主觀招致讀者們反感；二是提供寬廣的想像天地，讓讀者們自去翱游，藉以獲得可貴的「自得」。有餘不盡原是古典散文的創作原則，至今業已延伸拓展為散文、小說、戲劇各種文體全予尊重的要領。「沒有結尾」「結尾飄渺」已是眾所循行的，源自古典的新變。

(二)朦 朧

雖然古典也有如福祿貝爾「一語說」那樣的「活字點眼」。如「紅杏枝頭春意『鬧』」、「淚『滿』春衫袖」，以選字的切當為作品增力。但同時也知準確的負面難免有扼阻讀者想像的缺失。由此，與此相對的「朦朧」原則也同時具備發展，忮求以似真如幻的境界來引領讀者。古典詩文之中，膾炙千古的名句如柳永〈雨霖鈴〉中的：「今宵酒醒何處，楊柳岸曉風殘月」，是以「語悲而景麗」的破格點染而成的底色朦朧。再如周邦彥〈蘭陵王〉中的「津堠岑寂，斜陽冉冉春無極」，是以「語悲而景明」的破格點染而成的迷濛悵觸。

迄至現代，這一原則已發展成小說創作中「氛圍」點染的要領。小說氛圍既是作品之所以引人入勝的神秘關鍵，而由「朦朧」形成的「謎」，正是氛圍構織形成的重力之一。近代名作中，沈從文的中篇《邊城》，藝術佳妙即在於此。筆者曾作析評，了解《邊城》要由宿命、鄉土的「表」，通過色塊沉黯而又亮麗的閃爍的氛圍，歸結抵達到人格、道義的「裏」。這一篇的「形」雖是翠翠與兩兄弟凄美無奈的情愛；但「神」的歸結，仍是沈從文以歷史透視，憶念中對湘西沅水人事的強烈悲憫。迄至結尾：「這個人也許永遠不回來了，也許『明天』回來！」謎留在萬千關懷主角的讀者心頭，謎的不解造成讀者的想像懸宕。氛圍的渲染成功，就在這源於朦朧的原則。

㈢淡

筆者從事古典文學理論、批評的整合研究、搜材歸納，歷時四年。這才了解到「濃後之淡」、「先濃後淡」的至理。今先舉古典論評家的金言於後：

南宋包恢：

詩有表裏淺深，人直見其表而淺者，孰爲能見其裏而深者哉！猶之花鳥：凡其華彩光燄，漏泄呈露，燁然盡故於表而其裏索然絕無餘蘊者，淺也；若其意味風韻，隱然潛寓於裏，而其表淡然若無外飾者深也。

元王義山：

吾聞詩之天，不在巧與新，纖穠寫淡泊，清峭寓簡淳。……坡翁所謂接纖穠於簡古，寫至味於淡泊，唐子西所謂無意於造語，而因事以陳辭……

元方回：

古五言詩今罕見，把看愈久愈精神。何能筆不有斯作，似覺眼中無此人。政用整嚴藏細潤，元從冷淡去清新，著鞭更與追陶謝，莫向齊梁踵後塵。

明陳獻章：

作詩尚平淡，當與風雅期，如飲玄酒者，器用瓦爲巵。

明沈守正：

情至則作，作則稱情而止，故其佳者入人意脴，可咏可飲。……夫平淡者，詩之眞，而情之始也，故足傳也。

明陶望齡：

詩者，意之極，而淡者，詞之極也。其入深者，其出必然，其造成端也是難，其成章也似易，不知者率然而淡之，未能知其工也……

清葉燮：

語有之，絢爛之極，仍歸平淡。予則以爲絢爛平淡，卻非二事。眞絢爛則必平淡，至平淡則必絢爛……

文學創作通過人、事、景、物題材，通過文字排列組合的藝術而傳情至理。「形」的講求原非最要，重在真切自然的「神」的發表。平淡至文，有如古典詩中唐人崔護的「去年今夕此門中，人面桃花相映紅，人面不知何處去，桃花依舊笑春風」。詞作中朱淑貞的〈生查子〉：「去年元夜時，花市燈如晝，月上柳梢頭，人約黃昏後。今年元夜時，月與燈依舊，不見去年人，淚滿春衫袖」。這一原則，迄至現代已多有移植開展。詩作如抗戰時葛珍〈一個人〉的末段：「這是一座墳／很低／土已漸漸鬆了／這是一個荒涼的地方／很少人來到／只有秋風／每年回來／在他墳頭蓋上幾片落葉」。全無雕飾，而能自然真切，「可憐無定河邊骨，猶是春閨夢裏人」，使人溢興抑塞之悲。

「淡」的原則當然也可拓展進入到小說，如馮文炳的〈竹林的故事〉。這一篇不同於作者具備「澀味」特色的小說體散文，被評為是「淡然如夢」的雋品。氛圍一如主角三姑娘的竹布單衣「顏色淡得同月色一般」。「淡」的統攝之下包羅清寒生活的平和之美，自然景物的鮮麗、瑣事的真切傳神，以及死亡意象通過淡化處理的無言之悲；引發讀者們對這位淑靜女郎的欣賞關切，對匱乏人生的同情悲憫。在「淡」的底色之上織起謎霧未明，如三姑娘的兩位亡姊、老程之死，以及最後，最使人懸念未解，感到不足的三姑娘嫁後的情況……。姊、父亡故的未敘或可說是簡省，而最後一點竟是類同戲劇手法的「停格」。「謎」以不足的忖度點染氛圍；而「淡」則以自然深刻的藝術來感染讀者，兩層互動，構成為此一佳構。

五、文體的相關與其它

當意識流取代了小說中的敘述成份，逐漸成為不可或缺的常用文體，甚至也滲進到散文，或以意識流短篇小說出現時；筆者忽然發現：這一種「想到哪裏寫到哪裏」的新樣，屬於它動作、對話、形容、感覺等等全予混列的規格，可不就是我們漢魏樂府詩的翻版？

當宋、元話本流行之際，說話人為了生意經，難免會有懸宕、拖沓，又怕聽眾作不耐煩，所以偶然也會故示玄機：「各位看官，此人作惡多端，日後必將自食惡果，捉將官裏去，斷送老頭皮，此是後話，表過不提」。這種話本小說中屢見不鮮，在我們總以為是毫不重要的，屬於它作者（說話人）跳出來講話的方式，誰會想到，其實正與現代小說中「後設」的新手法如出一轍！

舊時代有過一種「斬尾」式的諧趣詩。如：「充軍到遼陽，見舅如見娘，兩人齊下淚，三行。」「太守勤求雨，萬民皆歡愉，半夜推窗望，明月。」當時只以為是博君一粲的，從沒注意到它有什麼價值！如今想來，它這高潮出現立即戛然而止的型構，可不就與現代的「極短篇」創作手法同理！

結　語

當我們由現代回溯到古典的時候，發現古典與現代的臍連堅韌而明晰，古典絕非無用而可以棄之如敝屣，束之於高閣的，儘多有輝光熠熠可供移植、承祧、蛻變的；又多有貌不驚人，但若換上羅衫，即成佳麗。如我們就舊有去研究改裝，很可能將會化腐朽為神奇。

由現代回溯古典，倉儲之中遺產豐富如此！看來我們要做的事太多。而由另一方面而言，是否還應循著古典到現代的流程，將沿途的荒廢樓台，甚至片瓦拳石，再行審視、比較、研究一番！又數千年來的文學批評，各家經驗，金言繁富，汗牛充棟，有誰去整理歸納、研究、連結、發皇！

蕪文至此，惟願吾同道中人垂青於此，共同致力。希望我華夏文學，在千禧之後的新世紀中長足進展，躋列今世先進國族文藝之林，大放光芒！

二〇〇三年八月十七日

淡江大學文學與美學第八屆國際學術研討會論文發表

五十年來的台灣散文新風貌

基於文學不全，生物性、反動律的原則，台灣的文學發展，自一五四九以後，已然超離了五四舊轍而有改變。經歷了半個世紀，逐漸形成為與精緻文化名實相副的精緻文學。而依筆者長年在現代文學研究，教學中的省思觀察，除卻戲劇文學以外，諸如詩、散文、小說三類，都已經有了無慚於前（二十世紀三、四年代）的煌燦。如今願不顧淺陋，就散文一類提出。就這半世紀以來出現的各種散文新風貌，為之命名、立論簡述，並各舉文例，以就教於與會諸君子。

一、詩化散文：

迄至二十紀中葉以後，文體綜合的現已然屢見。由詩與散文而言，詩文學中既有散文（分段）詩，而散文中亦有「詩化散文」。在反動五四平淡的原則之下，以詩文學的精鍊，擺脫散文舊樣的鬆散冗瑣，從而產生力與美來饗宴讀者。要求以濃美的語彙辭藻，新力句法，深密意象聯想，鏗鏘起落的音節等，構成為散文世界中一個嶄新而充滿潛力的新里程。非僅滿足讀者對美感的要求；亦且使作者高超勃發的才思慧感能有更為淋漓的表現；更且使文本主題所傳達的思想情感，能有深刻的拓展與廣大的詮釋。文例如余光中（一九二八——）的：

> 芝加哥在背後，矮下去，摩天樓群在背後，舊金山終會在車前崛起，可兌現的預言。七月，這是，太陽打鑼太陽擂鼓的七月，草色吶喊連綿的鮮碧，從此到洛磯山那邊。穿過印地安人的傳說，一連五天，我們朝西奔馳，踹著篷連的陳跡。咦呵西部。滾滾的車輪追趕滾滾的日輪。日輪更快，旭日的金黃滾成午日的白熱滾成落日的滿地紅。

二、寓言體：

在過往的文學史跡中，寓言原本已是一條獨立的長河。今以語體為文，更為自然貼切。通過超現實子虛烏有的題材設計傳達理念，顯示人類生活的原理原則，引領讀者經由故事進至寓意而具備美感。形式作用有如極短篇，書寫策略已遠較古典時代進步精采，部份甚至已突破散文規格進展到小說、戲劇的領域，但依質料而言，它篇章的結構與衝突仍非小說戲劇而是散文。文例如王鼎鈞（一九二五——）的〈我們修鐵路〉一篇，顯示人生轍跡由原本的犧牲——成功——享受——腐化——滅亡改造為犧牲——成功——享受——犧牲——成功。這一段短文的啟示意義重大，使我們的探討人生的線路由直線改轍為圖形循環。一事甫畢，另事又生，之所以矢志追者原不在「驀然回首」的獲得，而在於「衣帶漸寬終不悔，為伊消得人憔悴。」的經歷之珍貴。

三、意識流：

意識流（Stream of Consciousness）創作形式有如我古典文學中的樂府詩。這一種「無形式的形式」，在二十世紀中葉以後，即已由少見的陌生新格而蔚為大國。是它取代了小說中的敘述，存在為長篇的部份，或是純粹的意識流短篇、散文。究其因是由散文的出發不外思想、情感、生活。惟獨以感覺出發甚難表現，但若能夠掌握，本文的共鳴與震撼也必然加強加深。在現代文學創作「感覺掛帥」的需求之下，意識流應運而生，廣被使用是所必然。文例如叢甦（從掖滋一九三九——）的：

撿個靠邊的位子坐吧，不太顯眼。那穿灰皮茄克的小伙子自然不需那麼神氣，你吃奶的時候我已經教人了。呼！後生可畏！長江後浪推前浪。台北亦復如此。教授很年輕，想喚他聲老弟。XX先生，你上次篇論二十世紀小說的論文往好。自然，你可願考慮發表？自然，聽說你曾有不少作品發表？嗯！好說但巨著尚在未來，自然不能先告訴他。

四、揉合式：

名稱的訂定表徵了現代散文三線綜合的規格。顯具的特色第一是現代詞語的使用，有以拼合方式呈現的（如調適、墮失）、有以原詞彙倒換混合的（如文本）、更有創新的詞（如龐沛、塑模、淪浹）、以及現代術語（如頻率、線路、異次元），這一項特色最是以表徵現代特性。特色之二是古典的承祧，古典的詞彙與句法，只要是不屬艱深，儘多有供延伸移來現代沃土使用發皇的。如觀照、弔詭等詞彙，一般的成語、典實、韻文詩句等。這一項特色的貴重，除卻國族文學傳統承先的意義之外，古典的精鍊麗形成為不同於五四平易的藝術性。特色第三是歐化的移植使用，如詞彙中的反諷、後設、造型，句法中的倒裝等。目前而言，揉合式的縱橫進展發展不成比例，橫面移植還須在比較，採取的努力之下賡續加強。由於三線相合而各自仍然明晰可見，所以它是「揉合」而非「融合」。這一種條件最能符合忮求目標的新樣，雖因為它的難能而招致發展不能普遍，但由於冠軍相已然顯現，已能使我們瞿然珍視而有所期盼。文例如柯翠芬（一九五七——）的：

也許，你很難找到像我這樣愛酒的女孩子。我之愛酒便如愛洪荒中流來的神話，愛弓弦上奏響的傳奇，愛浪莽放獷的豪情，愛美豔淒絕的戀歌；未必是淺酌或豪飲，常只是在手中小心翼翼的捧著，默默凝視著那種蜂蜜般剔透的晶瑩，遙想著「玉碗盛來琥珀光」的情致，抑或是「小槽酒滴珍珠紅」的溫柔。

……

是不是因爲古老的紙傘在意象之中已與水色水光溶爲一體？否則我爲何常常想起花深無地的煙雨江南？是不是因爲古老的紙傘在思念中已與追念懷溯揉成一片？否則我爲何常常想起唐詩宋詞裡的縋綣深情？

五、手記式：

形式如分段詩，表現的是作者在生活中因閱讀或經歷所獲致的認知。不重情、事而純重理念。對讀者提供的想像空間較少，呈現作者在自我濾清之後的一點清明，指涉大向屬於人性、人生的提昇調適。感染的方式特別，了解要靠「類通」而不是相同相似的經歷。由於形式的精簡以及哲理的艱深，難免會造成讀者間的障礙。

這種新樣短文不重起訖，甚至也不重層次。分段以數字標號。篇題有時可以說明或暗示主題，但有時只是一個不代表什麼的標號。文例如史作檉（一九三四——）的：

十、

當我們眞正在愛時，我們總是心意慌亂著，而把自身的一部分丟失在對方的存在中，然後就拼命地想在對方的存在中，尋回自身存在的眞實。

十七、

假如我們心中是有愛的，那麼對方心中有沒有愛，我們馬上便可敏感地覺出來了。假如我們的心中完全沒有愛，那麼我們對對方心中的一切，就全不在意了。這雖是一種自然，但也是一種自私。

六、新釀式：

題材使用採取超現實大向中的第二主線，使用「過去」的素材，以之與現代人的心態生活比較連結而顯現省思認知，這一種借屍返魂的舊瓶新釀，在舊素材中啟示現代意義，改裝之後的調適功能乃告開發。

文例如王孝廉（一九四二——）的：

如果說神祕而不可知的命運或橫在眼前的現實環境是有如波濤洶湧的東海之水，那麼啣西山之本而塡海的精衛象徵著一份在信心與執著之下的叛逆與反抗，這個神話的人文意義不在東海能否被塡滿，而在精衛持久不懈的努力過程。晉代陶淵明在他的讀山海經詩中說「精衛銜微木，將以塡滄海」就是說明了這種悲劇性的努力過程。

七、靜觀體：

「萬物靜觀皆自得」，散文新樣提供靜觀事物自得的歷程。要求引發讀者們的憐憫與恐怖。由憐憫而戚然引發良知運作；由恐怖情緒通過被虐快感，昇華為比較之後自我調適的美感。雖稍與報導文學相似，但卻不同於客觀的「無我」，靜觀之中仍然「有我」。這是以「外冷」為包裝的創作藝術，冷的是它要求以冷靜的心志來統馭進行創作，但歸結顯示的主題仍將回歸到它痌瘝在抱，悲憫人生的熾烈的熱心。

由寫實事件的敘寫，或是作者自行構架想像天地表現。設計常是由另一角度來看事件，或是將現實情況推回到原始，剖示虛美假象之下的種種不堪。由於不涉主觀，所以只是顯示而無批判或是解答。文例如林文義（一九五三——）的：

小男孩靜靜的躺在馬路中央，彷彿是在一種飽足的睡眠之中——幾分鐘以前，他還活潑靈巧的穿梭在來往如潮的大小車輛之中，向著逐漸停歇下來的車子們，乖巧而有禮的推銷他一籃杏色的玉蘭花……。而當他急促的走向一部綠色的計程車時，紅燈剛剛轉爲綠燈，他被一輛滿載著原木的貨運卡車撞倒，並且輾壓過去。

許多人冷冷的看著小男孩躺臥在那兒，並且相互繪聲繪影的傳述著事件發生的經過，好像在說著一部悲劇電影的內容……玉蘭花有兩三朵，不經意的覆蓋在小男孩傷逝的身上，好像一種無言、哀愁的悼念。

有一個鬢髮零亂的婦人，穿著一身廉價的花布衣服，她乏力的卸下頭頂裹著碎花布的斗笠，悽惻、無助的哀嚎著，她軟弱的跪在小男孩的右側，時而以著渴求同情、援助的淚眼，環視著四周投遞過來的眼神。然後，她逐漸停歇下她時斷時續的哀泣聲，慢慢站起身來，她滯然的瞥見，散落一地的玉蘭花，默默的逐一俯身拾起，重新整齊地放置在那隻竹製的容具裡，並且用著她粗礪的手指，仔細的將花瓣上稀微的沙粒，輕輕拂去……。

八、連綴體：

形式採分段連綴，各段加小標題。分段原則依作者敘寫的層次前後，或作者敘寫項目之不同而定。子題片段應均可歸編在散文主題籠罩之下，各段並構成為主題線路上重要的環節。各子題片段常呈平行方式，以表現其份量是相等。同時，各段之間亦可能使讀者有比較及層進的感受。

是以人、事、景、物題材傳情及理，要求情理並具，最少必須有情。當然在直線設計的形式之外，必然也可以將各段連綴設計為圖形。文例如簡媜（簡敏媜一九六一——）的：

那年，爸爸請人在後院的空地上加蓋幾間屋子。卡車把紅磚載在大馬路旁，我們得用手拉車去運回來。我雖然年紀小，也愛湊熱鬧，捲著褲管，跟在大人後面猛跑，彷彿沒了我，這天大的事情就做不成一般。那時，一塊紅磚，對我而言，簡直是又大又重，但我還是緊緊地用兩隻小手抱著給爸爸。他偶爾的幾句讚美，我就有無限的光榮及雀躍不止的參與感，於是，喜孜孜地再去抱一塊。那時候路上的兩溝手拉車痕陷的十分厲害，磚車一拉過，便顚簸的左右搖擺，我也和大人們一起吆喝著使出全身的氣力去推車，任憑米粒大的汗水像小雨一般地落下來。有時累了，趕不上大人的腳步，他們便會叫我坐在車上，一路顚簸著回家。我兩隻小手總牢牢地按著磚塊不放，深怕它掉下來碎了。那幾日，搬運、洗磚是我每天的大事。眼看自己洗過的塊被蓋房子的師傅一塊一塊地疊成屋子，那股興奮的勁兒，至今仍是難忘的。因爲對紅磚有過這樣親近的經驗，覺得一磚一瓦都有自己的小汗水漬。所以，再怎麼說，也是自己的家最溫暖、最可愛的了。

九、鄉土散文：

具備有如鄉土文學「禮失而求諸野」的效應。以鄉土素材激引讀者對傳統的回顧省思，忮求珍愛鄉土，從而發生影響。在生活上揚棄奢靡回歸素樸；在心態上割棄虛妄返回純真。通過「人與人之間的諧和」的「仁」進窺「人與宇宙的諧和」的「天人合一」。文例如陳列（陳瑞麟一九四六——）的：

大體說來，農村生活是平靜的，農人的歲月往往仍是從播種到收穫之間日出而作、日入而習的單純過程。他們把大部分的時間用在謀生上，並且以工作代替幻想，累了就睡。晚上不到十點，除了偶爾幾聲疏落的狗吠和嬰孩的啼哭之外，整個村子就幾乎完全靜下來了。那也許是個適合覽讀紀德的「地糧」之夜——眞摯而溫馨，然而對他們來說，那純粹是歇習的時刻。所謂的文化活動，大概就是磚屋裡談話、清晨喧嘩的菜市場和電視上的節目了。日子不甚輝煌，甚至於還帶點宿命。但是，你能說這些全心全意的人也有失敗的生命嗎？農人那種對土地的執著，即使含有因代代相傳而來的強迫責任和保守情感，土地必定也一直令他們覺得有所擔當和歸屬，並因而使他們有著某種說不出的永恆感的吧。

十、小品文：

小品文的輝燦曾見於曩昔（如明季公安派的流麗清新），散文表現最無羈勒，大至時局、國事，小至蒼蠅蚊蟲，無不可寫。迄至現代，以現代人生活內容的繁富，情緒變化的多樣，題材的拓展既已更形廣沛，風貌表現又復采姿繽紛，寖成為情理充盈豐盛的饗宴。文例如黃碧端（一九四一——）的：

> 而所有的臆測無非在說明，偶然的歌者和偶然的聽著之間，只是萍和水的一點觸動，萍跡之後，便只有漣漪的記憶，要有江州司馬那樣的知音，才能先歌者而淚濕青衫。也可能我們時代裡眾多包裝出來的歌聲和裹著華服的風情，把我們的心鍛鍊成一種世故的冷酷了。是的，那年輕的歌者感動著我的，只是暮色裡沉沉的歌聲，灑脫或浪漫是我替他加上的標籤，我初不能預期歌聲背後也會有無助的哭泣。
>
> 我初不能預期歌聲背後也會有無助的哭泣。一如我們往往忘了，洛城春夜聞笛和三月煙花下揚州的意象交疊之後，古中國的南南北北便彷彿只是歌樂和飛花的一片春景，湮沒了所有現實裡的戰爭、因蹇和雜亂。
>
> 而七〇年代那美國小城的街頭，暮色裡沉沉的歌聲背後，難道不是遠方中南半島上慘酷的殺伐，難道不是一個富裕社會裡的因蹇的變奏，難道不是知識價值失落之後的空虛茫然？

十一、超驗體：

這一種新樣題材如現代聊齋。陳思和在為葉兆言的〈綠色咖啡館〉作評的〈語言如何超越經驗〉一文中述：「《聊齋》一類故事中，作家的理性始終統御著作品中的怪誕因素，使非理性故事成為現實世界不足的一種補償，因而它又往往用理性的方式來解決非理性世界的事件，（如〈席方平〉。在現代作家葉兆言筆下，非理性世界不是作為現實世界缺憾的補償才出現的，它自成一個獨立世界，先存在個人的經驗空間（或講心靈空間）之中，與現實世界並存不悖。）「挖掘人的個體意識，以此與被視作《公論》的社會理性準則相對立，並指出《公論》的不可信任。」「人活在世上應該有一個只屬於個人的世界，這個世界任何人都走不進去的。」「經驗現象是無法放在經驗範圍中加以討論的，更無法作為經驗中提問的具體答案。（如果更深入的說，語言文字本身都是經驗的符號，超驗現象無法用文字記錄與加以指述）。因此當超驗現象進入文學領域，只有轉化為文學的特殊語言符號——審美形態纔可能產生它的真正魅力，使接受者在審美層面上把它組入自己的經驗。」

新樣已出現在海峽兩岸的文學天地，雖還是少見的陌生，但由於它新異與深刻的特色，吸引閱讀、創作的發展性行將指日可待。文例如郝譽翔（一九六九——）的：

多年來，藍英常檢到窗外望著我。白日的時候，黑夜的時候，她會突然無聲無息俯在窗櫺上，時而歡欣，時而默然，時而側過瘦如橄欖形的尖臉去，不願我見到她的面容，而我亦背向著窗户，凝住不動，良久良久，但我總知她不會輕易地離去。空氣不斷朝我湧動來也溫熱的呼吸，如浪重重環繞舔舐著我的肌膚，轉過頭，她果真還在，黑髮傾下去遮去眉眼如飄動的夜幕。然後她卻甚麼也不說，驚人的長髮綿延成窗外無盡的黑暗，爾後飛散入北美洲光亮高遠的星空，穹蒼下的芒野遂俱籠罩在一片死寂的沈默當中。

十二、新力散文：

張愛玲小說迷人的奧祕在形容與譬喻的精妙。同理，在現代散文「新」與「力」的要求之下，青年作家們騏驥駛力通衢，競相以巧思織成的形容譬喻顯示不凡。在感覺的統御之下，致力於音響，形象感覺的凸出，甚至超離到聽、視覺以下的嗅覺、味覺與觸覺。當然，經由這些觸煤，作品中隱藏的深密心理遂能浮升而感染讀者。文例如唐捐（劉正忠一九六八——）的：

「挑出一把柴刀，猛然砍向筍的底部，一種清脆的聲響從刀口傳出，那些縱橫如蔓的雨絲，彷彿也被刀鋒砍斷，七零八落地濺向臉龐，我品味著這窮極復生的氣力，覺得自己穿上一作嶄新的肉體。山林耗去我的體能，又把新的能量輸入我的身體，通過那明快的聲色」

「……斷定三十尺外飛濺的瀑布，堅決打在岩上，投入湍流，如撕裂再撕裂的布帛，還原成絲，又在我的耳道裡織成布、織成衣。山澗奔過西南低下處，向溯，聲響嘩嘩如同鐵窗咬碎千萬顆玻璃珠……」

十三、小說體：

在現代文體綜合的形態之下，非僅詩與散文已見混淆；甚至連原本詩文（即興意境）與小說戲劇（架構設計、意識）迥然不同的兩個領域也有了互涉。散文表現突破「線」的型式，而具有小說「面」的設計架構，是為「小說體」散文。

採用短篇小說結構，鋪敘出一個完整的故事情節來傳達理念；使用小說各種手法（如主從錯綜、時空錯綜等）技法（如曲筆、隱筆、伏筆等），營造一個主要意象來做為貫串全文的鏈索，凸顯出人物性格與主題意識。但另一方面它常以意識流表現獨白心理，多描述而少有動作，常用「一個觀點」，描述功能是散文的精緻，抒情化甚至詩化。重在主觀感覺而非客觀事件。所以儘管它的篇幅、結構有如短篇，但它的屬性仍是散文。文例如李昂（施淑端一九五二——）的：

> 於是，從埃及的金字塔，到希臘巴特農神殿，到羅馬的競技場，所見到的是人類早期文明的輝煌與遠遠超過想像的巨大工程。從法國的凡爾賽宮到萊茵河岸的城堡到英國的西敏寺，所見到的是近期人類依自身尺寸發展的人文主義。然後再到紐約摩天大樓矗立的鋼筋水泥的大峽谷中，這一路行來走過人類的七千年日月風雲，走過人類七千年悲歡離合，而衷心懸念的仍只是：
>
> 回去後，究竟是貓咪不在了，還是情人不在了？或是貓咪與情人都不在，還是貓咪與

情人俱在？

儘管，巴黎的拉丁區充滿觀光客，倫敦有龐克，雅典的神殿只剩下斷壁頹柱，翡冷翠的古畫一再清洗，威尼斯的運河是靜止的污水，紐約的四十二街充滿暴力和紛亂，衷心懸念的仍只是：

回去後，究竟是貓咪不在了，還是情人不在？或者是貓咪在情人不在，或者是情人在貓咪不在？還是貓咪與情人俱在，貓咪與情人俱不在？

或者，儘管羅浮宮金碧燦然，大英博物館可見全人類的足跡，希臘的黃金比律有不變的優雅，米蓋郎基羅的大衛像依舊是力與美，月光下的威尼斯像個令人心醉的幻夢，紐約蘇和區有最前衛的表演藝術，而衷心懸念的仍只是：

回去後，究竟是貓咪不在了，還是情人不在？或是貓咪與情人都不在，還是貓咪與情人俱在？

十四、論評散文：

論評文學的文體多係散文。當然是先有文學現象後有論評。先有一流作品的出現，論評家歸納其手法、特色，建構起一套規則來。但只能影響、範限一流以下的作者。一流者自必突破舊籬而另生精華，論評家再予歸納，重新建構，用以來影響、指導。是以論評文學隨時而異而進，永無止歇，而文學遂在此創作與論評關連輔成之下得以賡續進展。

論評的形式雖為散文，但因表現理念之明確與一般創作的隱約不同而有殊異，它是一種獨立的藝術，在藝術天地中與各種文類並列而輔成，論評散文的創作者，應視論評為一種「再創造」，重要是在文中所呈現的自我，學理的裁判與創意的提供，最是讀者們嚮往的桃源。這是它「神」的所在。

而在堅實的理念作為神明骨髓的同時，自非還要有血肉豐美的「形」來輔成不克為功。是以論評散文還應致力於修辭技法，類同上述的各種散文新樣，要求由繁富采姿的美感可讀來引領讀者。文例如樂蘅軍（一九三四——）的：

> 像遊仙窟這類故事，稱奇遇似乎又比愛情故事來得恰當，但無論如何，這自然還是有些感情作用在其中的，只不過這種感情是非常飄渺的，幾乎難以置信，像夢一樣掠過心頭，留有若干恍惚與惆悵而已。實際上，這類艷情奇遇，就差不多都是藉神仙、夢境、狐妖等題材來表現的；不過，透過神話的荒謬面具，我們仍舊可偶窺見到一些對愛情觀的詮釋，這個愛情觀和前述霍小玉等類浪漫情愛比較起來，有一個完全對立的性質，它絕不是生命的完整投入，它只是生命歷程中的一些景象，彷彿風吹浮雲，水泛漣漪，樂音過耳，朝霞在天。這種剎時或極短時間的情感活動，自然不觸及生命和根本和信念之類的嚴肅問題，易言之，如果它裡面有什麼情感的思想要宣說的話，那麼，它就是：通過愛情這一人生經驗，生命只顯出片刻的眞實，而沒有永恆之物可以長久懷抱於靈魂之中。所以，它的情感雖生動，但並不積極。它的愛情雖滿足，但並

不徹底；往往它須把這一自生之慾中溢湧而出的熱情，轉化並且淡化成一次情緒上的美感經驗而已。

以上十四種散文新樣又可區分為兩大走向：屬於題材的是寓言體、新釀式、鄉土散文、超驗體、論評散文；屬於手法的是詩化散文、意識流、揉合體、手記式、靜觀體、連綴體、小品文、新力散文、小說體。析介容或尚有遺珠之憾。尤為筆者期盼的是，在散文通衢的賽駒們，再歷經一段時日之後，或許能有眾所公認的散文主流風貌的確定。承先啟後，再創新文學史中散文創作的洪峰。蕪文至此作結，敬供我同道們參考，並請指教。

二〇〇三年十一月二十八日文化大學
回顧兩岸五十年文學學術研討會論文發表

評述

淺談王禎和

王禎和之所以在眾多新秀作家裏特受矚目，最大原因是由於他那與眾不同特異的語言。有一些詞彙與形式是他自創的，在作品裏呈現陌生的異采。讓我們來分析看看。

一、創作的詞：

一些在一般小說裏不常見的詞語，像是方言，而實際卻是作者的獨創。讀起來難免因陌生而稍感彆扭，但又不是難以忍受，而是可以接受，甚至可以增多品味的那種欣喜。如：

「一舌」的陽光，伸自天窗，啜吻她底臉。（快樂的人）。

萬發把「朴重」底笑意很費力地在口角最當眼的地方高掛上……（嫁粧一牛車）。

叮住飯食，萬發登時很不堪「殍餓」起來。（同上）

羅老板身形畢直起，兩隻箱子給很「氣火勃盛」地踢回去，差一絲絲就倒翻了。（五月十三節）

羅老板倉慌起床，心神還是「迷留模亂」吧！（同上）

記得，只因那話裏藏著呼之欲出的「魅艷」（三春記）。

二、代稱：

這一類在王禎和的作品裏最多見，一些詞彙的使用已脫離了原句的直線關連，改用相似的聯想代稱，或者竟是作者意念的投入。不可否認的是，在創作時，想到的一定比寫出的更多，祇是在寫的時候，受習慣的影響，這些分歧的想像被摒棄了。但若是試著用這些旁騖的來代替正規，由於相似而不相悖，作者的意念常就是讀者的，這種看似不相連貫的硬行裝配，竟然常能使讀者會心而引發共鳴。如：

她按揉血絲網絡的眼睛，睡意渾濃地「駕幸」廚房。（快樂的人）

話剛出口，就「龜縮」了去。（同上）

姓簡底「鶴躍」到跟前，腳不必落地的樣子。（嫁粧一牛車）。

手又不住摳進肢窩深處，彷佛有癬「租居」他那裏，長年不付租……（同上）

她一賣獲了錢，就和人君仕相輸贏著，不過很「保密防諜」底，萬發就不知曉。（同上）

坐在兩男子中間，阿好傳簡底話到萬發耳裏，每個字都用心秤通過，一兩不少，一錢不多，「外交官發表公報時」相仿。（同上）

成天夜看他們晒曝蘿蔔、高麗菜，引著蒼蠅「移民」到這地帶……他來時，總「領隊」過來一群紅頭蠅……他一縫細底眼，老向寮內瞇瞭著，想「鼠探」點什麼可以傳笑出去。（同上）

一個姓郭底就在那裏也做上玩具底販賣，店號著東洋什麼底。開業到此今參個月尚不能「彌滿……」（五月十三節）

請每一個租書底客人寫下自己底名姓和住址。竟料不到有那麼多人會絕端地不高興起來，有如他這一著給他們底窘辱「昊天罔極」了！（那一年冬天）

不許久，老張的業務就「禪讓」給位姓龐的青年才俊。（小林來臺北）

吊在頭頂上的電扇，嘩嘩「怨言滿口地」打著風（三春記）。

三、（　）號裏的新意：

王禎和常在文中使用（　）號，方式有兩種。

㈠是在（　）號裏加入古典成語或詩句，作用有如典故的使用。本來成語或詩句常是一種濃縮的意象，能使了解的讀者通過這濃縮去體會許許多多。作者使用這種形式，有如戲劇裏的旁白，在短篇情節進行之中介入他自己的感覺，常能迅捷地引發讀者同感。出身外文系的王禎和，分明古典文學的修養也不差。使用這些，對熟悉的讀者言看來頗為過癮。當然這樣做是十分不「大眾化」的，因之出現不多，祇在「快樂的人」裏有一些。如：

……耳邊倏爾響起嘩刺刺的抽門聲。她緊忙坐起，豎耳聽辨到底誰來啦？！含笑披嘴聳肩炫示厭惡：八成是找妖精來的。哼！不明白的人，還以為我也是她的姊妹，冤枉（城門失火，殃及池魚？）

拾稔裏，含笑和家人一面不會，一信不通（人生不相見，動如參與商？）

十年裏到底有過多少使君隨侍左右，她說不上（十年夢，屈指堪驚？）

阿娘喂！我忘記告知你一樁事，人事是個大學生咧！哦！我的娘，自家愛上了一個大學生咧！」（拓舞平康舊擅名，獨將青眼到書生？）

你看這就是他贈給自家的胸花，自家一直都戴在身上（感君纏綿意，妾繫紅羅襦？）。

含笑聽聞心怙意念的信究竟送來了，不意淚掉下了幾顆（忽傳劍外收薊北，初聞涕淚滿衣裳。）

(二)（　）號的使用另一方式是有如補白，表人與事的真實情況以及作者的形容。偶爾加一些，不太多，也很生動，如：

她打開鏡臺的兩面抽斗，一樣一樣地取出器具用品——檸檬油（前天姓劉的捐了注香火錢，她便闊氣地將它購下。）喀斯蜜口紅、磅脂面霜、明星花露水（只剩半瓶不到，每回她都嚷著要買法蘭西出品的，每回她都還能知貴而退。）（快樂的人）

……剛才我還跟自家講，還早哇，再躺一會起來，不遲呢！要不是自家今天心上有事（一定是手按著心窩在講。）還懶在床上病相思呢！（同上）

小林把簽到簿送到了三樓人事室；主任P．P．曾（小林總聽成屁屁真）（小林來臺北）。

坐在汪太太右手旁邊的多拉西（小林心裏透著絕大的異怪，好好一個小姐，為什麼名字叫成「倒垃圾」。）（同上）

專司長程訂位的T·P·顧（大家都喊這位年輕人踢屁股。）（同上）
道格拉斯——小林一直聽成：倒過來拉屎——（同上）

四、文言詞彙、方言、俗語：

新文學的語言使用，原則本就是保留舊的精華而吸收新的鮮活重加鎔鑄。使用精鍊的文言詞彙，可免文字浪費，祇要不是冗長、艱深，應是可行。再如歐化的詞句、方言、俗語等，若能適度使用、用得恰當，不會使讀書搞不清的，也都應該是可行而當行的。在王禎和的作品裏，這些都使用得很明晰，很活潑。

㈠文言詞彙：如

阿婆一會放大，一會轉小自來水，始終不關掉它，一任它「高歌淺唱：嘈嘈切切、玉落金盆，呢呢喁喁，露滴牡丹。」（快樂的人）

加上「分飛不長，記憶還新，餘皆不復醒記了」。（同上）

㈡方言：如

只全力以赴「咕」她的美絲煙。（快樂的人：臺語、意為抽、吸。）

他們都還是有「一塊」的人……（同上、臺語、意為有些田產。）

定到料理店「呷頓嶄底」。（嫁粧一牛車、臺語、意為吃頓好的。）

做人「昔邊」不去看看人家去（同上、臺語、意為鄰居。）

㈢俗語：如

你四兩人講什麼半斤話！（鬼、北風、人）

烏鴉笑豬黑，哼！（嫁粧一牛車）

你這個人，幹，就是三刁九怪要一輩子窮！（同上）

幹伊祖公，我飼老鼠咬布袋……（同上）

硬要橫柴抬入灶黑白來！（五月十三節）

緊夾屁股，怕喜出屁來。（三春記）

五、修辭技巧：

雖是任何作家都應有的，但王禎和卻又得天獨厚，仗恃前介一、二兩項自創語言的獨門工夫，在使用各種修辭技巧時更能鮮活生動與眾殊異，舉些片段來看看：

㈠嘲弄：王禎和筆下人物常是些卑微的角色，而作者就以嘲弄手法來顯示此類人物的性格特徵，加強悲劇的氛圍。如：

常時地，他很堅執地要阿好攏家了去那些沾染油漬，賣出頗有問題的衣服。萬發再不必憂忡晚上脫下洗底汗衫第二日可否乾一個完全了！後來萬發也常過去坐坐，為了答謝底吧？對姓簡底異味，萬發也已功夫練到嗅而無聞的化境。這實在很難得底。（嫁粧一牛車寫卑微的萬發接受了布商簡的施予而不得不忍受簡的狐臭。）

沒法可處，萬發便幫忙掘墓坑去，掙點零底。並非天天有工作，有時熬等三兩天就不見得有人仙逝。唉！這年頭人們死得沒有從前慷慨呀！人身不古呢！即或等著了，早有耳靈底人將工作搶去吃。等不是方法，日夜他都在村裏刺探那家有人重病著，便去應一個掘墳或是抬棺底職位，雖然病人尚未死得很圓滿完全。後來有病人底人家瞥見他底瘦弱底影子現出，趕緊闔戶閉門起，他是拘人的鬼判一般。（嫁粧一牛車寫萬發求生的尷尬）

有人薦介她給一家林姓的醫院做燒飯清潔底工作，一月一百圓，管吃兼住宿。面試那日適巧家裏莫有米粒一顆剩著，往別人菜園偷挖了蕃薯，她用火灰烘熱便午飯下去了。這——這——這作崇作惡底蕃薯，林醫師口試她到有子女幾位底當時，五聲很大聲底屁竟事前不通報她地搶在她話底先頭作答啦！「有五位嗎？」林醫師掬著嘴笑，想給這空氣一點幽默的樣子。羞上來，阿好肚內底二氧化碳越是平平仄仄，仄平平得不可收拾，詩興大發相似，工作自然也給屁丟了！（嫁粧一牛車寫萬發的妻阿好謀職的落空）。

今天五點四十多分時，他照常去方便。也許時間拉得太長，應股長不耐久等地在廁門大聲催促。區先生的褲帶就這般地催進孔中去了。情急裏，區先生將帶子一溜子全抽了出來，攔腰拴緊，再套上外褲；出得便所，就給應股長一把拖住趕過來迎娶，一直騰挪不出暇空處理這樁事。後來又忙酒席，根本忘得乾淨。現在是皮帶扣鬆不開。也許汗水滲透進皮帶裏的緣故。區先生急起來，拼力一扯，喀啦一聲——彷彿是「看哪！」一叫，外褲連著內褲統統滑落到腳跟去，兩片瘦青底臀，坦白無隱私地向著天地，腰間還拴著那一條底褲的白布帶子。好在阿嬌多識廣見過男性，只咦了一咦，顏臉也不願意紅地就走過去，幫區先生脫下褲兒。然後撿起短褲，認真端詳，神色冷靜，似護士在檢視性病患者的褲底樣子。（三春記裏老新郎區先生的奇窘）。

㈡形容：小說中人物的形容貴在能自出新意，不落窠臼。以小人物為題材的篇章，形容方面常易因誇張渲染而流於滑稽，影響藝術的嚴肅性。王禎和的人物刻劃，動作形容，以及狀物手法都很佳妙、生動新穎而又能不失人物的特性，如：

他的一雙眼活像兩隻小蝌蚪，蝌蚪沒多少時日，可就是青蛙嘍！——水裏游，草上跳。然而他的兩隻小蝌蚪，等了三十四年，仍舊是蝌蚪，仍舊是小小的。（鬼、北風、人裏的貴福，一個窩囊廢型的男子）

年歲一定有四十底那一位，眼睛卻是損毀了一隻。另外底一位眉目全雙，可是下垂得厲害，抵不過地心吸引力的樣子（五月十三節裏的兩個來買玩具車的客人）。

兩個客人的臉在忽然之間竟加長有大半，彷彿剛給整容過的。（同上）

其中一個人斜視萬發。不知他張口說了什麼，其餘底人立時不叫拳了，軍訓動作那樣子齊一地掉頭注目禮著萬發，臉上神采鄙夷得很過底，便沒有那一味軍訓嚴穆。（嫁粧一牛車形容村人們見到萬發）

第二日以後困難依然。每度向客人問討身份證，彷彿要他們暴露私處似地統一樣萬分不肯。（那一年冬天阿乞伯向借書主顧們要身份證抵押時主顧們的神情）

阿嬌稍微過大底嘴，只要一啟，立刻有兩道紋路沿著鼻翅向唇邊浩浩蕩蕩地八字下來……（三

春記形容阿嬌）

而腿肚上青蛇盤纏樣底靜脈瘤腫，現在是推心置腹地給區先生一覽無遺了。有那樣的許多次，區先生看了，一顆心嘔到咽喉上，吐不出來吞不下去。（三春記形容阿嬌）

阿蕭朝他們踅過來，長只到腰際的兩手，隨著步伐一——二，一——二擺動，看去像捧著大乳房在跑步，免得晃擺過劇，要掉下地去。長褲管蓋過鞋跟，不留神踩住了，幸好他人小求重心容易，晃了晃又不倒翁似地直立起來。（兩隻老虎形容矮個子阿蕭的動作）

萬發一句很刃利底「你們在做什麼？」地走近上來，手作打拳狀地。新兵聽到口令底樣子，阿好和姓簡底在二分之一秒內同時挺站起來，搶著應話，誰都不謙讓一點點底，小學生比賽背書，看誰默唸先完，哇啦哇啦，聽不真切的一個字。（嫁粧一牛車萬發發現阿好與簡的姦情時三人的動作）。

氣死人拔下嘴中那根似勃起男性的雪茄（小林來臺北，狀物）。

㈢**烘托**：不直接介紹人物特性，而以動作形態烘托使讀者自行發現：如：

他總是脫下木屐，盤著手，蹲在板凳上，有時就乾脆蹲在地下，兩手肘抵在膝蓋骨上，兩個手掌托著臉，那神態直像在探望又似在打盹。站著的時候就歪扭身體東靠西貼，可就未曾有過一分一秒是直昂昂地挺立著（鬼、北風、人以貴福的動作形態烘托其懶散的性格）

「你說我怎麼住得下去啊？！家裏那麼髒那麼亂，簡直談不上一點衛生。還有我父親那個德性，那個脾氣，那一付窩窩囊囊的模樣，完全是一個小市民嗎？完全是一個小市民嗎？我怎受得了！不瞞你說，我父親他現在做什麼事，講什講話，就是連他走路的樣兒，我都瞧不順眼！完全是小市民一個嗎——」這位留學生，從他坐的樣子判斷，身板是頂矮小的——最多只有一個高一學生的高度，五官似有還無至為模糊的，一張小臉就僅覺得他那一付近視眼鏡和唇上那撇稀朗的貓鬚是最真切不過了。「哼！我還是趕快回我的美國算啦！」（小林來臺北自說話中烘托青年盲目崇洋的幼稚。）

㈣**敘事：**王禎和的敘事手法，特點在動得快，迅捷鮮活，如：

有幾次居然讓我們看到他和東海站在門口爭著嚷「進來坐，進來坐」地迎迓顧客。阿蕭從來就沒有這般過底。他底嗓門像個十歲小孩的，一拼命喊，聽到就像女人在尖叫。往往把客人驚嚇得拔腳就跑，還真以為碰上了開黑店的孫二娘。……

要拍客人底肩，阿蕭手夠不到，只好將就地往客人的臀輕拍一下。沒有反應，客人還是兩眼睜睜地向外頭望，彷彿非要把東海望出來不可似地。拍男人底臀到底傷不到風化，阿蕭不客氣地又向客人的屁股拍去。哎唷，客人慌得像掉了他底囊葩，臉轉了過來。眇到阿蕭像在導航飛機兩手高舉過頭地揮啊揮的。（兩隻老虎敘阿蕭急著表現老闆身份）

面對面地，阿蕭和阿花在寫字桌後面坐著。阿蕭底頭只到阿花聳起的人工胸，兩人坐得這麼貼近，從外頭看進去，彷彿阿花正在親情萬斛深地餵阿蕭吃奶，兩個人的聲音壓得低低，低到沒聲沒息，像兩個相戀的啞巴靠著談唇來談情說愛。

到打烊時，阿蕭和阿花從小房間走出來統共兩次。一次陪阿花上廁所，一次吃晚飯。兩次阿蕭都捧寶似地雙手緊摟著阿花底腰。廁所若擠得下兩個人，我們敢說阿蕭必也跟進去好仔細監護阿花痾屎。……（兩隻老虎記阿蕭與阿花相戀）

……甚至要他大解底時間，以十分鐘為限。有時區先生秘結得頑固，時間痾得太久了些，她就將便所底板門，梆梆敲得一片震響。把區先生辛勤嗯出底，統一子給梆了回去，硬是不再出面。（三春記敘阿嬌糾改區先生大便的習慣）

㈤深刻：悲劇的感人有賴於刻劃手法之深入，作者傳達的不僅是外在環境、人物、事件的迫壓；更是主角人物內心欲振無力的淒苦無奈，以及殘存的那一縷生命掙扎微妙希望的蠕動，在王禎和的筆下，寫活了這些。如：

起初挖賣地瓜勉力三分之二弱地飽了個時期，到地瓜掘空一了，翻山穿野尋採姑婆葉底時刻，二分一飽而已了。還給平日專採姑婆葉存私房底村姑村婆娘們作踐得人都成扁底，葉子都給萬聾子採光啦！今年她們要少縫一套新裝。（嫁粧一牛車寫萬發掙扎求生之淒苦委曲）

亟想挈提一面鑼，街頭撞到街尾，咚—咚—咚，阿乞兵來將擋水來填土。咚—咚—咚，阿乞過關斬將，倒翻不了。咚—咚—咚，阿乞倒翻不了啊……冬天的太陽底下，銅鑼底面上抖著一道道底金光。……

從牆上那扇缺損去了半塊玻璃底窗戶望去，還可以看到像胖姑娘底臉底月，撒滿了一天的亮晶底星……我阿乞兵來將擋，倒翻不了……月霞不定只幾年工夫，我便可以為你置一座樓房呢……我阿乞過關斬將……找事去吧？這麼大年紀了，那裏找事去……我阿乞……忽然兩大行淚水從阿乞伯的眼裏汨汨地流下來。（那一年冬天寫阿乞伯的自慰與被月霞解雇之後的荏弱。）

「那我們該去了吧？！」婦人扶著女兒向前移步，及至見老張沒有應聲，就停止前進，再盯一句：「那我們該走了吧？！」

「媽——的——」突然冒出了這麼一句，老張就低下頭，咬著嘴唇，在強忍就要滾滾落下來的淚水一般。

驚駭萬狀地，大家都目視著他，連小珠緊閉底眼也開張起來。清亮的一雙小眼，匿有多少的慌惑和歉然。

「小林——」猛然地，老張抬起頭來。「任經理怎說的？」

光膀子的鄰居這才發現小林在這兒。

「他說馬老闆家的事，怎麼可以擱著不辦！」一出口，小林就後悔得非常，彷彿要老張丟下生病的女兒不管趕緊去辦馬老闆家的事正是他。（小林來臺北，寫張總務的小女兒病重，又受到上司嚴命要去辦事，不得分身的焦急無奈。）

以上所介紹王禎和小說的特色，都屬於形式方面；現在來談談他作品的內涵意義。正如前述，王禎和的小說所表現的，多屬於中下層社會卑微的小人物。多是因自身的條件不夠而在人海社會裏作軟弱的悲苦的掙扎：如「嫁粧一牛車」裏的聾漢萬發，忍受妻子紅杏出牆的屈辱而換得一輛籍以謀生的牛車；「快樂的人」裏人老珠黃的含笑，已淪為聽人施捨的短期外室，雖然她還不屑於作娼妓，但事實上已和娼妓相差無幾；「鬼、北風、人」裏的貴福，懶散的性格缺陷塑他成為扶不起的阿斗，想要振作而力有未逮，就只能托庇於他人簷下，過著直不起腰來的生活；「來春姨悲秋」裏的來春姨與阿登叔，因為年老多病而必須忍受小輩們的窩囊氣，阿登叔最後的離去，能否尋得較安定的餘生，抑或竟更不如前，那結果已不堪想像；「那一年冬天」裏的老阿乞伯，暮年投親力圖振作，結果還是慘遭失敗，雖然還有一縷殘存的希望浮游，而那希望，畢竟是由於自身的老邁而顯得荏弱虛渺的了；最好的一篇是「小林來臺北」：年青的小林親見一群盲目崇洋男女的幼稚，奢侈腐敗的生活，趾高氣揚地使權壓人，以之與小林的阿爹在鄉間刻苦維生的不易相較，與被生活重擔壓得悲苦的張總務相較，鮮明的對比漸漸堆砌起讀者的不平，一直等到篇末：「幹你娘，小林心中忽然大聲叫：你們這款人！你們這款人！」出現，作者借小林之口喊出的悲忿，正也就是讀者們悒積已久的憤怒。

王禎和使讀者體會風塵冷酷，他寫的是真實的人生、人性，他的意識與風格均屬於寫實。任何時代、任何進步的社會都必有其闕失的一面與不理想的角隅存在，而文學的職責就在寫出這些，引起注意糾改使之接近理想。寫小說，就該當寫真實的人性、人生，寫有主題、有內涵的作品，才能具備價值。

十九世紀以後，小說觀念已有重大的突破，重視理想，故事情節已退居次要，作家們都以簡單的情節去包含深廣的主題。現今，歐美各國的小說突飛猛進，寫實風格如日中天，作家們在進步的社會中去發掘題材，表現人生，以小說素材多方面提供認知警惕而促成改進。

反觀我國內的小說，風行了二十多年的，竟是鴛鴦蝴蝶式的軟性的假藝術。只是具有「靈氣」而不懂創作原則的「作家」，忽略主題，專想一些曲折新奇而與真實人生脫節的戀愛故事，去賺取一些半票或半半票讀者的眼淚，唏噓一陣之後什麼都沒有。原來我國的現代小說還停留在供人消遣的階段，回想民國十年我國新文學第一個社團「文學研究會」所發表的宣言：「將文藝當作高興時的遊戲失意的消遣的時候現在已經過去了！」時隔半個世紀有餘，文學的發展遲滯如此，委實是令人慚愧而汗顏無地。

寫實風格非但盛行於戰時戰後，更將盛行於安定進步的社會，這是因為進步的社會有能力不再「諱疾忌醫」，敢於去發覺闕漏，再求進步。從四十二年起，有陳映真、黃春明、楊青矗、王禎和等新銳們寫實作品的出現，二十多年停滯不前的蝴蝶夢已經醒了，現代小說曙光已然冉升，寫實的大纛已揚起前行，我們深信：新的、真的藝術終將在讀者進步的認知下肯定其價值。

原載一九七七年九月中華文化復興月刊一一四期

風裡芙蕖自有姿

——淺析洛夫散文集「一朵午荷」

算是開頭

我書房中有兩個大書架，一個小書架，桌上還有一個活動的書架，專門擺新購的和朋友的贈書。中國文人向有相互贈書的習慣，這不見得是一個好習慣，一般人似乎並不珍惜不花代價而得到的東西。據一位朋友說，別人「敬請指正」的書，他翻都不翻便往書架上一擱。若干年後這類書通常是淪落到舊書攤上，論斤地賣給炸油條的了。對於朋友的贈書，我總以先讀爲快，而且盡可能記下書中的要點，有時甚至寫下幾條七分讚賞、三分批評的意見，以便下次與作者見面討論到這本書時，不致瞠目結舌，尷尬以對。（「一朵午荷」——夜讀雜記）

已是過河之卒的中年，時常也會收到些「敬請指正」的書；我的陋習頗與洛夫類似，不同的是我要先翻翻看看文字如何，初步評鑑若是值得我看的才放去床頭；存疑的則插入書架以後再說。進到床頭的書，那就是每天必修的功課，當然也是與香煙、零食、卡片一併放置，又吸又吃邊看邊記（忙得很）。燒破被單零食碎屑滾進領口當然是常事，屢蒙太座糾正也是必然；而我的樂此不疲更是積重難返的必然。

「一朵午荷」曾在我床頭開放過一陣子，卡片也有那麼幾張，所以一想到這本書對我既不是架上部份僅知書名那麼陌生；這朵午荷的源頭活水來自洛夫的詩作，而對他的詩我又有那末一點自信的把握（新文藝都已經教過n遍啦），故賞鑒這朵「午荷」；應該不會淪為「為批評而閱讀」的零碎拼湊，也不致被人認為是「言之無物」的空洞虛美吧！

芙蕖源自詩流水

好些詩人都擅長左右開弓——既寫詩又寫散文——例如余光中「左手的繆思」就很不錯（甚至我認為他的散文比詩更好）。洛夫寫詩、寫散文、寫評論。就散文一環來說，部份是他詩流軌跡的延展。洛夫的詩張力最大，最為耐看，發展的潛力也最強。張默等詩人在所編的選集中，把洛夫評為：「從明朗到艱澀，又從艱澀返回明朗，洛夫在自我否定與肯定的追求中，閃現出驚人的韌性，而對語言的錘鍊，意象的塑造，以及從現實中發掘超現實的詩情，乃得以奠定其獨特的風格，其世界之廣闊，思想之深緻，表現手法之繁複多變，可能無出其右者。」評得十分恰當，常想如果是我，很難用幾句話來概括這位詩壇大將。既有此切中之評，我祇有擱筆照錄。

詩的欣賞可被允許停留在可解與不可解之間；而散文則不然，明朗度的要求遠比詩作為高。初看「一朵午荷」，真有點擔心會是「石室的死亡」重現（那是一塊鐵板燒，有味，可是實在不易咬得爛）。還好！洛夫的左手是很明朗的，更可喜的是明朗之中仍能呈現出他詩作特具的風貌。現抽錄如下：

扶著冰涼的鋁質欄杆，連登三十四級，他慢慢踱到橋端。一切都是疑惑，包括自己在內，但祇要低頭望望橋底的流水，便知道那唯一的答案是什麼。可是他卻以另一種方式來宣示他的心事：他說他只是來聽取過橋的鞋聲。（「蠱惑」——鞋聲）

好小子阮籍！不過醉後要脫光衣裳繞室而行是絕對辦不到的，他無法忍受自己裸成一條剝蝦的感覺。（「蠱惑」——一隻刺蝟）

回到樓房天全黑了。

嘴裏咬住半個蕃茄，挪出手來開鎖。

渴極了，身子癱軟。蕃茄汁順著唇邊流下。

捻亮電燈，對面鏡子裏突然現出一張蒼白的臉，想不起在什麼地方見過，一條鮮紅的血跡從左臉劃過。

啪的一聲，他把喫剩的半隻蕃茄向鏡子摔去。

鏡子破了，血水從碎片中滲出來。

他捻熄了燈。（「蠱惑」——渴）

我想下次你再來內湖時，我準備買瓶高梁，一盤滷菜與你共飲，並且設想一些「作人不妨幽默一點，洒脫一點」之類的話來勸你，不料你對死如此固執，作事如此不講道理，我們終於緣慳最後一面，連那天的追悼會都因獲訊較遲而未能趕上爲你送別。未能趕上也好，當眼看著一位先前曾在一起喝酒聊天，吵架抬槓，發起脾氣來一拳可以把桌上的玻璃杯砸飛的朋友，突然打扮舒齊，安安靜靜地被人推進焚屍爐去時，內心該會多麼痛楚。（詮釋）

我們印象中的荷一向是青葉如蓋，俗氣一點說是亭亭玉立，之所以亭亭，是因爲它有那一把瘦長的腰身，風中款擺，韻致絕佳。但在雨中，荷是一群仰著臉的動物，專注而矜持，顯得格外英姿勃發，矯健中另有一種嬌媚。雨落在它們的臉上，開始水珠沿著中心滴溜溜地轉，漸漸凝聚成一個水晶球，越向葉子的邊沿擴展，水晶球也越旋越大，瘦弱的枝桿似乎已支持不住水球的重負，由旋轉而左搖右晃，驚險萬分。我們的眼睛越睜越大，心跳加速，緊緊抓住窗櫺的手掌沁出了汗水。猝然，要發生的終於發生了，荷身一側，嘩啦一聲，整個葉面上的水球傾瀉而下，緊接著荷枝彈身而起，又恢復了原有的挺拔和矜持，我們也隨之噓了一口氣。我點燃一支煙，深深吸了一口，然後緩緩吐出，一片濃煙剛好將臉上尚未褪盡的紅暈掩住。（一朵午荷）

窗下是一大片池荷，荷花多已凋謝，或者說多已雕塑成一個結實的蓮蓬。滿地的青葉在雨中翻飛著，大者如鼓，小者如掌，雨粒劈頭劈臉洒將下來，鼓聲與掌聲響成一片，節奏急迫而多變化，聲勢相當懾人。這種景象，徐志摩看了一定大呼過癮，朱自清可能會嚇得臉色發白；在荷塘邊，在柔柔的月色下，他怎麼樣也無法聯想起這種騷動。這時，一陣風吹來，全部的荷葉都朝一個方向翻了過去，猶如一群女子驟然同時撩起了裙子。我在想，朱自清看到會不會因而激起一陣靦覥的竊喜？（一朵午荷）

水滲入盆子，似乎隱隱聽到根部吸水的滋滋聲。剩餘的水流出欄杆外，向樓下滴。我怕弄濕樓下路人的衣服，連忙俯身往下望，只見兩個小男孩正聚精會神地在解糾纏在風箏上的線，水滴在身旁若無其事。我爲他們那種敬業精神所感動，頗有泰山崩於前而色不變的定力。記得幾年前，我偶然路過一座四層樓的公寓時。樓上突然掉下來一塊石子，正好落在我旁邊一位鄉下人打扮的中年男子頭上，痛得他齜牙咧嘴，一面撫著頭朝樓上望，一面自言自語著：「好準！」都市中像這麼有涵養和幽默感的人倒是少見。（最後的驚喜）

「鞋聲」一段的隱喻，「一隻刺蝟」的粗獷、「渴」一段裏的歧義，以及「詮釋」「一朵午荷」「最後的驚喜」等篇中的鮮活，這些都是洛夫詩中慣用的手法。隱喻與歧義是達成他詩作藝術深度，引領耐看的要件；偶而的粗獷（非同於俚俗）更能表現出一種豪放，而鮮活當是洛夫特色中的特色。當我在課堂上唸他的詩作「曉之外」：

掀開窗帘，晨色湧進如酒
太陽向壁鐘猛撲而去
一口咬住我們家的六點半。

鮮明的動感常使學生們感受得哄然，洛夫的鮮活如此。我常認為他濃力的風貌是為沖垮假唯美軟性文學的戈矛，確可影響青年們在貧血創作裏加注一些活血，而鮮活當就是形成他濃力風貌的源泉之一吧！在「一朵午荷」裏洛夫極讚張愛玲形容手法之佳妙，其實我覺得他自己在這本散文集裏形容之鮮活（如「一朵午荷」）較之張愛玲已是不遑多讓。不知洛夫是否刻意以彼姝為超越的標竿，果如此，旁觀的我倒是可以吆喝一聲：「過竿啦！你自己就是個高竿的！」

午荷新姿

雖然「午荷」具有源自詩作的活水，但「午荷」畢竟是午荷，更應有其不同於詩作的新姿之搖曳，那是詩作囿於短小力不能勝的層面，藉著散文的揮灑遂能有更大的恣放。

一、**古典意象**：外文系出身的洛夫，對中國古典文學不但不陌生甚且很深入（這一點對我這國文系的來說，余心有深喜焉），而且態度謹慎，絕不冒昧充內行。記得有一次他打電話來問：「落紅不是無情物，化做春泥更護花」是誰的詩？糟！我也記不清，祇好答應他去問，問來問去，最後問到汪中大哥，才知是龔自珍的（汪大哥真不愧是詩界的大哥、活字典）。我一直認為古典與現代間隔的不是一堵牆而是一扇門，現代文學的新貌就有好一些可以從古典的軌跡中找到相似，古典豐富遺產裏的原理技巧多數儘可移來現代園地裏蛻變生長，這也正是強化我國族本位文學的重點所在，洛夫作得不錯，如他的：

這是不去說它，現在難得有這份登樓的閒情，就該儘量保持心境的寧靜，人世間的問題本來複雜，不去深思也就單純化了。我開始踏著一塊塊水泥的方磚蹀躞起來，起先只是漫步而行，漸漸不覺認起眞來，一面走一面數。據說數綿羊可以催眠，我曾努力試過，卻從未靈驗，數久了，結果發現滿屋子都是綿羊，甚至有的爬到你的床上來，嚼著從枕頭中扯出的棉絮。照理，數方磚也不失爲一種摒除雜念的方法，可是數不到一百就忘了接下去。滿腦子都是水泥的製造過程，於是從頭再來，一遍又一遍，像在練輕功中的迷蹤步法，嘴唇翕動，唸唸有詞……。這時，三樓窗口一隻鴿子在咕咕低鳴，我突然也想高唱一曲，但張嘴試了幾次都不成腔調，最後竟順口哼出了杜甫的「萬里悲秋常作客，百年多病獨登臺」，悲涼的餘音盪了開去，最低沈的那個音節飄落在牆角的一盆秋海棠上，我的目光適時追蹤而去，剛好看到那片被驚落的葉子冉冉掉下。

（登樓）

二、感性：洛夫詩作中所在多有的，在散文篇幅裏卻有更大的開展，如：

出門時忘記帶手錶，猜想大概三點半左右，距離日落尚早。路的左旁的一片水田，水光把他的身子反映得又瘦又長，他搔搔灰白的頭髮，水中的影子晃動著，怎麼看怎麼像一株蘆葦。他多麼駭怕自己就這麼浮貼在水面上，人一被固定就完了。一株蘆葦或一棵白楊之所以悲哀，之所以永遠那麼唱著瀟瀟，就是因爲它們沒有翅膀，生在方寸之地，長在方寸之地，死在方寸之地，選擇墓地的機會都沒有。他想：任何一顆樹，當它是一粒種子的時候還有點希望，但只要一陣雨水，根拼命往土裏鑽，芽拼命往天空伸展，兩個不同方向的力量把它拉長，拉粗。數十年後，枝葉扶疏也好，古木參天也好，它就永遠在一固定的空間停頓，等待枯死。（蠱惑）

其實，問題並沒有他想像的那麼嚴重，在沒有適當的條件之下，通常人是絕對不會妥協的，但被擊傷是難免的；有時甚至於會在一顆樹下被一片葉子，一朵花所擊傷。人最容易受傷恐怕是照鏡子了，「春不能朱鏡裏顏」，生命留都留不住，還能使蒼白的變得紅潤嗎？據說只要你連續照一個月鏡子，包你會瘦成一架骷髏。無論如何，泡沫終歸是泡沫，如能閃爍發光，那怕是極其短暫的一閃而沒，泡沫也就有了永恆的意義。

記得二殘先生在一篇文章中引用亨利．詹姆斯的一句話說：「人生充其量只不過是一種絢麗的浪費」（life at its best is but a splendid waste），並認爲這是一個可怕的句子，讀來觸目驚心。我倒覺得這沒有什麼，的確沒有什麼，因爲這是無法改變的事實。蔣坦在「秋鐙瑣憶」一文中說的話才眞令人無可奈何，甚至手足無措：「人生百年，夢寐居半，愁病居半，襁褓垂老之日又居半，所僅存者十一二耳，況我輩蒲柳之質，猶未必百年者乎。」

這些話眞叫人洩氣，讀到這裏，大多數人恐怕都難免冷汗直流。但就算如此吧，生命只有浪費得很絢麗，很瀟洒，很壯懷激烈，而且每滴汗每滴血都洒得心安理得，這豈不比那些生命的守財奴坐著等死顯得更爲豪氣！

問題雖很冷酷，但仍很高興我的「泡沫論」而與亨利・詹姆斯的想法不謀而合，值得浮一大白，於是我自勸自飲的又乾了一杯。

天氣涼了，桌上的蘿蔔煨排骨泡尚溫，喝了半碗，頓感通體舒泰，酒意恰到微醺程度，如再多飲幾杯，縈迴胸中的那些嚴肅問題，也許就會在過量酒精的燃燒中化爲一股輕煙，這倒不失爲一個逃避的好辦法。這時，我抬起頭來環顧室內，發現所有的家具擺設都已掩上一層迷濛，牆上那幅莊喆的抽象山水更是滿框子的煙霧氤氳，放下滿過而又空了的酒杯，我望著那株已繞室一匝，迄今猶無倦意，且仍然在作無限延伸的錦藤出神。多麼虎虎有勁的生命啊！但爬行得似乎太快了些，亦如人過中年後那洶湧而來的歲月。（獨飲小記）

這次香港之旅，重要節目之一是到邊界去眺望中國大陸。嗅嗅三十年未曾一聞的故國泥土芬芳。三月十六日上午，適余光中兄無課，親自開車陪我去了一趟落馬洲。沿途輕霧氤氳，早寒頗重，他一面駕車，一面爲我解說邊界一帶的地形。車過大埔、粉嶺後，路兩旁的農舍田園已漸呈大陸風味。木棉樹禿枝上爆出幾點胭紅，在霧中特別顯眼。有一種樹，兩人都說不出名字，葉子綠得令人驚喜，車從樹下經過，彷彿感到青春正在我們的肩上和髮上洒落。如果是盛夏的晴天，車後勢必灰塵高揚，我們可能會同唱「三十功名塵與土，八千里路雲和月」。功名何物？非塵即土，這且不去說它，但三十年亮麗的歲月已一晃而過，故國的山河是否仍是那麼靈秀而安靜，不是在詩中、夢中，而是實實在在地踏在腳下。所謂「近鄉情更怯」，在車子的飛馳中，我緊張地向遠方探望，且一再調整呼吸的頻率，準備接受一次新的激動。

到了，我一眼便看到馬路左邊一塊漆有「落馬洲」的路牌。但車一拐彎，我愣住了，另一面也豎有一塊路牌，上面寫的卻是「勒馬洲」，落馬？勒馬？一個地方竟有兩個名字。仔細一想，我發覺其中大有學問，就是錯也錯得頗有哲學味。一則表示：「訪客抵此，落馬其時。」一則暗示：「前途危險，懸崖勒馬。」亂世的香港，到處都可碰到這種驚人之筆。我們只是來此一遊，便起身下馬駐蹕。

光中兄停好車，並租來一副望眼鏡。自己的國土只能遠遠地望，而不能接近它摸一下、捏一把，簡直荒謬！我惴惴然跟在他後面步上一個土墩，土墩右面設有一個小臺，臺上用玻璃框著一幅地圖。我靠過去，舉起望遠鏡，按圖索驥，兩眼開始從狹小的鏡筒中搜尋那個有一千一百萬平方公里那麼大的夢來，且多麼希望一舉手便把那多年即已碎裂的故國，重新拼成一幅美麗而完整的版圖。望遠鏡中，起初只見一片朦朧，當把鏡頭調整到最適當的度數時，我的血流頓然加速。那是水圍，水圍左側是福田。有人影晃動，該是春耕的時候了，如果在插秧，將來的收穫又歸誰？南方兵氣未動，該不是在出操吧！我把鏡頭往近處移，驀然出現一條蜿蜒如帶的小河。「那就是出名的深圳，」光中兄在背後輕聲地說。原來楚河漢界，就此一水，水色渾濁，兩岸蔓草萋萋，這不正是大陸同胞在月黑風高時暗中泅向自由的最好掩護。據外電報導，今年三月底止，已有三萬八千餘名大陸同胞非法逃入香港，人數之多，創十七年來逃亡的高潮。

但不知有多少冒著機槍掃射的危險，通過這裏重獲新生？我老家湖南，本在千山萬水之外，可是每次舉起望遠鏡，家鄉的一石一水、一丘一壑，便歷歷如在眼前。這時我感到有點醺醺然，鄉愁也會醉人的。我們正準備上車回城時，突然聽到一聲聲叫人心跳的鷓鴣，自對面的田間傳來。這種啼叫，數十年前曾在故鄉聽過，蝸居臺北市，僅聞麻雀啾啾，幾曾聽到過這麼動人的嘀嘀咕咕。（香港之霧）

這三段讀來真是使人感慨萬千，也曾分析自己感受的理由，是否因為哀樂中年，飽經滄桑之故？就前兩段說：那種中年人在經歷過許多，付出過許多之後感喟噓息的沉重引我共鳴，直感到盪氣迴腸。蕩氣迴腸之後又是如何？是一種沉重的惘然，不！不僅是惘然，更是一種憮然，切開之後可以品嚐到苦澀的空寥。（恕我只寫到這裏，不是不能再寫，而是不必再寫，藝術感受的層次本應是有著不落言詮的）。

看「香港之霧」一段：以前曾為余光中詩作散文裏的故土之思低徊不已，文學史裏的新亭之泣儘多，李易安陸遊辛棄疾的幽咽豪情猶在，而遷臺三十多年新文學中這一環卻不多見。「年年看塞雁」已有三十多番，而「夢回遼海北，魂斷玉關西」那一片我念念不忘的根屬血緣猶然祇在夢裏依稀。「願將血淚寄山河，去洒青州一杯土」是李清照的淚啊！「關河夢斷何處？塵暗驚貂裘」是放翁的抑悒啊？「聞道中原遺老，常南望翠葆寬旌，使行人到此，忠噴氣填膺，有淚如傾」是張孝祥的悲情啊：是淚是抑悒是悲情無非都是你我，是退伍中校洛夫是預備軍官余光中也是我這個上等兵。知否我念著夢著的是那洞庭蕭蕭木落，那漫舞的雪花與青石板路上的的蹄聲清晰。洛夫洛夫！你千山萬水之外的故鄉也正就是我的故鄉。以前，我曾在金門的望遠鏡裏勾起愴懷而假裝有霧猛擦眼睛；而今，而今我仍難禁這一眶濕熱。

三、**新月語絲**：文言小品精美高揚於晚明張岱，絕響於民初的梁任公。新時代裏承繼其精神蛻變以新貌表現的一支是新月的梁實秋與語絲的林語堂。梁的幽默與林的恬適都曾在新散文發展史上留下刻痕，「雅舍小品」與「生活的藝術」之所以膾炙人口者在此。想來洛夫也必曾賞鑑過這些，「一朵午荷」裏欣見有類似「雅舍小品」的，如：

詩人一生中苦心經營的就是那可見可感可觸的意象，而女人一生中苦心經營的則是那可見可感可觸的面孔與身材。大詩人杜甫固然「語不驚人死不休」，「吟成五個字；撚斷數莖鬚」，賈島更是「二句三年得，一吟雙淚流」，其吟咏之苦，殆可想見。女人爲了修飾她的容貌，不惜忍受打針吃藥，餓飯減肥，甚至上手術台，天生雖非麗質，卻硬要美容師把她們一刀一刀地雕成西施、楊貴妃、其用心之苦，與詩人雕鑿意象相同。構成詩的另一項要素是韻律與節奏之美，詩讀起來抑揚頓挫，鏗鏘有聲，實有助於意境之美的烘托。一首詩，不論思想如何深刻，意象如何鮮明，如唸起來詰屈聱牙，像嚼蠶豆一樣，必然影響其整體之美。女人也是如此，如果貂蟬說起話來哇啦哇啦像平劇中的董卓，或動輒作獅子吼，再美的女人也會叫天下男士避之唯恐不及。女人聲調之美，頗有勾魂攝魄之效，唱起歌來，固令人迴腸蕩氣，即使罵人也是好聽的；據說聽女人用蘇白吵架，比聽梅蘭芳的戲還過癮。女人哭泣，其聲更是悽美。我們家鄉有一種專門代人哭喪的女性職業，她們居然把哭藝術化；開始哭得搶天呼地，驚心動魄，繼而調子拉長，悠悠忽忽，絲絲縷縷，如唱山歌，她用一塊手帕蒙住面孔，誰也看不出是否有眼淚，但聞者莫不惻然。

女人與詩唯一不同的地方也許是：一首好詩，不管當代有沒有人讀它，仍不失爲一首好詩，而女人魅力卻隨時要有人欣賞，有的則需要慢慢讀才能讀出味道來。許多天才詩人，潦倒一生，也許要到數十年或數百年後才能獲得賞識。陶淵明生前不太受當代文壇重視，其聲譽遠不如謝靈運，但千百年來，陶謝在讀者心中的地位已互易其勢，寒山被中國士大夫的讀書界忽視了千年多，及到近代才得揚眉吐氣，從幽閉的文學史中走出來，甚至震撼了番邦。可是，紅顏一旦變成白骨，入土後再也長不出一朵玫瑰來。

女人的味道，的確是需要人把它讀出來，只不過不同的階段，應採取不同讀的方式和態度：少女是一首飽含情趣的抒情詩，適於任何一種讀的方式；少婦是一齣詩劇，不但有詩的素質，而且有衝突，有高潮，讀的時候宜冷靜，以免陷溺不可自拔；中年婦人是一部嘮嘮叨叨的史詩，詩味不多，只剩下了歷史，最好以治史的態度去讀；至於老年婦人，則成了一首形而上的詩，只能能默想，不宜捧讀了。

世界上最不理性的事物，莫過於詩與女人了，二者都是不可細加分析的，加強以邏輯推論，那就如瞎子摸象。嚴羽說：「詩有別趣，非關理也。」女人正是如此，故一個過於理智的人，是不善於欣賞詩與女人的。法國詩人古爾蒙說：「女人是愛的動物，她們能一輩子生活在愛的記憶裏，當男人已忘了最後一次接吻時，女人還記得最初的一次。」所以有人認爲「戀愛是女人生活的全部」，果然如此，足證女人是多麼的非理性。女人感覺最爲敏銳，變化無窮，據說巴黎女人的臉色，一分鐘要變換若干次，很難令人捉摸。所幸女人不是要人去了解的，只要去感覺、去欣賞、去愛，就足夠了。詩與女人都是難以預期的事物，蹤跡不定，神秘莫測，夢寐之，祈禱之，引頸以探之，不來就是不來。根據我個人的經驗，等一首詩正如等一個女人，有時繞室徘徊，竟夕難安，有時望著窗外，怔忡神往，喝一口茶，抽一支煙，好像有那麼一點影子，但尚未抓牢，她又跑了，於是再喝一口茶，再抽一支煙，終至心身交瘁，乾脆熄燈就寢。可是，數日後，當你完全把她拋開，不去想她，她卻又搔首弄姿地突然在你面前出現。久而久之，我終於悟出一個道理：捕獲詩就像捕獲女人一樣，最有效的武器就是遺忘。（女人與詩）

至於在「獨飲小記」裏的生活情味，引半半歌為例，那已是又伸入到林語堂「生活的藝術」的層面了，如：

譬如李密菴有一首「半半歌」，小時候不知所云，但唸得朗朗有聲，至今我還記得若干句：「看破浮生過半，半之受用無邊，半中歲月儘幽閒，半裏乾坤開展。……衣裳半素半鮮，肴饌半豐半儉，童僕半能半拙，妻兒半樸半賢，心情半佛半神仙，姓字半藏半顯……」不說，話說回來，飲酒固然半酣正好，吃飯可不能半飢半飽，花可以半開偏妍，人不可能半死半活，姓字或許可以半藏半顯，為人處世卻不能半眞半假。最重要的是，時間絕不會半流半駐；人生最無可奈何的一件何的一件東西，恐怕就是時間了，許多人追求永恆一直握在我們手掌中，當我們剛一悟到它的存在時，它已從我們的指縫間溜走了。

四、真實：我認為現代文學之不同於前的貴重特質之一是在正視現實，對一切已存在的人性缺失與人生型態絕不逃避，絕不虛美，敢於來做正面的切剖。正如尼采所云：「一切文學余愛以血書者。」蘇軾所云：「古今賢者，貴其真也。」真就是美，文學史上，從屈原、陶潛以至郁達夫，都能以真實之筆自剖、深密之中、彌見其真摯之切，勝似矯揉做作不實之作多多。洛夫健者，散文中貴在能具真實，予人以鮮明親切之感，如他的：

前些日子朋友送我一株闊葉蘭（不知有沒有這個名詞），一共四片青葉，鮮油油地挺神氣，栽在一隻深灰的瓦缽中，日夜澆水，殷勤灌溉，其中一片葉子居然抽了金線，足證這是一株異種，日久愈來愈黃，內心竊喜不已。據說如此品種每株可值數萬元，可是，利慾方萌，第二天早晨發現它竟枯死了，想起這件事就生氣。（獨飲小記）

我的枕邊除了堆積各類書籍雜誌之外，還藏有一些不可或缺的什物，包括香煙、打火機、煙灰缸、原子筆、筆記本，以及一隻裝瓜子、花生米、牛肉乾之類的小鐵盒。床上是我最具個人性的一個獨立世界，坐臥隨心，伸縮自如，可以一面閱讀，一面搔癢、搓腳、抽煙、喝茶、吃零食，可以做各種不足爲外人道的事而不怕臉紅。在床上抽煙的確不是什麼好習慣，吃零嘴也不值得鼓勵，但看書看得出神，手便不由自主地向那些地方伸，有時抓錯了對象，也發生過把香煙蒂往嘴裏送的尷尬事。

我的床單和被頭上點綴有十幾個燒灼的小黑點，這就是靠在床上抽煙的受災記錄。有一次，讀完某雜誌一篇罵我朋友的文章後，竟怒不可遏，刷的一聲把手中的那本雜誌扔得老遠，身邊的煙灰缸隨即翻滾而下，撒了滿床的煙灰，來不及搶救，床單已被一枚尚未按熄的煙頭燒了一個洞。第二天，當妻整理書房時，看我賴在床邊不動，深以爲怪，連哄帶騙，折騰了半天把我拉起身來，才發現我用臀部壓著的地方赫然一個大洞。妻的埋怨加上自己的悔憾，促使我決心戒煙，戒是戒了，但只戒了兩個小時，當靠在床上讀張拓蕪「代馬輸卒手記」的奇文時，嘴上又一閃一閃地燃著一支長壽。（夜談雜記）

第一段直剖利慾人性缺失。第二段是屬於人人都有而人人都不願寫的那種「見不得人」的層面。第三段是梁實秋雅舍小品裏：「喜於腳上藏垢納污之處往復挖掘然後嗅其手指」的「逐臭之夫」。斯為我輩男性同業公會會員之寫照，有如男生宿舍整齊而絕不能掀的被單，一旦被掀勢必琳瑯豐富，觸目驚心。洛夫斗然間這一掀，真心有戚戚焉個是色香味俱佳、焉無過癮之感哉。

同是中年，一朵午荷中部份篇章予我的感受不僅是會心共鳴，更是「心有戚戚焉」的深刻，如：

每個人的心靈都是一個小小的港，總是流向一個更大更深的海洋，人們藉此獲得瞭解。但他卻是一個例外，他是一個封鎖的港。很久他不再寫作了，據說他在作一件俗不可耐的事——在某大學念夜間部。依照他的癖性，這種轉變幾乎是不可能的。世上無聊的事儘多，譬如參加一兩個文藝社團活動。我們簡直無從想像一隻刺蝟如何能那麼乖順地與一群十八九歲的小夥子大姑娘同在一間教室裏聽那位嘴上沒毛的年輕人講秋水共長天一色，落霞與他媽孤鶩齊飛！而且還周吳鄭王，一本正經地抄黑板。他確實有他孤傲的道理，他在文壇的聲譽不次於一個名學者或紅教授，他已成爲青年人的偶像，他自認他已進入歷史，他不是在寫小說，而是在寫文學史。一種不朽感使他與這個世界完全隔離開來，逃避瘟疫似的他躲進了自己的靈魂中去塑造一些幻覺和自慰。據一位古生物學家考據，在性格上刺蝟與蝸牛頗有相似之處。這種發現聽起來很荒謬，實際上的確如此。第一次參加學校導師召集的座談會時，等別人都坐好了他才溜到一個不惹眼的角落裏坐下。有點忐忑不安，他想可能有人認識他。「他也到這兒來混！」誰看他一眼，這句話就像一口唾沫從眼睛中吐過來。他低著頭在一張紙片上寫滿了自己的名字，流淌著一臉的尷尬。最後輪到他站起來自我介紹時，他完全虛脫了，預期中熱烈的掌聲和仰慕的眼光並未出現，他僵著站在那裏，他踩住了一條蛇。他突然變成了一隻被人丟棄的空罐頭，一塊廢鐵，他第一次發現他全部的努力只是在製造一個殘酷的笑話。

有時候我們必須照鏡子，以預防敗北感逐漸變成思想，以照鏡子來激勵我們的精神，我們拾取從自己靈魂上掉落的痂皮，我們不能不關懷自己，袒護自己。（「蠱惑」——一隻刺蝟）

我也有過類似的經驗。那一次，不知是吃錯了什麼藥？居然也去當了一陣子學生，參加那個班，原本祇是想為自己即將開授的新課吸收一些新知。開班後，各路英豪群集，教室門前有條石溝，男士們的天然煙缸，心想等到結業，煙蒂或許能把溝給填滿吧：上課，儘量躲在後面，煞有介事地記筆記，沒什麼好記的，不行不行：精采的一定在後頭，忍耐忍耐！吔！這一位老師居然扯到了中國文學史，妙得緊，這玩藝是我教過了十年的，真的很熱，注意聽他的高見，沒有！新見，也沒有！可能就祇是看過一本薄薄的文學史綱就拿來熱炒熱賣吧！唉！突然間有種被推回到初中階段的感覺，真擔心怕他會叫我站起來問蘇東坡是哪一朝人？下課，大家在大煙缸旁聊天：今天天氣很好，不錯，祇是有點冷，你老兄在哪兒高就？不好！趕緊藏拙，先送一個謙卑的笑給他看，教書的啦！教小學嗎？嗯：生平不善說謊，搖搖頭，不是，那是教中學的囉，也不是，難道是教大學，總不會是教大學吧！是！是那一所，×大……看到他怪怪的表情。咳！老弟！卑微的我真的不算是什麼，我這是被你緊迫釘人步步深入拷問出來的啦，莫怪莫怪！奇怪的不該是你而該是我，大學裏教書的是人不是怪物，憑什麼我就不能來？這有什麼好奇怪的，倒是你老弟的觀念使我真奇怪。

我沒有退學，一直堅持到最後，弄清楚那不過是幾位高手閑來無事設計下的遊戲，一方面應付公事，另一面撈幾文鐘點費，從頭到尾都是在耍猴戲。好吧！被愚弄也是可貴的人生經驗，帶點欣賞的餘裕來看，記下來日後還可充做賺銀子的小說，戲劇素材。當然日後一定會有功效，那著就是有人會說：「×××，大學教授，他算什麼？哼！我就教過他。」卑微如我能忝列門牆是三生有幸，若能再蒙言及有助於先生成就感的具體，我這充作工具的就更該惶恐愧感涕零的啦！。

常被前輩們指稱為：「你們年輕人」（年近半百的我真是有受寵若驚的悲憤，這才知道身為四個孩子的父親女兒已上大學而我自己居然還沒長大）。也常對同樣身份者恭敬招呼而結果換來的竟是一個冷漠的微頷，撲克牌型冷峻的臉是一堵傲岸無血的牆，碰得我委屈浮昇。此時真是十分懷念魯智深的拳頭，想想也祇有硬拳接觸到對方下顎的那種感覺才能算是痛快。

或許就是因為不善作道貌岸然狀而衣著又常是爛垮垮的，去太座的學校送雨衣常被門房擋駕。有一次在校門外罰站，想不到竟引得老朋友校長大人奔出來親切招呼；去外校上課常被看車的喝斥；甚至被同事的太太們誤認為小工、送煤氣的。這些我都不在乎，使我噁心難受的是高級知識份子的狂傲自私，不可一世的儼然之下常是可以洞見的淺陋卑劣，好可悲。

時間在消逝，晨曦上升爲太陽，太陽下墜爲燈火，燈火點亮千萬條街，每條街都曾發生過一些美麗以及不美麗的事件。明天仍然如此，孤帆遠影碧山盡，惟見長江天際流，橋底下一群泡沫吞食了另一群泡沫。

他寧願相信橋下流著的是河水，而不是喧呶的車輛和匆匆的腳步。他是喫感覺生活的人，唯有時時感到自己在激流中承受著一種沒頂的壓力，他才能肯定生存的眞實。他緊緊抓住橋邊的欄杆，兩隻手背的青筋顫動著，他的力量傳透了整座橋身。但事實上他並非如此堅強，感覺究竟不是生命的全部，甚至他有著犬儒主義者的那種悲情——經常企圖逃避一些明知無法逃避的事。只有一件事他最清楚，也最有把握：他決不作使別人不快樂而又於自己無益的事，因爲他徹底瞭解這麼一段話：

「生命豈不是一條餓驢！只要有人拿著一綑草在它前面走，它便跟到市集裏來了。它什麼也沒看見，只看到那一綑稻草。」（蠱惑）

沿著四周的欄杆兜了幾個圈子，現在又回到了面對城市的位置。人群繼續在紅塵中浮沉，白晝在喧囂的市聲中逐漸消逝，秋寒更重了。夕照愈來愈淡，卻淡得很醇，如是一杯酒，那該是花雕，宣乎一小口一小口地啜飮，但落日下沉得太快，這時，國父紀念館的上空一片金黃，餘暉將那雄偉的建築髹漆得更加壯麗光燦，展現在我面前的正是一部用血染成的中國近代史。十月是一個生命燃燒的季節，一個熱血沸騰的季節，一個意志飛揚的季節，一個怒劍出鞘的季節。就在那廣場上，太陽照過而現已暮色四合的廣場上，慶典一個接一個，駿馬般的年輕人從各方湧來如一排排巨浪，聚集了，又解散了，而驚天動地的腳步聲，仍像深山中的回聲，不斷向我傳來。

在這屋頂已站了很久，今天的太陽無論如何是不會再升起來的。剛爬上樓來的那股欲飛的衝動已隨涼意加重而漸消，想得太多而又不知究竟想什麼的人，太多是行動的侏儒，還是下樓去吸支煙吧。附近的軍營已吹起了降旗號，不久滿城的燈火就要一盞接一盞地亮了起來，在尚未認出那一盞是你之前，我已匆匆下樓而去，因爲我所需要的夜景是比較黑而純粹的。

（登樓）

午後的園子很靜，除了我別無遊客。我找了一塊石頭坐了下來，呆呆地望著滿地的青荷出神。眾荷田田亭亭如故，但歌聲已歇，盛況不再。兩個月前，這裏還是一片繁華與喧囂，白晝與黃昏，池裏與池外，到處擁擠不堪；現在靜下來了，剩下我獨自坐在這裏，抽煙，扔石子，看池子自己的倒影碎了，又拼合起來，情勢逆轉，現在已輪到殘荷來欣賞我的孤寂了。

（一朵午荷）

不過，人一到中年，對時間特別敏感倒是事實。日影西斜，一天又過去了。花開了，又已凋零，墜落在泥上那副受盡委屈的神情，跟去年沒有兩樣。每天早晨，我最怕的有兩件事，一是照鏡，一是翻日曆，手一接觸到那疊日漸消瘦的日曆，就會發抖。年輕人喜用「靜悄悄地」這一類副詞來形容時間的消逝，但四十歲以上的人，恐怕得用「轟隆隆地」來形容時間腳步的急促，才夠準確。時間是在我們的身上、心上狠狠地踩過去，我們實在經不起它的蹂躪。（春之札記）

但突然想起法國現代詩人裴外一首「在花店裏」的詩，就再也笑不出來。這首詩所描述的跟我當時看到的情形很相似，詩句淺白，趣味卻極雋永，有著叫人哭笑不得的困惑。大意是說一個人走進花店，挑了一些花，賣花的老闆替他包紮起來。這人伸手到口袋裏去掏錢，倒下去死了。同時錢洒在地板上滾來滾去，花也扔了一地，賣花的站在那裏瞪眼看著錢在滾動，花在損壞，人在死去，感到一種說不出的哀傷，她想做點甚麼事，但又不知從何著手，只茫然望著這些事在她面前一一發生。詩的最後幾句是這樣：

她不知道
該從那一件開始
有這麼多事要做
那人在死去
花在損壞而那些錢在滾來滾去
不停地滾來滾去

這裏面有著冰冷而刺人的卻又不怎麼令人痛楚的嘲弄，也有著淡淡的生之悲愴，生活中到處都充滿了這種無可奈何的戲劇情節。但世界上的事如果太順當了，太美好了，也會使人發瘋的。(最後的驚喜)

這幾段又是深深的戚戚。常想著揚喚，想著他詩作中沉悒的悲情與兒童詩充盈的付出，那種與幸福，快樂絕緣嚴重缺乏的早夭生命。或許他的缺乏正就是形成為詩作中大量愛心付出的動力之源吧！然則我們中年人之所以稍能付出一些，莫非也就是淵源於昔年戰火流離痛苦的嚴重缺乏？我們付出付出付出，全然不曾企求任何獲得的付出，付出得幾乎都要痲木了。扮演著大樹、燈塔、孤零零地站著，任風吹雨打，供年輕的馬們憩息，修啄羽毛，助牠們成長翔飛。鳥們一群群年年來去，就算對此庇蔭助力稍有感謝，可是又有誰知燈塔內部的霉暗，大樹樹心的蛀枯……去他的什麼大樹燈塔，我寧願做灌木，矮矮地擠著一堆堆溫熱，免得不勝那高處的孤寒。扮做個保護，指導者好累好累，真想回頭去做個被保護、被指導的，憩息在一付寬實的臂彎裏。真希望做個二等兵，不須主動負責而祇須聽命的二等兵。體力的疲勞睡一覺洗個澡就能恢復；而勞心者不然，被自己鞭策著要求肯定要求突破向前向前再向前！主動設計做這做那，有意義的事永遠做不完，而腦祇有一副手祇有二隻時間永遠不夠。想做的事，想寫的文想看的書都得先行擱置，每天擬進度做一項劃掉一項又添幾項，時間不夠準備不夠力量不夠，感覺拳頭不是打著硬物而是打進了空氣，虛茫茫的乏力。對！就是這種無奈的乏力，更糟的是還想再多做一些來圖謀挽救，「已而為知者殆而已矣」，莊周這老小子說得真對，去你的什麼忙碌是幸福，鬼話！

潮來潮去

左邊的鞋印才下午

右邊的鞋印已黃昏了：

就如洛夫詩作所示，那，是一個——空寥！

付出過程中豈止是疲乏，還得承受各種幼稚盲目的反對與草包式有意的諷刺排斥壓制……而你還必須委屈順應。明明形象是樹和塔的挺直，而有時候偏就得如軟骨蟲一般被人踩在腳底，被誤認被歪曲扭曲淩遲。有一次應邀寫一本書，開頭就曾先談妥准許有自我的，誰知意是在「有意義」的引誘下被誘入陷阱痛遭宰割，書印出來被割裂改動得面目全非，面對著那血肉模糊的自我。真有一種啼笑皆非的感覺。

是否評析有點脫軌了？不！這些層面在洛夫的「一朵午荷」裏曾作部份切剖，但是切剖得不深，我是想要再切得深一些。為我們這些正在付出的，為我們的委屈，我們在壓抑下扭曲著的自我不得伸展的痛楚，我們獨品著孤獨寂寞的苦澀，以及在與生具來先天性死亡迫壓沉重之下所感的空寥……作此吶喊，或能引獲同感者的浩歎，或能使同感者在比較之餘稍獲慰安與平衡。

豆腐裏挑刺

文學作品不可能沒有缺失，因為作品是人寫的，人做的事就沒有絕對完美，有的祇是「比較好」，而缺失就在比較中常見。

在洛夫的「一朵午荷」這塊豆腐裏，是仍可挑出些刺來的。

一、**深密不夠**：就是在前已提過的「切得不深」，如蠱惑、登樓、春之札記，最後的驚喜等篇，作者意象伸延應該還可有更為深密層次表現的，而作者祇是輕輕劃開點到為止。如在「韓國詩人與詩」一篇中，作者說：

經常聽到人說：中國是一個詩的民族，其實這句話用在韓國身上似乎更爲恰當。韓國對詩與詩人的尊重，遠非我國可比。詩人並非一種職稱，人人皆可成為詩人，世界各國大多如此。但在韓國則不然，決非寫過幾首詩即可自命為詩人，他們甚至有寫過十年詩而尚未被承認為詩人。你如要想成為大眾心目中的詩人，首先得經元老詩人推薦，作品在權威性的文學雜誌或詩刊發表後，才能取得詩壇的認可，否則你的作品永難在那些權威性的刊物上出現。

看這一段，讀者很容易想像到那些年輕詩人要求被認知肯定的不易，忽略甚至抑壓也是難免。這一點，不知是作者的忽略還是忌諱，不曾深刻切剖。如是無意的忽略還好，如是想到而忌諱不說，那就是一種逃避。因此使得這一篇如雪祭，板門店之旅一樣，祇是記敘，感性理念俱未充份恣放，泛泛的像是應酬文章。另如日本文化與豬，養鳥記趣也很泛泛。予人的感受不夠深切。

二、**旁支不必**：如落日照大旗一篇，主線寫吳祖堯，其中忽然岔開去寫自己的牌技與烙餅經驗。旁支的延伸有時可收綠葉紅花之效。但有時祇是作者自我的「情不自禁」，就與題材關連言並不重要。

三、**重複**：這一點跟咱們吃粉筆灰的動物類似，自以為得意的例子常會重複使用，第一次新鮮，第二次就成老調。如在「處如詩集再版記」中所述：「詩人出版一本詩集，其嚴重性就如結一次婚」。其後在「從靈河到眾荷喧嘩」竟然又翻版重複了一次。

四、**篇章題目**：儘管洛夫篇章文句優美，但篇題卻是樸實得有點「土」。如：「畫眉之死」、「板門店之旅」、「裸泳記」、「歲末憾事」、「夜讀雜記」、「養鳥記趣」、「香港之霧」、「韓國詩人與詩」、「處女詩集再版記」……多數篇題都不曾細心設計，雖然題目可以涵蓋內容，但藝術性卻是甚缺。就這一點，我是很講究的，如以我這篇陋文為例：總題如是「一朵午荷讀後感」，子目如是一些「優點」、「缺失」……那豈不是單調平凡，影響讀者們閱讀慾為之萎縮。

短尾

正如楊牧在「中國當代散文大展」序言中所介中國當代散文特色：「……形式至少具有以下幾個特點。第一、它承認白話文的藝術潛力。因為它肯定白話文是可靠的，它以白話文為基礎，不再忮求絕對文言文所達到的那種值得艷羨又難以超越的典雅華麗。第二、它雖不忮求絕對文言文的典雅華麗，它卻未能忘懷文言文的好處，因此現代散文不乏古代散文的陰影靈像，此不僅是於表面的語言文字，性見於肌理的章法結構。第三、它不只文白夾雜而已，因為文白夾雜的散文巔峰兩百年前已經被曹雪芹走到了，我們再如何努力，也只能步他後塵而已；所以現代散文應該比曹雪芹的散文更放縱，它甚至還該勇於接受歐亞散文的語法和佈局。至於現代散文的內容，其觸及面，不容懷疑，乃是極為廣大的……」「現代散文令我們喜悅的是文字章法的改造，以強烈再生面貌重覆數千年散文傳統裏未嘗稍衰的感情和思想。文字和章法的改造成功的時候，新穎的感性乃告開發。我們或許可以承認，雖然文學的主題不得翻新發明，人類的感性卻可以拓展加深，當我們重覆傳統一再出現的主題，我們抱著一個信心，我們必能為那主題提供更深刻的了解和廣大的詮釋……」

這一段話說得對極了。歸納而言：現代散文新貌建立的原則；是在以現代語言為基礎再加上適度的古典精美與歐化（西而化之的）的重新熔鑄。在此，詩人們以其豐美想像與精鍊筆觸延伸進入散文領域應是事半功倍的順利。現代散文新貌已逐漸明朗，不再是那些湯湯水水鬆鬆垮垮的「背影」，「荷塘月色」之類。我們已可欣見有多種新貌的呈現，如詩化散文的精美（洛夫、余光中、楊牧等），哲理的堅實（王鼎鈞等）、感性的委婉（白辛、張秀亞、琦君等），以及以古典詞彙與現代新詞揉合創造新力華采的欒蘅君（好像使用還一直停在批評分析方面）。相信假以時日，在此自由創作的天地裏必能走出一條嶄新的路來。

最後說我這篇陋文，就前述四類新貌來說都有點像而又都不像，對！套句余光中的話：「與其要我寫得像散文或是像小說，還不如讓我寫得像——自己」。我就是四不像，其願勉力追隨各位驊騮騏驥之後向前！

原載幼獅文藝三一六期（一九八〇・四）

社會變革下兩性情愛的省思

——析評李昂的〈貓咪與情人〉

藝術分析

李昂的這一篇小說，七十三年刊載於中國時報，全文只有四千二百字左右，而精簡的形式中卻蘊含著深密可供省思的內涵。

手法藝術方面，以「貓咪」與「情人」對比顯示，屬於主從錯綜；但又藉著主從兩線成份的幾乎相等，顯示貓咪與情人的特性有如一體之兩面。一開始即已顯示情勢，兩者並列，並以複疊句「回去後，究竟是貓咪不在了，還是情人不在？或是貓咪與情人都不在，還是貓咪與情人俱在？」表現生活懸念的中心，而在結尾時三度出現複疊，前後呼應，強化了懸念的深切深重。

二節之後：「貓咪顯然確定自己會回來，因而當發現不再有魚等待著，便自憐的坐著咪咪叫的這個姿影，沒來由的在心中引發一陣顫慄的感動。」其中「便自憐的坐著咪咪叫的這個姿影」像是日本句法，很特殊。四節中：「然而仍不可得」以及結句「而他來的時候仍何其短暫」，以短句形成切頓，與前後表現怨尤的段落形成對比，加強了感受。五節出現細密的分析，情人客觀地將去留由主角決定——又使主角能感到他確有一點虧欠，虧欠不致多到有所行動——不會強要主角走——但若是真走他又不會挽留。這種迴旋、層疊的句法很深密。第五節結尾連用了六個「過了」又以層疊句法造成了作品強勢的張力。

人物祇有兩人一貓，情節並不繁複，對話多是包容在敘寫中的轉述，並未設計單列，事件單純，全篇多屬形容與感覺，所以，它是一篇「小說體的散文」。

心理成份

主角喜歡貓咪就為著那難以降服、始終不會真心馴從人類規律的野性；喜歡情人也是如此，聰慧迷人而具有著社會公認的成就，卻為著種種原因不能給出任何許諾。貓咪與情人之所以吸引主角喜愛牽繫，就在於這份出色、不羈的特性，主角的心理不僅是為新奇；另有著接受挑戰考驗，改變降服對方的潛意識，這種潛意識也基於人類要求表現的渴欲，隱隱包孕著為一己謀求成就感的企圖。同時，正因為情人是出色的人才，必然是眾多異性青睞的對象，不是人棄我取而是人取我取，猶然帶著可以滿足人性爭勝的成份。

而人性總是得寸進尺自私的，開始時不僅情人不曾給任何許諾；就是主角，或許也因為沒有承諾正好樂得自由無拘，主角在最初也不曾想到自己的心態會有改變。時間長久之後，情人那方面並沒有改變，改變的是主角，她開始患得患失，忮求能永久，最少也得有較長時間與對方廝守。既然改變的是她，平添焦慮不平的當然也就是她，懸望既不能如願，逐漸來考慮結局，或是痛下決心割捨，或是忍受缺憾轉化為更深的真情。但想歸想要做卻難，在明知不可能有什麼改變，而猶然希望著的等待中，「表面上少去風波，內底裏仍然驚濤駭浪。」是主角不安心理的敘寫，多少也是帶著點需求自虐與被虐折磨快感的意味。

三節中「他當初來追逐！」五節中又出現「雖說是他主動來追逐……」由主角與情人相對輕重不勻的現狀來看，這種認定可信度不高，很可能是主角愛面子的心理表徵。篇中雖多有主角對情人的怨尤，但為他所作的說項辯白又常在怨尤指摘之後出現，如第一節的：「知曉他不無真情」、「說他情薄，還有一些道義」，第五節中：「當然得說他不是沒有天良」。這是女子母性寬容的心理，或也可說是不願決裂而自動迴轉的潛意識使然，為求改善而自設台階，想著他的諸般好處，使自己感到值得而平衡，甚至不惜找出自責的理由；如第五節：「但也是明知諸多的不可能，仍然願意深陷其中，如此再要求他，豈不平添惘然。」如此怨尤而又寬容對方的矛盾，其實就是為自己鋪設繼續情愛的藉口。

曾想過把貓咪閹了使牠馴服，但對情人卻是無用，當然這已明知設若情人改變，原本吸引主角的特性同時消失，即使能夠全然擁有，必然有將在日久之後使主角生厭不屑。

主角心理顯示了遠之則怨近之不遜的人性，情愛要求深刻，但與情深同時俱來，同時加深的常是痛苦，苦與樂竟是如此牽連著的一體兩面。

社會變革

現代社會漸變的趨向是：人類以盲目橫決追尋更大的自由，雖然自身是一個家庭養成出來的，成年後卻不願自組一個家庭，害怕家庭的特性有似牢寵，必然會影響到自由的幅度。舊時代原有的家庭倫理與婚姻制度，已在現代人渴望近乎完全自由的心態之下，逐漸經由否定而幾乎摧毀。寧可捨家庭婚姻的歸屬安定而保持自由，顯示舊時代謀慮將來，擔當責任的慣例慣性已然動搖改變。不結婚，不要孩子是怕累贅，不願擔負責任。一般年輕的知識份子，男性儘量遲婚，趁年輕先行享受人生，拖到不能再拖時才考慮；女性方面，絕大多數不甘雌伏，具備學歷能力的，進入到社會去獨立生活，由於曩昔依附男性的情況已然改變，婚姻的需求相對減低，適婚女性們一如男性，普遍的遲婚甚至不婚。社會變革中最具革命性的是女性意識的覺醒與獨立，不再是男性中心家庭的附屬品。戀愛婚姻也由被動而轉為主動，這種心態的轉變，確實大大地減輕了男性責任感沈重的負擔，免得他們因而踟躕逃避。但結果效應的顯示仍是優缺互見，舊時代的父母之命，媒妁之言既已過去，男女結合的軌跡已不再是先結婚然後再慢慢地戀愛，排列組合的新公式是先戀愛後結婚，看來確是尊重當事人自由的合理。但合理並不見得就是合適，現代年輕男女的結合，常常卡在戀愛這一站。儘管社會結構龐大而對象眾多，但自媒婆這一行業式微之後，祇憑當事人自去物色很不容易，工作活動的接觸機會雖比在閨閣之中夢想等待既大且多，但男性們卻又正因為機會很多而不必積極，能拖就拖，即使遲一點也不怕娶不到，眼前要的是異性密友，談戀愛是享受人生，誰也不願縮短或提早結婚結束這般旅程。

戀愛對象的尋求不易，只有戀愛而未能順理成章延伸到婚配，以致產生了現代社會的新階級——

單身貴族

白領階級的單身男女們，有固定的職業，下班後回到空蕩蕩的窩（可能只是一組套房），多數以看電視、錄影帶來排遣餘暇，雖有廚具而常設不用，怕麻煩，更大的理由是一個人吃太寂寞，副作用造成餐館常是客滿生意興隆。當然他（她）們都有社交生活，但無法排除的總是工作、交際之餘，獨處的那一份深沈的寂寞。筆者的一位單身朋友，白天忙碌，到晚上一回到家，先把屋裏的燈和音響都打開，免得寂寞接踵而來，那種孤單的滋味，實不是忙碌就能麻醉逃避得了的。並不排斥婚姻，都在尋求等待，而日子就在尋求、等待之中磋跎過去，婚姻的可能愈來愈難，終至於無奈而放棄。

風氣形成如此而且逐漸擴延的根本癥結是，現代人在心態上逐漸否定往昔奉為圭臬的「上進」。由二個具體例子可見一葉知秋，筆者有一位朋友是新加坡的僑商，擁有規模龐大的企業，想著要把事業交給兒子，不料竟被那位年輕人拒絕。他表示如父親那樣操心慮患實在太累，只願擔任一個普通起碼的小職位，有一份收入能夠生活就行，小職員祇需聽命做好本分工作，而不必去謀慮設計什麼，被動主動的差異是主動雖榮耀但卻辛勞，被動雖然平凡而卻輕鬆。另一例也是一位朋友，遠赴南美做生意，他說那裏的人工低廉，很容易賺錢，困難是工人懶惰，一發工資就罷工，要等到吃喝玩樂，錢用光了再來，所以工資發放的日期由一月一次改為一週一次，甚至再改為三天一次、一天一次。當地工人完全沒有儲蓄觀念，生活當然永遠不得改善，可是他們卻並不羨慕中國僱主，認為如此辛苦操勞擁有財富，反不如他們貧窮而自得其樂。這位朋友在搖頭嘆息之後，也曾說下一句耐人尋味的話：

難道真的是我們錯了嗎？

二十世紀末葉，基於人性尊嚴的樹立，個人自決的原則，這兩種方式本無所謂對錯，問題係在於人類生活中價值觀的改變，傳統留下力爭上游的模式線路，已漸被否定而行人稀落，新觀念也並沒有開創什麼新道路，年輕人只在原地踏步，只要快樂存活就行，事功、名位、權力、財富等等成效，必需竭盡心智辛勞爭取建立的，在他們看來，那是得不償失，苦多樂少，甚至是全然無聊的自找麻煩。

人生線路時原型：追尋——經歷困難——獲得成功，以前常誤認快樂在於成功。現在已知它並不在結尾而就在中段那珍貴的歷程。艱辛努力運作付出的另一面就是可供咀嚼肯定的甜美快樂。進一步也逐漸了解到人生運作永無止休的意義，既是動物就該要不停地動，直到死亡結束為止。原理既屬必須，如果再能擴大能量的揮發，在出生之後死亡之前，轟轟烈烈做它一番，不但與人與己都是好事，而以成就交待自己，快樂的感覺也更將濃烈具體。

真想不到這原本被公認為金科玉律的人生鐵則，到現在竟衍生了另義，被認為是自找麻煩的多餘，究竟是什麼原因使得價值觀整個翻轉？是人生疲乏感的沈重？在快速進展的社會中，出頭、成功日益困難，欲振乏力的沮喪日漸滋長？還是體認到宇宙廣漠而生命無常，所有事功積纍的人類文明，無非是螳臂蛙步可悲的嘲弄，它的本質與意義無非空寥。

果然這種新的價值觀蔓延，在人類世界佔了多數的話，文明進展當然停頓，那，是不是就表示了物極必反的朕兆，不需要另一個冰河期來臨，地球上人類文明的史程已到盡頭，跟著來的就是毀滅？

這已經不只是一葉知秋的始兆先聲，秋意的肅殺已然蔓延籠罩，有識之士隱含焦慮，但是價值觀的逐變，風氣潮流的形成是由於人心，法規與教育也對它束手無策，或許地球上另一種突變能予警醒，但不知這未知的突變要等待到什麼時候！又或許要等到這一新觀念速成的缺失嚴重影響龐沛顯然，在痛定思痛之後再來改弦易轍，到那時候的傷害竟有多大，能否挽救？一切都屬未定之天。

「貓咪與情人」這一篇，篇中的男女主角都屬單身貴族，雙方都各有自我的天地，因著忮求免於孤獨寂寞的原型而尋求情愛的滋潤互慰。很現代的女主角不會「以愛情為生命的全部」，她的對方則較她更為現代。類同於貓的原型「親室不親人」，他之所以會來此，或者真如野貓一碟貓貓魚的需求，如女角所說的是「不能經常到來，來後也無處可去，唯有的地方僅成那一張床，便不能不想到，他為的或只是還能免於付錢的這項行為」，貓咪的「食」

與情人的「性」同屬動物原型，那真是十分現實，文中女角自我解嘲，說出雖然他來為的是做愛的發洩平衡，但仍不無「由此連帶引發出來的一點情感」。感覺到現實人世冷意盎然的無奈，慨嘆著「這世上也許無所謂真情，有的只是相關條件下互動的關係，牽了實質生活的一根線的一端，觸動了另一端的心弦——世上有的，或就是這一點點連帶的情感！」

情人的自辯：「我就是這樣子，說我沒有感情，我是沒有凡事感動不已的情感！」這是實話，現實人世的人際關係越來越淡越冷，使得生活於其中的人不敢主動付出，久而久之就成了克制熱情，冷凝心面的習慣。那是生活於現代適應的必需，否則，付出熱情，換來冷淡，是任誰也受不了，划不來的。

現實人生把人磨得只求獲得而嗇於付出，又逐漸延展使人只求被愛而不敢、不願去愛人，而連情感履行的方式也改了，不是單一而是輻射，誠如主角所言：「有的就是那麼一點感情，還要依這個大千世界所需，普渡眾人的散化到諸親友好身上，剩下的，就是那麼一點，如何都再逼不出多一絲一毫！」

這一篇顯示的時代背景正是我們現代人所身處的時代，優缺互見而缺重於優，少有安定、快樂，多有焦慮、克制的現代，短短的一篇，敘述已令讀者沉重，而篇中所顯示社會變革的寒涼，又如鏜然響起的鐘叩，使人心驚。

人性原型

短小篇章之中，儘多有屬於人性、人生原型的表現。

儘管男女兩人已有共識，尊重時代風尚，不要求對方許諾些什麼，只要在各自倦飛，返回到這處窩巢的短暫時光裏，廝守相互付出互慰互補就好。而這種心照不宣的約定俗成並不能維持永久，日久之後，在女子逐漸肯定重視這份感情之後，兩人的位置已因心態的改變而互易。男子由追求的主動改變為被動接受，女子由被動的被追求改變為主動的付與和患得患失。這是遠之則怨，近則不遜的人性原型，原來並不奢求的，已在情愛肯定執著之後改變，她的瀟灑矜持不再，甚至「為了要能見到他，只好讓自己的時間永遠處於真空狀態，隨時能接納他，不管是任何時刻的一分一秒。」她原本擁有的平等地位已失，所以承受痛苦的當然也是她。

像是男女仍難平等，重視情愛的比率仍是女多於男，為著情愛寧願失去原來的平等灑脫，顯示了女性柔細重情的人性原型。怨尤他來時的不定與短暫，想著要他能多留一點時間，這是得寸進尺的人性自私，有了患得患失的心態之後，甚至來設計長久佔有他的方法：「這才明瞭到原先最不曾在意的所謂世俗儀規，比如家庭、妻子的名份、小孩，樣樣才真是具備了對恒久的許諾。這些也許在某些方面阻礙了他，使他殘缺，但卻可能如同閹割之於貓咪，方是真正有效的牽繫。」

這本是女子原本尊重對方自由所不屑為的，如今竟要起意違背原則一試，明知情人在被佔有之後一如閹貓，非僅他自身萎縮平凡，同時在失去了原本的野性吸引之後，或將難免被自己厭棄。而竟也祇顧眼前不思慮將來，除了人性的自私盲目之外，情愛佔有又復具備著毀滅性的原型。

愛情並不是單純得毫無條件的，如同「金瓶梅」中西門慶五項優點之一的「閒」，即是必備之一，篇中主角最缺乏的也在此。「我最不能給的，就是時間，情人常說，而情愛最需要的，就是時間。」雖然情愛滋潤平衡的需要使兩人相互吸引，常能有著「金風玉露一相逢，便勝卻人間無數」的相會，但卻又苦於兩人的時間受制於現實不能配合。這是不得圓滿、無奈的缺口。

篇中顯示人生疲乏感沈重，主角忮求能有人或貓為伴，能有寧靜相依，籍以平衡，紓解疲乏的機會：「所要求的也只是能多留住一點時間，能盤蜷在沙發上為人作伴，能擁在膝上任人撫摸，看著窗外的陽光一寸寸移過院落，看園裏的花草在沈靜中花開花落！」等的是對一隻貓的希望，當然同時也正是對「人在江湖，身不由己」情人的切望。之所以迫切，是由於女角對人生疲乏感的沈重。現代社會勞心者為著要求勝任工作，肯定突破自我，心智運作的付出永無止境，相對而生的疲乏，比起只需聽命行事的勞力者既大且重。勞心者的社會地位看來雖已勞力者高，但在得失互見另面的顯示，因主動而生的疲乏沮喪的負擔，卻又不如勞力者那樣輕鬆，主動不如被動，大腦思慮不如小腦運動，數千年來古今文明，人生之理莫非如此。由此，或許正印證了前述現代人心態觀念的改變，不願擔任為主動設計推動者，寧願做一個聽命的基層人員，不願付出寧願受施，癥結的形成，或許就與人生疲乏的沈重，忮求逃避困難有關吧！

正如叔本華馬克白所云：人生往來於表現追尋與寧靜需求之間，一如擺盪在痛苦與厭倦之間的鐘擺。

柏拉圖曾創「形圓性全」之說，認為每一個人都只是一個半圓，在這世界上，一定有另一位異性的半圓存在著，而兩個半圓分別在追尋著最為切合的另一半，設若天幸果然找到，那就是「形圓性全」，人生最大的愉悅安慰在此。只是天地不全，人生絕無十全，形圓形全只如海市蜃樓，存在於人類的理想嚮往之中，可以懸望，或是籍著這希望稍減平衡現實痛苦！十二重樓月自明，那空中的樓閣原本就是不能妄求實現擁有的。個人孤伶伶地來到人世，最後必將孤零離去。「孤獨感」本是人類生命的原型，儘管追尋熱切，希望找到相知真切的另一半來相依慰助，用以來袪除孤獨，但人海茫茫，人生不全，知己難遇，又常失之交臂，即使遇到了可以相互吸引形似差近的，常又會因著環境的限制或人性刺蝟原型的刺痛而不夠理想，就如本篇之中所述的一對這樣。設若形似差近果然接近圓滿，但又必然影響到兩人的事功表現，溫柔之鄉又常是事業停廢，人生侘傺的所在，如浮生六記中的三白、芸娘的恩愛相知，到頭來仍難免芸娘早死，中道乖離，孤零的三白再難振作，飄泊江湖，落魄以終。

篇中顯示，主角已然警覺到這份情愛的殘缺，但在決然斷絕之前又不無戀戀，明知蹉跎終非善計，但能有殘缺總比全然空無要好。末段所述，她孤身一人去遊歷世界，經歷歷史文明：「走過人類的七千年日月風雲，走過人類七千年悲歡離合……」古典與現代相參，曩昔的陳跡與現代的進步或畸形：「羅浮宮金碧燦然，大英博物館可見全人類的足跡，希臘的黃金比律有不變的優雅，米蓋朗基羅的大衛像依舊是力與美，月光下的威尼斯像個令人心碎的幻夢，紐約蘇和區有最前衛的表演藝術……」而她心裏懸念的仍是一人一貓，念茲在茲的仍只是屬於她個人祛除孤獨感的渴求。

她仍將在不全的人生之中，帶著感傷與不快樂去賡續尋求，人類生命命定的嘲弄已是如此。屬於她個人的感覺，也正是讀者易於引發同感的共鳴愴然。

原載於一九八八年二月三日台灣新聞報西子灣副刊

只緣會心不辭功

——朱隆興譯小川未明成人童話評序

多年前，在師大人文中心推廣班的課程，初識朱隆興，一位有志研究、寫作的素樸的教育從業人員。儘管想像功能與修辭鮮活或將稍遜於青年們，但猶有過之的勤力耐力又必然可補。師生相處：學生們的表現，才情與工力看似涇渭殊途，教者難免因性之所近而有偏愛。但在長年的經歷之後，終於也了解到才情工力本是一體兩面，才情之風發固需工力促成；而工力的顯示，其中必然也具備著才情。

隆興選定了他的志業，開始來跋涉譯述之途。小川未明對我陌生，但在看了譯作之後立刻驚異，我為他充盈在文中的那一份悲憫深深感動。經過推薦，隆興的譯作開始在報章發表，有了可以公諸同好的園地，隆興更加努力耕耘。而現實的世事又常多變，編者換人了，口味也改了，他的譯稿被退，來告訴我。當時我曾為此扼腕激動，沒想到竟是他倒過來安慰我：「老師！沒關係，我再去試投別家。」其後他的譯作屢行屢仆，迄今猶未能得安定。他的譯述之途孤寂暗長，曙光遙遠熹微，坎坷已多；而小川未明的文學精靈隨著他飄泊，竟然至今也還找不到一處棲息。

但充具堅毅心志的譯者從未沮喪，他仍在一直堅持著躓踣前行，這已是在學生群中少見而可貴的了。難得的還有另一樁：他在每次發表之後總就寄來給我，除卻浸潤原著美善意識的享受之外；使我還能感受到隆興的注重倫理，在今炎涼世態，如我這種「為人作嫁」的人之患，感覺日益空寥的時候，如此的回饋，使我在安慰之餘，更能形成我益勵前操，賡續付出的一份動力之源吧！

有關小川未明的析介已無須我置喙，我所要說的兩項：一是新時代文學的走向，必應注重於人類「良知的喚醒與再開發」。小川未明的成人童話，於自然平實之中寓以悲憫美善，意識指向，正可為堅持文學正途的我們作為里程。其次，譯者致力於此，既無名利忮求，究竟是什麼力量促使他萃力於斯？我以為那是一份「會心」的感通，是譯者由譯述認知了早在三十一年前即已辭世的作者，並且通過了譯述，進入了作者的內心世界。在此譯作之中，作者與譯者的意念已然接近甚至切合，這該是比「每有會意，輒欣然忘食」更為可慰可貴的一種再創造，難怪隆興要決定以此為他畢生的志業。浩淼宇宙中數十年短促回味的人生，隆興的「我找到了」，值得為他慶幸，也相信通過譯述，再能有更多的素心人獲此感通的。

如我所說：「生命是痛苦的堅持」，際茲隆興君的第一本譯作出版，謹以此為勉。基於痛苦與歡樂的相生之理，相信他必能在艱苦孤寂的譯述路途之中，獲致到心靈中充盈了悟的歡愉而不悔，也更能形成為支持他繼續再進的動力。然則坎坷與暗黑也終將過去，通衢的快意馳騁，或將在他的勤持之後，終能出現吧！

是為序。

一九九三，十、三於台北

漢藝色研版小川未明著、朱隆興譯《紅蠟燭和美人魚》評序

「十八集」序

儘管我與耕莘多年的關係過從甚密，但自一九九三年八月以後的一年之中，身在異國，國內的各種文教活動自然是被切斷了的。而為何竟在回國不久，只憑白靈的一通電話，就又使我心甘情願地前來奉獻？

也許就要在經歷了那種雪花紛飛的刻骨鄉愁之後，返回溫潤家園的血脈才會知足而流動；抑或是在久久的語文扞格之後，特別渴望重溫那一份同文同種，斯土斯民的親切；更或許是我自己深知，那誤置在魏的客將廉頗，屬於他「思用趙人」的情懷，竟已穿透時空，躍動在我的胸中……。

返國不久，就已決定了「全盤付出」。

四十年的教學生涯倏忽掠過，瞿然驚覺於暮色蒼茫。這文的結尾處，無論是句點或是刪節……在我，都將虔誠從事。用誌我對課程的忠愛；對眾多青年們的師友情誼；以及，對我自己永難忘懷的那些創痛酷烈……。

在這種心態下與這一班青年們相處了十二週，感覺竟然能超出滿意。原該是曲終人散，江上峰青的，又商量好賡續，雜貨店裡的貨品一件件往外搬，也罷，就算是結束營業之前的出清存貨吧！既已是全盤付出，我又何吝，我又何辭？

十八集者，十八青年創作之跡也，六男十二女采姿各異的彙集。無論是今日裡一室相聚的磋摩效應；或是嗣後「江闊雲低」中的回顧檢查；更許是「白頭僧廬」展卷摩娑的憶念空寥，這都是你（妳）所堅持創作之途的里程。盼望持續，從夜色黯黑的初行走向晨曦清清，走向有陽光亮燦，足可交代一己的那一片文藝夢土。

是為序！

耕莘青年寫作會「旦兮」新三卷三期一九九五・四

翹首天南看五新

——評介九十年代五位散文新銳

一、唐　捐

《法華經・普門品》云「福不唐捐」，成語中有「功不唐捐」。直到讀過他的〈在山林〉、〈脫身〉兩篇之後，隱約可知他所捨棄的，或就是已然過去、而卻又念茲在茲的那片山林。

筍農的特殊經歷形成為他新穎深切的鄉土風貌，但筆觸卻又與鄉土的素樸大不同。唐捐的文字詩化而精緻，形容、譬喻功能新力。抽樣如：「山裡的日子像落葉一般，悄然滑向地面」（《中央副刊》一九九一・一・三），準確傳達了時日輕忽而過的驚詫。「挑出一把柴刀，猛然砍向筍的底部，一種清脆的聲響從刀口傳出，那些縱橫如蔓的雨絲，彷彿也被刀鋒砍斷，七零八落地濺向臉龐，我品味著這股窮極復生的氣力，覺得自己穿上一件嶄新的肉體。山林耗去我的體能，又把新的能量輸入我的身體，通過那明快的聲色」（《中華副刊》一九九六・一〇・二八）這一段音響、動作、感覺兼具，果然明快，力的貫足，蛻變的感覺自信滿盈，著力鮮活。「整座山林是一架故障的鋼琴，雨滴像千萬隻指頭紛然齊下，彈奏出各種奇奇怪怪的聲音。」（同前引）此處的重點不在聲而在形，重在千指萬指詩化形容的繁複之美。「看到烏雲肥胖得快要站不住腳，幾棵檳榔樹輕輕搖曳，巨大的葉片在梳理沈重的天色，終於梳出細雨絲絲」（《聯合副刊》一九九四・九・二二～二三），擬人手法可比張愛玲的「看著一朵朵小白花在水底胖起來」（《怨女》而不遑多讓，其想像又如「數峰清苦，商略黃昏雨」的妥貼。

而較之形容、譬喻更能予人以深思的是那一份細密的感覺，如〈脫身〉中的：「澗水摩過岩壁，投入險湍，倉皇滑向長滿水草的淺灘。」（《中華副刊》一九九六・一〇・二八）是在山林靜夜，飄搖燈火中的聽覺，擬人的感覺想像，介乎怖慄與平和之間，動感有力。再如〈暗中〉裡的：「……我將自己心中的黑暗也一起排放出去了。心中出來的黑暗最濃、最重、最烈，使室內變得沈穩肅穆……睜目，讓黑暗滌洗眼球……如果沒有光，視域會變得多麼單純。所有事物的表象都不存在，世界只剩下本質，然則黑暗是有助思索的」（《聯合副刊》一九九四・九・二二～二三）這一段使我聯想到魯迅的〈影的告別〉，感覺之深密足可引領進入理念。雖然年輕的唐捐的虛無未若中歲魯迅之沉重，但顯然地他也窺知黑暗有助思索，惟有在沉靜與孤獨之中，始能助長一己成型之理。

唐捐的創作難免有「中（國）文系化」。如〈大規模的沉默〉的結構：虎頭或羊頭第一、論說第二……有如《論語》的學而第一、為政第二……非但是可行，甚且也是一種承接的變化。其後搬出了《集韻》來，當然，那是因為捨不得不用那個古字「璺」（玉破）。而後出現了周清真〈少年游〉的「纖指破新橙」，是由父子分食橙橘，咳聲纖細而來，兩處情境差異很大，筆者覺得不甚妥貼，不無「掉書袋」之嫌。

唐捐善寫音響，如〈大規模的沉默〉中的：「……斷定三十尺外飛濺的瀑布，堅決打在岩上，投入湍流，如撕裂再撕裂的布帛，還原成絲，又在我的耳道裡織成布、織成衣。山澗奔過西南低下處，向湖，聲響嘩嘩如同鐵窗咬碎千萬顆玻璃珠……」（《中央副刊》九三・六・一二），聽覺與想像相揉，龐沛有如白樸〈梧桐雨〉中的：「一會價清呵似翠岩頭一派寒泉瀑，一會價猛呵似繡旗下數面征鼙操。」只不過相較之下，白樸的聽覺抒寫畢竟是平和老舊了一些，不如當代散文新銳的新而有力。

能寫醜感（如〈暗中〉裡父親的肺病），在拿手的細密之外，難能的是又能有剛豪的相濟。如：「有沒有一種大刀，可以斬斷時間的龍足？有沒有一種闊斧，可以劈開空間的頑石？」（《聯合副刊》一九九四・九・二二～二三）。

這位年輕的新銳，通過他多樣采姿的散文藝術，抒發出他的感慨。如：「真希望自己便是一塊石頭，安棲於此，同肌膚細品潭水的親和。然而我畢竟還要呼吸，終要浮出水面，回到日子裡……」（《中央副刊》一九九一・一・三）進而也表徵了他所悟得的人生理念。如：「體力開到了邊際，經常萌生一種從身體中退出來的想像。首先要認定靈魂才是真正的我，形軀只是物質的流轉。感覺是假的，那種彷彿很具體的重或痛都是幻象……」（《中華副刊》一九九六・一〇・二八），部份甚且已然進入到深美的佛理的殿堂，如：「視人間為虛幻，愛惡為執迷，則感官欲可稱罪魁，犬馬聲色實非禍首」（《中央副刊》一九九三・六・一二）。

唐捐了山林，不能唐捐的是血脈經驗，這位新銳明晰地承祧起父母素樸善美的鄉土精神，甘願胼手胝足，此生承擔著肩上的疼痛與胼胝的痛楚：「一生中從沒有這般真切地感到父母的生命正與我的生命緊密接契著，共同仰飲所有悲歡」（《中央副刊》一九九一・一・三）。薪盡火傳，山林雖已日遠，而此後所開展付出的意義，非僅有所承祧更且恣放開闊。如此，因著新銳現在表現的新力與此後可望的層樓更上，以前的唐捐已能無憾。

二、郝譽翔

雖然郝譽翔所發表的散文雖然不多，但卻已能顯示她的風貌。其中以〈窗外〉最能顯示她散文的特色，可是與早年同名的那篇軟性小說大大不同，題材屬於超現實的魔幻想像。這位女作家以男性第一人稱為敘事觀點，開頭即已標明：「多年來，藍英常來到窗外望著我，白日的時候，黑夜的時候，她會突然無聲無息俯在窗櫺上……」（《中央副刊》一九九五・二・二二，以下引文皆同）。這弔詭的「藍英」引起閱讀探究的興味，隨著深濃的抒情感覺發展拼湊，約略可知：「藍英」是敘述者「我的故鄉的少女」，小於敘述者三歲（二十歲的「我」從台北的學校放假歸來時，十七歲的「藍英」來車站相迎）。敘述者在「二十餘歲」時出國，「初到美國的第二年他們寫信來告訴我，藍英被鎮上新開一家工廠的大卡車撞死」。

藍英死時也不過「二十多歲」。人天永訣之後，亡靈「常來到窗外望著我」，迄至敘事者在「久違了二十餘年」之後的哀樂中年重返鄉土，去寺廟裡悼念亡友：「如今眼前這一方小巧的黑色木盒上貼著藍英的照片，照片周圍鑲滾一框黑邊，像是一扇沉重的窗，依然是二十多歲的藍英在窗外對著我淺笑。」

這一篇使得筆者為之激賞的有二：一是與年輕作者不甚相合的那一份深沉的感慨，最能引發感慨（或竟是感傷）殊深的我再三吟味。如：「直至今日歸來，這一路彷彿籠中天竺鼠在慌張踩踏轉輪，而我不知在循環裡將得以歇止何方？」傳達的是生活不由自主的波逐荒謬與人生無奈的悵觸。就算我們還能清醒地認知到循環式生活慣性的荒謬，卻仍是如天竺鼠一般地逃不出牢籠，何其可悲。再如：「我突然很想知道，在他這個年代的小孩心中在想什麼？每一個世代有每一個世代的夢，有一天當他再度回想起小鎮時，或許非常思念的會是卡車駛過時所揚起的一街蒼茫塵土。」臆測小孩以後的心理本就是作者自我心態的投射，是他（她）在戀懷往昔。但筆者卻由這尾句的意象想起了跋涉關山、流浪江湖的風塵漫天，以及顛沛於坎坷人生的苦辛；冰雪凍寒枵腹難熬的掙扎；以及在諸多經歷之後，行過崖緣之後的驚心與感慨。

而較之以上尤為殊勝的是這一篇的氛圍，超現實的陰陽連接素材竟然並無怖慄，作者以真切的憶念之情，以及擔當為感懷深暗底色襯托的物與景兩者相配，構織而成可感的氛圍。物象形容詩化，感覺細密，如寫藍英：「空氣不斷朝我湧動來她溫熱的呼吸，如浪重重環繞舔舐著我的肌膚，轉過頭，她果真還在，黑髮傾下遮去眉眼如飄動的夜幕……然後她卻甚麼也不說，驚人的長髮綿延成窗外無盡的黑暗，爾後飛散入北美洲光亮高遠的星空，穹蒼下的荒野遂俱籠罩在一片死寂的沉默當中。」亡靈乘夜自窗外來訪，溫熱的呼吸如浪舐肌，黑髮飄動綿延入暗，散入現實的北美亮麗星空，籠罩感染使得荒野也為之死寂沉默的是人天眷懷的傷情以及由暗而明，由明再暗的景變氛圍。

氛圍的另一式是憶念與現實交揉而生如夢似幻的弔詭。「悠悠走過雜貨店櫃台前排成一列的糖果罐，太陽由前方照映出繽紛如虹的色彩，糖果甜膩的香味似由罐中溢出，漫於乾燥的空氣間，這聲音這畫面這氣味，彷彿置身於一沈睡已久的遠古。」這是憶念中「老是處在這種昏睡的狀態」的小鎮；是「幾使我誤以為小鎮是我前世未忘的記憶，而藍英也不過是活在遠古年代中一與我緣深的女子」。而二十年之後的現實改變卻是：「多年以後的小鎮已令我難以辨識……明亮的便利商店門。懸掛起促銷熱狗可樂的布條……我不禁開始懷疑起記憶中的小鎮果真來自我的前世。」二十年的屈指堪驚，二十年太大變化的催眠性、使得敘述者不能清明接受，導致產生夢幻或是前世的錯覺。而在文本，同時也構築成有如柳永〈雨霖鈴〉「今宵酒醒何處？楊柳岸曉風殘月」式的迷離氛圍。

有一種衰老破敗的意象藉著今昔對比呈現，中學時代的敘述者是：「記憶猶新的卻是當下那種汗水淋漓的舒暢快感，那像是全身細胞都張大了口在呼吸，在渴求著生命，其實也可說是渴求著文學」。而迄至現在，中年的學院教授卻是：「那種東西卻是深深植入體內，發燒般地痛苦與快樂，然而現在我卻無法解釋那些感動都隱褪到何處了，它們只是無聲無息地消失了，我也從未想去追回，那就好像目睹身上的某一部份在逐日枯萎下去，然後你便不得不承認它已死亡」。使筆者驚異的是廿六歲的作者何以會有如此老化頹敗的憮然。是她週遭人事的感染，還是她慧心預知記事？不管是哪樣，那「我每天在課堂上教授文學，在文學理論的術語中玩弄遊走，卻越來越不知道文學現在與自己有何關聯？」、「而學生的眼中我只是一個邁入中年的、拘謹乏味的教授……多年我坐在臨窗的位置上埋首書堆……然而真正的文學在窗外。」這些片段真正鑑照了我，使我那不願揭示而業已存在的自畫像一下子放大鮮明起來。這裡已不僅是「夕陽無限好，只是近黃昏」的愴懷，而竟是髮白老醜，心身全如落葉一般的感傷。

在結尾，這種生命朽敗的悵觸再度森然出現：「我彷彿是在閱讀一本在窗外掀翻的流動書，或一齣古老的默片，然而其中記錄的卻是我不斷如雪降落，層層加疊覆蓋，然後便消融無跡的過往青春……而窗內的我只是安坐於一方緊閉的空間中一點一滴老去。」精緻深沉的感性充盈，一如鄭愁予〈天涯踏雪記〉的結尾。

所謂雪
即是鳥的前生
所謂天涯
即是踏雪而無

足印的地方。

人生的微渺既如雪泥鴻爪，而每一度在落雪覆蓋之前的留痕又是如許短暫。亙古綿長循環著、賡續著的怕只有那一份天涯敻遼的淒清，以及在空寥認知之後，仍須拉轉心志回頭，孤獨前行的悲壯吧！

三、柯嘉智

柯嘉智的〈普羅米修斯與鷲鷹〉一篇，題材出自神話，是為超現實範疇中超向遠古的舊瓶新釀，筆者稱之為「新釀式散文」。具備有回顧與前瞻兩項效應。

回顧的效應是民族尋根的作用，由神話傳說的溫故認知到民族的原型記憶，通過溫馨或是蒼涼的感受，均有助於民族精神的強化。而前瞻的效應是保留、表現了傳統與鄉土，具備有類似鄉土文學「禮失而求諸野」的效用，激引讀者對傳統與鄉土的回顧省思，用以來調適現代人的生活心態，使能自現實虛妄之中提昇，回歸素樸純真，或是減低、減緩它陷溺的深度與速度。

普羅米修斯為全人類帶來火種，使得人類在出生之後至死亡之前，子宮與墳墓兩皆潮溼陰暗的首尾之間，能有光明與溫暖。活著的忮求光熱與生前死後的潮溼陰暗同是原型（現代人漸多火葬，生活於光熱，終結於最大的一次光明熱烈，看來就是原型也不一定不能改變）。普羅米修斯悲憫眾生，是他為全人類造福，又為全人類承受無盡之苦。他不屬於任何一種氏族，而屬於全人類。柯君在此恣放想像：那頭「從來不遲」、「每當新的肝臟在普羅米修體內長成，我便風馳電掣俯衝而至，撕開他的腹腔，以鉤形長喙挑出兀自燙熱的肝，任嘶喊與哀嚎回響在漠漠荒原上」（《中華副刊》一九九一·九·一〇）的鷲鷹，終於也通過疲憊，而應普羅米修斯「寬廣而寧人」歌聲的召喚，「因他的平和而平和」，一人一鷹，終成為守望相助的與我同行。

悲壯！遂想起我最心儀的刑天，在中國溫厚民族神話中極少有的特出形象。常羊山下，斷頭之後，他以兩乳為眼、肚臍為口，繼續揮舞干戚與君臨大地的人間之王奮戰……神話的意義不在孰勝孰敗的結果，而在「可以毀滅，絕不投降」的人之所以為人的精神、尊嚴的屹立。

人與鷹的自白錯綜排列，修辭強勢，感覺細密而鮮活。如這一篇的開頭：「砭骨的冷風沿峽谷竄流而來，我再度於刀割般的痛楚中醒轉，灼熱的血液從我狼藉的腹腔汩汩而下，或順風勢如雨點飛去，或滑經雙腿自足尖滴落深邃的黝暗谷底。我彷佛在怒嚎的風裡辨出了血滴和土地撞擊所生的低沉聲響，初時我總將這樣的咱答聲響錯當是雨。」

雖然詩化的結尾，宗教禱詞式的稍嫌正面而平凡疏鬆，但可信讀者們仍將在感染省思之後，認同篇中的一人一鷹。一如在經歷八十一難心路歷程之後的吳承恩，他已捨棄了齊天大聖式屈憤伸張的快意，平和的再無感嗟。而四百年來，讀懂了《西遊記》的人，也都已一個個開始他自己的西天之行。

不同於〈普〉篇之重點偏向主題，柯君新力鮮活的文字功能表現在另一篇〈答問〉。抽樣如：「鏡裡鏡外，面面相覷時每每教我無端毛骨悚然——這便是我麼？我飛快瞄了瞄四周，可除了自己沒有旁人呀！我繼續移動手中的小圓鏡，讓鏡像反影在穿衣鏡裡，鏡中的我端詳鏡中的我，有著類近偷窺的顫怖和亢奮。」這一段寫男性水仙症的自戀，帶著點羞澀、擔心私底下所做的隱秘。「毛骨悚然」一句切剖得好，一如小貓在遊戲練習中的自驚自跳。其後再出現：「我用感冒糖漿的空瓶收藏頭皮、指甲屑、指甲周邊角質化的硬皮屑、鼻屎眼脂體垢還有毛髮，我嗅聞著它們在時間的死角默默發散出新鮮的腐敗氣息，即使在好久以後，我終於了解金錢會貶值，物事會壞空，深情會褪色，而再鮮美的身體總要腐朽，所以收藏不過是一項徒增感傷的癖好時，那股氣味仍頑固地典藏在夢境與夢境的摺縫間，同文字一樣撫摸摩過時間的皺紋」（痖弦編，一九九六，頁一九一），雖仍是自戀的延續，而藝術卻更為精緻。自醜感的強力渲染一直到結句，氣味的存在與夢境，文字構組弔詭整合，予人以一種夢寐有無、經驗有無的似真又幻之感。又由此引出了鮮美朽敗、時不我與，千古類通的理念與感性。

〈答問〉中魔幻性的弔詭組合，時能引人驚懼注目。如：「我彷若看見美少年行走霍亂疫區成為一個清潔的風景，原本持握武械的手足撫摩安詳的眠顏——我跟隨中隊一面答數前進、一面回頭張望，他×的就是止不住滾燙的淚意」（同前引，頁一九四）意象出現有如蒙太奇運鏡：生與死、短動與永靜、美好與腐醜在鏡頭的拉引之下迅速連接，原來這一切竟是如此地近、近得一無迴旋，近得一下子徹底了解空寥。真想也罵一句「他×的」。止不住的絕望，又豈只是「滾燙的淚意」而已。

「不同的民族藉著不同的儀式和典禮，象徵個人在群體中身份地位的改變……在克服痛苦恐懼的過程中，童年人格死亡而成年人格於焉新生。當成年社會頻頻向我召喚以繁複的儀禮時，我則藉文字和鏡子藏身於秘密的花園，在扶疏草葉間固執地豢養正一點一點緩緩衰老的童年」（同前引，頁一九二）。看來這位年輕的作家已染有與他黃金歲月不侔的蕭瑟。而當讀到：「仍有醉酒的兵顛倒走來，一雙迷離的眼、一顆破碎的心，手裡攥著一封海那頭女子捎來的抱歉的信」（頁一九五）。是啊！在這「深情會褪色」的時代，多變化的時代，只顧眼前不復遠瞻的新人類，當原本被我們奉為圭臬的一切都已動搖甚且解構，感覺遂如「西犬」小島一樣的荒蕪，而心情之蕭瑟又何能辭？

四、林志豪

看過醫科出身林志豪的四篇散文。〈去找一片楓葉〉其中有他的專業經驗。現實的女體解剖的醜怖與想像的男女交往之美，全然迥異的意象竟然也能整合，儘管弔詭但也還能接受。他以紅楓意象串連情事，有鮮明突兀的譬喻，如：「楓葉便紛紛撲上我身子，集體自殺的血蝶。」（《人間副刊》一九九三・一・二九）作者恣意擴延想像，能有表現深密的孤獨況味：「你曾經將孤獨鑄成鐵錐，一次次刺向自己，直到痛苦的往事都凝成鉛字。」（同前引）。也能有冷靜的原型切剖，如：「我像嗅聞血腥的餓狼，再也扼抑不住嗜殘的本性。」而蒙太奇的連綴有時迅捷得使焦距模糊，只有弔詭組合的魔幻想像予人以強烈感受。如：「她吸乾它們的體液，一定是這樣的，我不發一語，看著她褪去衣物，喀的一聲，她扭下人造左臂，抹除化粧品，暗褐的皮膚赫然呈現一塊塊赭紅的狼瘡。她跨上我漸漸冷凝的上身，她的體味有點像福馬林」（同前引）。

〈尋魂〉可屬尋根文學。神話溫故的開頭之後，有類似〈河殤〉式的批判：「……中國，最難根治的是餓病，人們一路走來，一路吃來，蝗蟲樹皮人肉觀音土，果真中華文化口口相傳，千年不絕，荒饉，吃是為了活命；豐饒，吃是為了進補，補心、補肝、補肺、補腦，特別是——補陽」（《聯合副刊》一九九五・九・一六）。批判性的理念與醫科生的科學性（如：「濃湯裡析出嘌呤、嘧啶、氨基酸以及其它奇怪的分子聚合物……」（同前引））形成這一篇的硬度，而反諷題材先天性的負面是常不免予人以偏激反感，差幸作者猶能以太古想像與感性來柔化僵硬。篇末出現他宇宙循環性的法則：「像無言的頭骨，又像顆欲孵化的巨卵，是它，毀滅了一紀皇朝，又繁茂了一個時代——這是無心，還是有意？」（同前引），以及在探尋、追溯之後，終於發覺宇宙幅員的廣漠不測，宇宙歷史的萬古敻遼，以之與人類數十年必死之生命相較，誠如作者的感慨：「就算化驗我數十年生命，又怎能凝析這一刻淒清？」（同前引）、是呵！這淒情，已不是清真詞中「暗柳啼鴉，單衣佇立」的況味，而真是在荒謬嘲弄認知之後的一份深沉的空寥。

〈天使罐頭〉回到醫科本行，一位為母者對她「流失」的孩子的想像。不夠堅強，只能作男子附庸的女性不能保全她的骨肉。上一輩子，是酗酒暴烈的父親踢掉了母親懷中的小弟；

這一輩子，也是由男方：「聽我說，目前，我們不能有孩子」（《人間副刊》一九九四·四·三～四）的主導，而由女方來委屈順應。寫實題材可使讀者有女性獨立自主不夠的悲憫，甚或是對男性沙文的激憤，而這一篇本身卻並不很激烈，有的是人性切剖情柔的肯定。如：「人，一輩子，只能深深愛過一次。」（同前引），使我想起紀德的：「人生只有一個真正的春天，當春天過去之後的回憶，並不就是新的春天的來臨」。另有為母者對流失的亡靈的想像，想像擁有嬰孩，兒童的溫馨恬美。或許是角度不一，筆者以為：這樣的以想像之美來中和失嬰之母必然應有的歉疚與傷慟，那是得不償失的。

〈夏日時光〉以鄉土人事為題材，憶念親切。有對腦性麻痺患者「阿無哥」的悲憫，有人畜相愛的物我之情。如寫豬：「有次，最肥碩的豬哥突然立起，前腿搭在水泥矮牆上，笑得一臉燦爛……」（《中華副刊》一九九五·九·二六），是少見的形容；也是農家生活的寫照。寫老貓與小貓一段顯示動物原型：「貓娃若沾上人味，怕老貓就將牠們吞了。」（同前引）老貓吃掉小貓不是飢餓，而是太愛，直覺只有把牠的子女吃到肚中才安全——物種遺傳的特性迄今猶在人類行為中透示，如抱著個好可愛的嬰兒，好可愛，真想咬上一口（原型是吃掉，其後進化到能有理性克制，但仍按捺不住原型衝動想咬一口）。

篇中列出鄉土迷信（生病吃香灰符水），終結於今昔不同的愴然，老家能有文明進展；但也同時減褪了原有的真誠與素樸。結尾一句很鬆，但稍前的「雲淡風清，無語問天」的意象確是自然地傳達了一份沉重的無奈之情。

五、鍾怡雯

鍾怡雯是個「異數」。在師大國文系，僑生與外籍生的表現一般都屬平平，只有極少數的出類拔萃，好得甚且超越國內生中的頂尖兒，多年來的眾多女學生裡，鍾怡雯就是這鳳毛麟角的一位。才情卓犖，又能以勤力堅持創作，校內校外，得獎統計已是二位數；進入研究所也使人跌破眼鏡。到現在她又編又寫又研究，看來已是一塊必能有成的料，不但能成，很可能還是大有成。

九十年代崛起的怡雯，前年剛出版她第一本散文結集《河宴》（一九九五），迄今新作不斷。現在就以她最近的作品來進行析介。筆者以為，雖然她的散文創作題材多樣，但主線卻近似沈從文之眷戀湘西，汪曾祺之感懷高郵的京派鄉土文學。當然，她明麗的筆觸是與上述二位老將的素樸全然不同，近似的是題材的趨向。怡雯不能忘懷她僑居地的故鄉，眷戀、悲憫著斯地斯人。特殊的人事記憶，舊時代陰黯的氛圍俱在，如今在遠離懷念之時翻出，有如流螢閃爍、花落隨波，點點片片，所以引人矚目，感動者，無非她的真情。

怡雯的鄉土素材追溯到華人披荊斬棘，開闢斯土的尋根。如〈門〉一篇中的：「矛盾的是，腐朽的政治促成了伊答的誕生——這些早年從民不聊生的土地上出去到南洋賣苦力，嘗盡『豬仔』辛酸的祖先們，在錫礦場和膠林裡流下他們的血淚，卻終究沒有重回那塊遙遠的土地」（鍾怡雯主編，一九九六，頁二八七）。儘管作者在〈禁忌與秘方〉一篇中屢述移民們的環境是：「黃昏未走……一隻貓頭鷹徐徐降落在對面的枯樹上，蚊蟲和飛蛾漫無章法的亂飛」（同前引，頁二八〇）。生活的迷信落後如治哮喘病的偏方是：「養一窩肥胖白老鼠，乘小東西未睜眼之際，讓孩子生吞」（同前引）；搽面水粉的用水「一定要用七月初七的清水」（頁二八一）；「過夜的白衣服是會被做『降頭』的咧！快收快收，在胯下過三下，這樣鬼就會衰，邪術也害不到你了。」（頁二八一）；「憑一個女孩握筷子的高低，就能斷定她未來婆家的遠近」（頁二八二）；跌倒流血：「老奶奶第一個反應就是沾點口水往傷口上抹」（頁二八二）。儘管如此，仍不減它的素樸與純真。而作者念茲在茲的仍在於這一脈血源根屬，甚且恍悟到：「我無法解釋跨出門檻的關鍵究竟是什麼？如今想來，理由似乎很簡單：一種對過去的不滿而衍生的叛變」（頁二八七），屬於她的叛變動力，本就是源自於飄洋過海移民精神血脈的承祧。

眷戀、悲憫著斯土斯民，她的表現手法繁複多變，如在〈可能的地圖〉一篇之中，分別以物、人、景三種角度抒寫：

「磨茶的杵條是茶湯的靈魂，質材一定要是老番石榴的樹幹……那是聚落的泥土長成的蕃石榴樹幹磨出來的上好杵子，因而它繫聯出生和成長的兩塊土地，標誌著時代命定的流離。」（物象）（頁二七五）

「從他們那個流離戰亂時代逃出來的長輩，都有這一種艱苦的生活教育出來的平實氣質，如祖父和這一路萍遇的老人家，都有這麼一種本份得近乎木訥的表情。」（人物）（頁二七六）

「我走到一家晾滿衣服的院子前，洗衣粉的味道隨風撲鼻，尿布上猶有略黃的尿跡，屋後一口廢井引起我的好奇，祖父的記憶反反覆覆出現一口意象紛繁，角色多歧的井水，井水和那時代的生活剪貼糾結。……井水從此揉合了極端的愛與恨，那裡面有母愛的溫馨，共患難的手足之情，以及歷史的慘痛印記……。」（景與情）（頁二七七）

題材、意識之後，必須介紹她精緻、深密的藝術。如在〈漸漸死去的房間〉一篇裡的：「那混濁而龐大的氣味，像一大群低飛的昏鴉，盤踞在大宅那個幽暗、瘟神一般的角落。斑駁的木板隔出陰暗的房間，在大宅的後方，寬敞廚房的西南隅，它偏離大家活動的中心，瑟縮於沒有陽光眷顧的所在，彷彿在等待一種低調而哀傷的詮釋」（頁二八九），這是篇首，形容困於老病、黏稠的污穢與痛苦中的曾祖母，在這漸漸死去的房間裡漸漸死去，景物敘寫的陰暗深沉構織成瀕死氛圍的森黑色調與腐朽氣息，予人以極強烈的感受。

再如：「房外窗邊，是一排蓊鬱的白茉莉，花開的時候，整個房子充滿了說不出來的憂鬱。茉莉花香很努力地抗拒腐朽的死亡，至於憂鬱，是甜美的生命與死亡妥協之後的情緒」（頁二九〇），這一段擬人想像深密，窗外植物的生之香美與室內老婦瀕死的朽腐對比，整合而生憂鬱的情緒，感染到白茉莉也竟然「蓊鬱」。

將近結尾時寫出：「在我的夢裡，她（滿姑）和曾祖母的角色時常混淆，兩人的話語都帶著難以確認的游移，連串的辭彙無法凝聚，星散在無垠的黑夜裡」（頁二九三）。老死的曾祖母與堅忍、沉默滿姑的往事在憶念裡縈迴，由於底色同屬沉暗，或是朽敗得與作者稚嫩生命太大的不倖，以致常易「混淆」。雖然如此，篇中一生一死的兩位舊時代女子，仍然一直存活在作者的懷想之中，並能使她在悲憫與崇敬湧發之際，以「再痛一次」的方式抒寫出來。

不但是藉景抒情的能手，她的感覺敘寫也能清新鮮活。如〈門〉一篇中的：「我是一潭止水，沒有落葉、微風、雲影和漣漪殷勤的造訪」（頁二八六），當然她絕不是只靠文字功能，最為自然的該是在寫景，感覺之後出現的感觸。如〈門〉中的：「涼快的夏夜，金黃的月光從頭上潑下來，牆腳下伏著一隻肥碩的大蟋蟀，牠昂著頭，蜷曲著前腿，一動不動，踩在一大片開著星狀小花的籐蘿影上。這些景物亦真亦假，它確實是此刻的夏夜美景，但是，它也是一座逸樂宮殿，它的美好同時令人忘卻了現實的缺陷」（頁二八六～二八七）。由美好的夜景與蟲影轉折到似真又幻的迷離，聯想到人性脆弱，常在逸樂中耽溺而不願回轉到缺陷的現實，使人想到《三國演義》中織蓆販履出身的劉備，當東吳在美人計失敗之後，賡續使出最厲害的一招，以安富尊榮的豪奢享受來羈縻英雄心志，他也曾中計，也曾經耽溺，但英雄畢竟是英雄，是他不甘平凡的決志與克服艱困的慣性，召喚他回頭，捨棄逸安，返回荊州會合他的弟兄部眾上馬拚命。

六、結　語

在怡雯最近的作品〈茶樓〉中，再度品索到她的鄉土情懷與筆觸的新力。〈傷〉一篇尤見修辭之夭矯魅艷，屬於她的進展無限，大可拭目以待。

〈翹首天南看五新〉，原本想用「五星」，但考慮會和什麼旗幟之名相似，雅不欲使讀者們橫生錯覺，改了！深入去探究九十年代五位新銳，他（她）們的年齡都猶未而立，而才情之豐美已能使我不止是欣喜而且是敬佩。更好的感覺是文中的感情、理念多有與我會通，那一份「不孤」的感覺十分可慰。

五位之中有三位出身於中（國）文學系，這使我終於出了一口惡氣：「中（國）文學系出不了作家！」這是十多年前，一位稍有詩名的女生對著我說的，當時我雖大不以為然，但苦的卻是耕耘的收穫未成，直到如今，我總算可以根據統計來否定此說了，不亦快哉！

對五位新銳，還有什麼建議嗎？有的。我意料未來的散文主流必應是：「現代詞語、古典承祧、域外移植」三線的揉合。五位新銳的精緻風貌已能符合反動五四平淺文風的新樣，建議就以上三項再行進展。現代詞語的創建與使用，如樂蘅軍教授《意志與命運・自序》中出現的「裸赤」、「宰活」、「奇警」、「典重」、「咳吐」、「生糙」、「極化」等，必應拓展；傳統的古典菁華（包括創作手法）的承祧使用，理當研究，移來新文藝領域繼續發皇、採擷域外佳妙的手法移植我國，雖然不易為，但卻必應為。

此番看的是天南五新，當然在今後還有更多的新星昇起，仗著五新給我的信心，中國新文學史中，散文之頁的煌燦已可預見。

原載於一九九七年三月「國文天地」一四二期

焦慮的紓解

——羅位育《貓吃魚的夢》評序

一、俏皮頭兒

感覺上，對一位業已結集出版多冊（雖然是沒進到二位數）的創作者言，稱之為「新銳」，顯然是把他給看「小」了；而當他是什麼「老將」、「宿儒」之類的又屬不倖。所以，可以斟酌授予的封號（非諡號），應該是「中堅分子」沒錯。

這是羅位育，在我矚目之中，一直持續著進展的少數創作者之一。

他的作品極具實驗性，看文字沒問題：要是探究內涵意識嘛，那就準是「青蛙跳水」（噗通！不懂！）記得曾在研究所課堂討論他的〈及時行樂〉，眾多準博士、準碩士眾說紛紜，好像沒有什麼「交集」或「共識」；而作者知道之後一定會很樂：「看吧！管叫你們暈頭轉向，丈二金剛摸不著腦袋，憑我哪能被你們一眼看穿，那還了得！」

他出的書都給我一本（好像是這樣），他又要出書了（我書架上還有點空間），居然要我寫點什麼（不好了！），而他又明知我是他少數幾個可以對之「撒賴」者之一，我知道他知道（唉！這就是人之患的「患」吧！）。

二、水面風光

若說作者是一條河流，而澗溪河江又自有別，屬於他的這一條雖非什麼滾滾大江，但也已是一條活水源頭充足，蜿蜒向前，必能歸匯入海的長河。長河的水面靜景秀麗，而蔚藍的水面之下卻是深沉。

先看水面風光：

首先的印象是想像豐奇，如〈說痛字〉中的割破了手指的想像：「手指為何不在緊要關頭變成木頭？這個願望可能一輩子之內都無法實現，也許沒有神經的木頭也有它想成為血肉的願望。」在前是聯想，後一句是反過來的聯想，真絕！再如〈升天〉中的：「手掌如魚一般游入阿咩的衣襟之內，讓阿咩的胸膛從流著熱汗而至汗冷，而出冷汗，然後男友津津有味地吸吮潮潤的手指。」這是一種層進式的深密。又如〈恭大喜〉中的：「手拱著說：『李伯伯、李媽媽，恭大喜、恭大喜！』心裏卻又想著：『這姿勢好像松鼠捧松果似的。』」對！就是這副糗像，只是要面子的都不幹自嘲的事，偏就有這個羅位育把它給掀出來。掀出來也就會覺得沒什麼不好。我們既無法奈何生命的荒謬嘲弄，那就來自嘲一番，至少不失為一種螳臂當車的抗議吧！（自嘲也曾在〈男儐相一鞠躬〉中出現：「因為咱們的女友還在括弧和問號中求證，想要嚼是非，只能由過眼女子軀肉各部分取綽號，頂多再加唱一段〈鳳陽花鼓〉

來自得其樂——我命苦、一生一世……」）

作為創作表象基本的是譬喻與形容功能，位育的兩項表現都不差。前者如〈清燉牛肉麵〉中的：「這雨聲聽來像小孩生氣跺腳。」〈恭大喜〉中的：「真的敢拚上犯惡的神通人物，大都飛簷走壁、膽大如虎豹財狼，我是護著五臟六腑過日子、膽小如唯唯諾諾的蟑螂。」兩處譬喻，新穎靈動。後者如：「她母親在線上那一端回應，聲音有禮而冰（聽了令人尿急，卻又無現代馬桶可蹲）。」（〈好事成不成〉）如：「……旗袍被撐緊了，反而像是新生出來的皮膚。」（〈恭大喜〉）他的形容並不繁複，卻常能一針見血恰到好處。

一般中（國）文系出身的難免會「中（國）文系化」，他是一個例外，偶然會出現一些他所熟知的慣性。如：「這位阿螺頗識情感『之無』的，所不知道的是，她會對我這位情感『蒼頭』批下多少分數呢？」（〈去玩翘翘板好不好〉）「男人得要在床上為女友找個好方位，以利兩人情愛的風水『永世其昌』。」（〈位〉）「那麼我們這群良男只好拚命背誦曹操〈短歌行〉的『月明星稀、烏鵲南飛，繞樹三匝，無枝可依』來澆情愁欲想。」（〈男儐相一鞠躬〉）「這是說正經的，『唯天知之』。」（〈削皮活兒〉）以上所舉，卻也是鳳毛麟角，不多到「掉書袋」的地步。此人他既無學院陋儒之酸，又更無學院腐儒之臭，相反的在篇章之中還多有他反諷的清新。如：「真該雙手合十感謝大學老師把我推出他們的佛手之外……」（〈搖屁股的男人〉）如〈中風〉一篇對「五十歲的大學教授兼文化學者」楊則操的反諷。如〈恭大喜〉中的：「我們這位新郎是真的在大學內呼知識的風，喚學術的雨。」

三、河深淺測

內涵的指向大多是「人生」，而在「人性」方面也並非沒有。寫人類原型「食」的抽樣如：「只要是剖面的西瓜甜香出來，蒼蠅就會撲過去的，這是天意。」（〈地球繞著太陽公轉〉）「剛才我專心吮她的食指，有些像貪啃雞腿……。」（〈好事成不成〉）寫原型「色」的情色成分在〈猴子知道屁股紅〉、〈搖屁股的男人〉、〈中風〉、〈好事成不成〉等篇中所在多有。原型的顯露是為世紀末文學普遍的風尚，羅位育未能免俗，貴在他知所節制，「食」的一環著墨不多；而「色」的作用也止於包裝式的媒體。

形成他內涵主體的是世紀末的人生表徵：

首先是「現實」，本應是人性原型，而今浮現為人生社會中的共相。如「其實，只要她甭看我口袋，我就救命了！」（〈雙眼皮的甜蜜蜜〉）「我很想提醒他乾脆把《西遊記》賣給舊書攤賺些小零錢吃臭豆腐算了。」（〈像貓吃魚一樣自然〉），現實指向回歸到「食」的原型）「若說床左之位，卻女友的耳及手都挨近電話，如果有人好心來電，欲相告世界末日來臨之期，墓穴大賤賣，女友卻比男人早一步接到電話，就比男人早一些思索逃命的路線，男人可有點吃虧了。」（〈位〉）「不過，我只是冷著心腸說：『噯！撈錢快樂。』」（〈削皮活兒〉）「我尚未闢什麼話題來攀女儐相的微笑和善意，女儐相就問我在哪兒高就？」（〈恭大喜〉）以上所列的。或是對話，看起來除了諧趣之外一切正常，這是因為原本藏在骨子裏見不得人的「現實」，如今早已堂而皇之翻上了口耳顏面，早已由十九層地獄的聻鬼驟升為三十三天的上仙，既已不怪，當然不會見怪而怪。

其次是錯置與乏力感，錯置（不得其所，或人際關係不合）是人生常見的痛苦，而乏力感卻是世紀末的特產。前者如：「中年漢子說他是大丹狗的監護人，為怕有心人陷害，他每餐必先試吃，而大丹狗未必喜好狗食，牠的美食其實是街上無家可歸的野狗。」（〈「殺手」生意〉）在此是人與狗的錯置，而人與人的錯置亦復如此：同性之間的爾虞我詐，異性之間的朝夕生變，人生錯置之悲自被王國維揭示以來，就已列名三大痛苦之一（另二是盲目運命、暴君統治）。後者乏力感如〈上桌遊戲〉中結婚鬧場的始盛終衰，「抱新娘的力氣勉強不來」。其實何止是這個，世紀末的人們泰半蒼白貧血而乏力，之所以使不出力來的原因：一是牽涉太多，找不到一拳頭就能奏效的那一處；另一是有心使力者不多，即使有心也因長久麻木的慣性使不出力來。

四、渦漩所在

形成本書骨幹的一條鏈索是：世紀末的不安——死亡灰敗的陰影——頑皮（無所謂）的鬆結。

首鏈的顯示如：

「就在這日時辰終結之後，我和阿螺必要抿唇分手了……」（〈去玩翹翹板好不好〉，男女關係的說不準。）

「和阿螺分手兩個月後，有一天半夜阿螺的密友撥了通電話給我，當時，我正準備躺床上，向老天祈求作個連鴛鴦也會臉紅的色夢，阿螺的密友字正腔圓地說：那個娶她的男人早在我之先就吻過阿螺的唇了……」（〈地球繞著太陽公轉〉，真相的揭示常是不堪，所謂的誠信互守全是落伍而早已歸檔的玩意。）

「我扭開收音機新聞網來聽聽家國瑣事，咦！好像幾處火災幾回兇殺，國際上又有人挨餓喊救命。」（〈爬蟲小天使〉，使人不安的末世縮影。）

「……白首偕老的機會渺茫，為什麼？連我也不明白所以，難道因為她懂得先送柔舌入我口腔，也由於吻得太老練了，相當油條，這式吻法不容易讓情愛直達天荒地老。」（〈好事成不成〉，情愛因警覺而冷卻，一開始即已有惴惴不安。）

中鏈的死亡意象，突兀醒目，常在日常生活敘寫、甚或是柔情歡愛之際冷然翻出，在集中所在多有，抽樣如：

「……妳稍不留神，有可能被鏽鐵刮傷利血，倒楣的肉軀會讓臭腐的細菌犯入而破傷風，如果大夫宣告不治，那當我佇立妳的墳頭能說什麼悵然之詞呢？也許作一首令妳在墓中手舞足蹈的打油詩吧！」（〈去玩翹翹板好不好〉）

「卻見到自己在學士照內露出『生不逢時，死有餘辜』的遺愛笑顏。」（〈搖屁股的男人〉）

「……我呢：大概也不知道怎麼辦吧！反而想了一些無謂的字眼，如合葬之類。也許是因為『興奮』而聯想『色授魂與』而失了魂的軀肉將會被時間消化，無可抵抗他成為枯骨，世上所有的枯骨都要掃在一堆合葬的。」（〈及時行樂〉）

「茲聘徐中磊先生為龍有德先生和錢月美小姐婚慶唯一男儐相。唔！我不免想到——男殯相，噢！陪葬的。」「小姐，西裝不是裹木乃伊的纏布。」（〈男儐相一鞠躬〉）

「不敢睡著，怕睡到葬禮去了。」「我的活氣怪噓空了，因此自己像殭斃的乾屍。」「之後，她癱在地毯上有如陣亡。」（〈好事成不成〉）

「女人又說她要寫一封信給兒子……只要不被誤為遺書就好了！」（〈爬蟲小天使〉）

「我真是摸著良心祝福他們一路笑到天年，他們的墓誌銘可寫著：『我正在笑，請勿打擾。』」「新人的三記響頭也磕得重而結實，我看連地下的眾鬼也被磕響吵到了。」「那我的發暈腦袋早在土裏肉枯見骨，說不定還咬著蛆蟲不放。」（〈恭大喜〉）

在生活或情愛運作的同時出現死亡意象，筆者原以為這種手法有如海明威情愛（生）與戰爭（死）的整合，但在閱遍全書各篇之後卻又推翻了這種認定。羅位育作品中死亡灰敗意象的不時翻現，主要是由於作者有意（或竟是潛意識）為之的不安心態的表徵。

人類生活絕無十全：「免於匱乏的自由」（不苦）與「免於恐懼的自由」（不悶）本是不可得兼的魚與熊掌。進入了九〇年代，那苦而不悶的戰火流離已遠拋在四十年前，代之而起的是悶而不苦的當代。「沒有（或缺乏）安全感」是為近五十年文學表現普遍的主題（如張愛玲）。迄至最近，世紀末的諸多衰敗徵象更形明烈，羅作表現的背景，既是一個外「憂」內「亂」的環境，所以有衰敗極致死亡意象的不時出現，即是這一時代賦予人們沉重的不安恐懼所致。

迫壓、沮喪之下，是否可有紓解之方？

羅位育雖未有明晰的線路提供，但由他某些篇章中所透露片玉碎金式的顯示連綴可知，他所提供的是「頑」（常會被讀者忽略為不重要的諧趣）。一種「無所謂」的心態代表一份生命的韌性，雖然不很積極（甚至不很正面），但卻不失為紓解悒悶，鬆結焦慮的可行之法。

這就是三鏈索的末端，抽樣的訊息如：

「隨風而飄是我處世打呵欠發呆的哲學哩！」「成秋『皮皮』的說。」（〈搖屁股的男人〉，重在「隨風而飄」的自然以及「皮」的無所謂。）

「我說的正是我想的也是『及時行樂』四個字罷了。」（〈及時行樂〉拈出「及時行樂」的麻醉紓解。）

「不過，我的嬉笑便被引了出來，向身旁的女儐相努努嘴說：『喂！鞭炮聲這麼響亮，好像有人要起義革命了！』「這紅包掂手就沉，看來新郎的父母對紅色吹過氣許下願的。只是我對『他們的關心』要袖手旁觀，否則，我會被他們的愛心推著，然後就被裝入紅包之中，那，我可要扯脖子喊救命了！」（〈恭大喜〉，重在以「嬉笑心」處世，以及對他人真假難測關心的冷淡無所謂。）

敘介至此，自然地想起一些可資比較的資料：

大陸的文學發展，自一九四九以後、迄至一九六六文革開始，一九七六文革過去，一九七八餘波蕩漾終告休止，二十九年全是一言堂的樣板當家。但在一九七八之後卻獲得了蓬勃發展的機運；先是由物不平則鳴的傷痕文學發端，然後是檢討性的反思、改革文學、進展到對內的尋根文學與向外的現代基調，再進到眾貌紛呈的「新時期」文學。其中風行一時的兩支，一是蘇童超現實的隱遁天地（〈我的帝王生涯〉，〈妻妾成群〉等），一是王朔現實的無所謂心態的提供（《頑主》、〈過把癮就死〉、《我是你爸爸》等）。前者以假想天地提供暫憩，後者以現實心態的改變來緩和鬆結。兩類之所以膾炙人口者，都源於時代給予讀者巨大苦悶的不得紓解！

當然絕不能說羅位育＝王朔，就文字層面言，羅文的俏皮諧趣就與王朔大不相同。兩人所近似的或只是文學表現的內涵指向。同樣是想在人性日益疏離，人心日益苦悶的世紀之末，以文學構圖勾勒一條畫餅充饑，聊勝於無的緩衝之道，因以來供讀者們紓解日益沉重的焦慮。

也許完全不是如此，又或是不完全如此，甚或近似如此，更或許就是如此……站在評析立場，我只是提出意見，相信文學批評本身就是藝術，它的功課理應如鑽石之多面，而後光彩始盛。

是為序！

一九九七·元·三十於台北

麥田版羅位育著《貓吃魚的夢》評序

小園六秀

——《畢業紀念冊——植物園六人詩選》評序

一、序

首先是篇名，稱之為「六人」，太土；「六青」，音和核電廠有關，會遭反核人士反對；「六珍」，又有點像中藥什麼的；「六英」又很武俠……就稱「六秀」吧！

小標題次序用「第一」、「第二」……特別聲明不是軒輊，而是仿〈論語〉的「學而第一」、「為政第二」……。

好想為他（她）們每位寫一首詩，其奈已多年不彈此調。改用每位一「贊」，就是仿宋體（宋龔聖與作〈宋江三十六人贊並序〉）是為序。

二、新荷第一

六秀之中最為熟稔者是小思涵，對她很滿意，只除了兩點：一是她宗教性的虔誠稍

「過」；另一是她行走於語言學與文學之間，近來大有偏向語言之勢，使我不免有功力影響不足之嘆。

她的詩風典麗而多樣，活潑處如〈我是貓〉與〈我還是貓嗎〉；引喻之佳如「連膠水都不再需要／迅捷而牢靠的親吻」（〈人間句——自黏郵票〉）；深刻如「許是預知了人間的黑暗／他選擇視而不見」（〈盲者〉）；強力如「有頂寬邊草帽路過／口哨的主題／如美麗的槍傷」（〈久坐〉）；又在散文詩〈匿〉中，可見她筆觸的濃而且真。

她的特色在悲憫與精緻：前者如「只是一種顏色／斑斑駁駁／耳附其上時有／濤聲」（〈生命的名字〉），「我們的旅程如此倉卒／前一刻紛紅駭綠的羊蹄甲／尚在箋註，下一刻／便連雁群的揮別亦／不及應答」（〈我們〉）足能使感慨在感染之後溢湧。後者可由她的小詩〈鏡〉得見：「你是山，而我／流淚成泊／映出你的影子」，由「易位」的手法中翻生歧義，自是雋品。

她是小園中的一株清婉的新荷。

贊曰：覃「思」有緻，「涵」詠且深，清婉出波，新荷婷婷。

三、蒼竹第二

邱稚亘的詩作具備理念，感染力強，形象有句末整齊如長短樹列者，如〈堤防風景〉，而想像亦復深密，如：「如果天空是行李箱／妳的手便是雨了／輕輕折疊起／所有眼底欲去

還留的／風景」（〈第一種情詩〉）

我以為他的特色在引發感懷。詩句中最為多見，如：「童年／是我們在追索下無意遺落的水聲」「所謂墓誌銘／是你我都未曾說出口的話」（〈時光三首〉）

「情侶們愛在樹幹上刻字／並且做離家的排練／偶而有風箏的哭泣擱淺在枝椏間的」（〈大樹〉）

「如果／如果我曾是枚小小的休止符」（〈身世〉）

「我們沾上童年的口水翻閱一頁頁／扁扁的月光／蠹魚的親吻和紙屑紛紛落下」（〈怨懟〉）

「回家的路如此漫長／螟蛉草沿著足跡種下／你把日夜走成一道堤／屏蔽你山風海雨的青春／你鐵羽的信鴿憩在橋墩／遙想／前季的陽光如何／如何豐腴溪流的幽咽／也許也唧一段水聲／垂晾在多憂的牌坊」（〈流浪車轍〉）

詩作風貌，與清新相對的蒼勁常非經歷之具備莫辨，可喜的是這位青年已能提前達到。在以上的詩例中，使我能感受到跋涉關山的急風驚雨的龐沛，流浪江湖，夜雨青燈緬懷的愴然。一如鄭愁予的「浪子意識的變奏」，予人以深密感喟的況味。

以他為園中的蒼竹。

贊曰：幼竹可蒼，著意在先，豈曰青「稚」，詩質已「亘」。

四、楓紅第三

潘寧馨的詩作強力（如〈六行〉），而散文化（如〈午睡囈語〉）可見佳妙。她的特色在生活寫實與現代反諷。前者如〈生命中的一週時光〉，引發省思多角多面；後者反諷張力強大，如〈錄鬼簿〉的反諷世人。如〈未完成十四行，茶館凝詩〉一首中的：

「推門，三名女客／櫸木地板被高跟鞋踩得喊痛／推門，一群奇行怪狀的／既不現代也不後現代地擠進十八世紀／推門，魚群游進游出／不斷吐氣泡不斷舞動魚鰭不斷張揚腥味／陽光跌落縷花杯，一口飲盡／丁香味散入黑暗。

一株水仙花立在牆角。風來，像一行搖頭的詩。」

結句似有自況，反諷之後，予人以沉重的疏離、孤獨之感。

因她的反諷效應，以她為園中的紅楓。

贊曰：今世不「寧」，疏離少朋，「馨」芳火樹，楓紅反諷。

五、鐵樹第四

六人之中，最具陽剛之力與美的是洪書勤。詩作之例如：

「笑傲不出一曲月光啊，肅紅底／戰鼓聲已擊殺著時光嗎／羽翼展開後，飛翔／是唯一底目的……」（〈六二零九〉）

「……放縱那焯焯睛瞳，舉劍／截一腕壯士／再行一段淌血的河圖」（〈斷腕的擊壞〉）

「……挑釁的旗幟引領整夜未央的殺伐前進／水正東流，赤壁的血未寒／風仍在尖銳的眼神中流竄……

刺刀航行在冷冷的夜色中／落葉耳語著迫砲聲的起伏……

血的足跡依舊排列就緒／殺聲隱隱蓄滿初釀歲月的後勁／呼嘯一聲，暮色翻騰了風雲／今夜，我們不擊櫓／落雪的國度沒有簫聲的淒楚」（〈從軍紀行〉）

除卻它最具特色的豪力之外，另有禪理的光華閃耀，如〈華非華〉。而生命詩又復能引領省思，如「指間足以灼傷／唇印封存生命／同時。（〈最末〉）」極精緻的三行，由豪返婉，而生命的深意自具。

書勤君是小園的鐵樹。

贊曰：「書」之為干，「勤」刀在握，鐵樹開花，征袍露露。

六、青松第五

宗翰君是我所熟稔的第二位，曾與他有過一段師生香火之緣，當時就曾欣賞他的才華，嗣後又屢知他才華馳驅的優異。

他的詩作表徵了青年生活中深沉的壓力與懷疑、苦悶，如：「我才明白有喉嚨不代表有權表達／我才明白，學院的長廊是人類所創造／一個龐大卻廢棄的破折號／下面不銜一點聲響。」（〈在學院的長廊〉）再如：「既然關不住什麼／就先關起自己吧。」（〈錯誤〉）詩中強烈的抒發引起炯然驚怖，進而是對現實的無奈的省察。

我以為宗翰君的特色在他的「解構性」，這種實驗性極具新力，表現的是現實人生的顛覆。如〈木耳喬啞俱樂部〉中的「電視機箱形的愛青」，末尾兩字是「愛情」的去「心」。再如：

「……說出群峰的潮汐，說出教堂的風雨？／『謊言……』我說。……煩倦包著倦煩壽司般襲來，欲捲妳我的肉身。咀嚼，張開口，咀嚼，張開眼瞳，咀嚼，張開毛孔，咀嚼，張開心情的蛀洞……」（〈幻山變水〉）

「世界越來越硬／熱饅頭也有大理石心情」（〈世紀末〉）

「刀叉鏗鏘白色餐盤／醫院生者的血肉」（〈肉身之四〉）

「愛是一只可樂罐／退瓶不值三塊半（〈真相〉）

「水泥牆應該塗厚／歷史才足以粉飾真實」（〈課堂內外〉）

通過顛覆、解構、荒謬的現實真相乃森然裸現。頂端直探死亡的誘惑，如：「欲得知自己最後的刻度，唯有親近死亡」（〈吊鐘〉）此一境界或是另一位師生香火的邱妙津（《鱷魚手記》、《蒙馬特遺書》）已曾經歷，但我卻願宗翰君淺嚐輒止，雖然我知，它的誘惑甚至強過原型性力。

宗翰的解構強力，有如青松松針之刺。

贊曰：所「宗」失衡，「翰」墨揚音，松針之刺，高亢之聲。

七、玫瑰第六

何雅雯的詩作意象豐奇而詩句緊密，長句特見張力。前者如：「我的右手苦於寫詩／左手緊握生活／接不住你急欲交托的掌紋／夢從命運網路剝離／設計圖早已空白」（〈戀情換季的時刻〉）；後者如「如果蜜蜂想問花蕊的住址／只聽到蟻穴裡擾動的鬚髮遙指墳上青草」（〈負心手記〉）

六人之中，何雅雯寫情最佳，詩作中多見真婉可感。如：

「離別打一個噴嚏／生活就片片裂開／在信紙上一格一格慢慢地爬／揉碎百合送行／北方的春天也在下雪嗎？（〈寫給往事的情書〉）

「我有一張寂寞的窗簾／鎖著季節／落雪時搖散夢想／睡得像個石頭／連光澤都沉重。……等到窗簾洗白的那一天／我會被相思絞死嗎？」（〈頭髮狂想曲〉）

「暗戀是一張床／讓疲倦的人／越睡越沉／又是一片沙漠／走在漂浮的綠洲身後／龐大的天空壓碎我／變成風中砂粒／向潮溼的方向打滾」（〈暗戀〉）

她是園中以紅熱抒情的玫瑰。

贊曰：風「雅」可忻，綽約有「雯」，玫開新句，瑰麗情真。

八、跋

六秀在結集之後如何?也許仍能時相過從，切磋精進而花燦葉茂?又或是勞燕分飛的花事闌珊?更或是曲終人散，就只能以這本集子來供憶念摩娑?

而「植物園」呢?估計有廣大腹地的園子（這島上的大專越來越多），總該會有新的花樹加入爭榮吧!這園!在我瞿然注視之下的園，盼看它能日益擴展的，年輕得如朝陽冉昇，距離暮色昏黃老遠老遠的，它又會如何?總該不至於荒蕪冷落，甚至門扉長閉，將它短促的存在就此結束吧!多願能很快看到它花紅如火，綠樹碧鮮的蓬勃，更希望它留刻度於詩程，采姿輝耀，一如曩昔的「新月」、「沉鐘」，在史頁中傳流不朽!

一九九七、十一、廿一於臺北

台明文庫《畢業紀念冊——植物園六人詩選》評序

洄溯琹川尋天籟

——析評琹川詩集《在時間底蚌殼裡》

文藝價值評估的切入點為何？不外是時代、空間之不受拘限，以及特色。而特色之所以能具備，即在於作者所建屬於他一己的城堡：在題材上有他一貫抒寫的線路；在手法上有他獨特的風格。因為人生的題材既屬汗牛充棟，而風貌之紛呈又復采姿千萬，斷無以一己之力與苦短生命所能盡述，兼具包羅之理。非當有所抉擇，建立不克為功！所以貴重，所以能傳世而不拘限者在此！

筆者以為：琹川，她的詩作題材主線是「生命詩」，而出之以她婉美清澈的風格。

一、在時間底蚌殼裡

詩人以螺蛤闡喻人生的意象冷然翻出：如〈海貝〉二段中以蜷曲、迴旋之姿表徵人生茫昧的「問號」。〈鳳凰螺〉中以典麗筆觸抒寫「千年瞬間」的悵觸蒼茫，〈紫螺〉中「以倒立的姿勢浮游」，筆者的解讀或是對人生不由自主的自嘲。螺形的彎曲與倒立無非扭曲。〈百眼寶螺〉中，秋湖雲影與冬寒火暖的追憶僅只是片玉碎金，人生的沉重不改，就只能以「行吟」詩作來忮求如「佛陀一雙深澈的眼底」的抒懷。琹川淙流明澈，這是她在為芸芸眾生中萬千感喟者作此代言。

詩人賡續在螺蛤題材中作她的生命之旅。〈旋梯螺〉一首，雖然指涉可有多樣，但重點仍在禪境的企慕（光梯的垂下接引性靈的提昇）。而在〈玫瑰千手螺〉中，意象復返於人間情痴的觀點，既已知「人間性」的珍貴，遂不辭去背負那一具無形而有意義的十字之架。〈愛神蛤〉一首尾段透露出經歷之後的蕭瑟情懷。一二兩段結句極其優美：「或者攤開夜箋／蘸著月光描繪地老天荒／再以流星交會的眼神落款」。「終在靜定的水底照見／?是素樸的大地／我繁花褪盡的本心」。曾使我感吟再三。〈樂譜渦螺〉的意象與前迥異，漾動著一份對生命之力與美的企讚。這一輯中的最末兩首，出現有生命的感喟，〈露珠蝶螺〉，雖引起朝露人生之歎，但亦復能有晶瑩之美的懷念，即便短美已能無憾。而迄至〈枯葉櫻蛤〉的由璀燦而凋零，感性傳達的已是生命無常的宿命悲涼。

二、寂靜是樹唯一的回首

生命詩的夢土，琹川詩作以溫暖分送給都市水泥叢林中冷漠、疏離的人，如〈晨曦〉中的寓意。〈晨光之子〉中「爬到石頭上引頸而望」的「巴西綠龜」，喻言希求溫暖陽光原是生物們的原型共相。她的詩作重情，手法自然之妙在以景、物傳情：如〈雨〉一首的結尾：「穿繡風景」的雨水已止，「試圖尋找針痕的鳥，逐漸飛去風景之外」，這一句極具雋永，蘊含有雪泥鴻爪，人生偶遇的蒼茫。與此相近的又有〈無題〉中風雲偶遇的意象。以物傳情例如〈臉以及五官〉〈眼〉一節中的「卻有許多長年漂泊在外／早已遺忘了回家的路」，傳達出的是人生行役之苦的無奈。而〈畫鏡〉一詩中的「穿過風兩袖虛無又飽滿」，以虛無、飽滿作虛實的整合，尤見人生弔詭之重。

詩人體認，敘寫人生況味、孤獨原型，悵觸萬千，最屬可感。在卷一〈海貝〉之中已見「寂靜的最初，沉入／以孤獨的速度」。這一卷中紛然多見，如〈合歡樹〉中的「寂靜是樹唯一的回音／任月光將年輪沿著額際刻印」。〈釣者〉中有「在生之洋流裡載浮載沉」、「任由生物本能／終將成為命運的釣餌」的無奈。〈答案〉中「以及任何熟悉的公式都無濟／只有時間是唯一……」是詩人「時不我與」的感喟。而在〈千羽風箋〉「在這覆滿相思花的小徑／日安，我和我的憂鬱／林間斷續盡是寂寞鳥語」以法人莎岡的《日安，憂鬱》抒懷人生，尋求知遇而祛除孤獨。及至〈山盟〉之中的尾句「倒影中靜看絕色的彼此」，筆者以為，那是人寰廣漠，知己難遇之歎，何日可有才華相當，高山流水的知音，相對賞鑒彼此的人間絕色？那又是何等可遇而不可求的平生快慰！

三、夜的五線譜上舉翅的音

〈站在高崖之上〉表徵人生或如涓流；又或如幽蘭之靜好開落；甚或能適性如風，而群相歸結無非俱屬「將所有光熱交給夏日最後那朵玫瑰／縱放如流星墜落於無邊夜野／爾後守著灰燼餘光向回憶取暖」的空寥。在〈吉貝的屋頂上〉「遠眺逐一亮起的村莊，隱約／有人以口琴釋放古調的怨悲」代言著生命坎坷的自訴。而尾句「歲月被倒帶成補破網和望春風／盤旋於鹹濕情節宿命的時空／心情是一壺泡了過久的茶／悠閒的杯中殘留著苦澀餘味」已然明指「苦澀」的人生況味，愴懷深切。〈靜坐黑暗中〉雖然「招喚我那異體的靈魂」意象能有掙脫現實夭矯而起的主動希冀，而結句「靜坐黑暗中任長短針在身上紋刺／等待一幅未知的生命圖騰」仍屬被動的無奈。

「芒花」意象常現詩中，類同於「愁多思買白楊栽」的蕭瑟，頭白蘆葦，常是生命易凋的借喻，真不知如此衰颯的題材，何以會出現在華年錦繡的作者詩中，想是流光迅捷，敏感的詩人早已預知？〈芒花盡處〉中以飛白之芒比喻心情。〈秋堤〉之中，芒花再現，「闌珊地素描秋之寂顏」，秋意闌珊也就是人生孤寂。「來自悲劇籠罩下掙放的輝煌」一句意象飛揚，筆者以為或同於李長吉「誰知死草生華風」的希冀！〈冬之書〉一首中三現芒草已老，「回首，山頭上的雲影依舊／靜默成天空唯一的告白」，拉近了人生盡頭，風景不殊而人事已非，吟味深沉可感。

〈茶花之夜〉的二段末：「再一次回眸，從此注定了／生生世世無以名之的尋索漂泊」是呵！有如紅作中黛玉的〈唐多令〉：「漂泊亦如人命薄，空繾綣，說風流」，儘管有病呻吟的才人太過「文才傷己」，但在滾滾紅塵中追尋「衣帶漸寬終不悔，為伊消得人憔悴」的歷程，本就是志士才人的共相，尋索既屬命定，那漂泊的悲感又何能免？

贊成她不落於「媽媽文學」的窠臼，琹川的母性流露不多，偶然書見也能自然，如〈岩川之夜〉中的「蒼涼的容顏裡裸袒著母性的悲懷」跟著立刻就有「生命因為染霜而更見深淨遼曠」的經歷自許，絕不只是軟性的俗套。〈風吹過你在那裡〉一首：二段中醜感特具強力，筆者願予讚許，這是她與一般女性書手溫美流俗的大不同處。而在末段：「也許將有一艘船泊在海灘／也許相思林裡會有人懸起一盞燈／也許只是無際的落山風低吼著荒涼」由微妙的希冀漸至失望的體認，一如張愛玲作品中的「人生荒涼，人性蒼涼」。眾生之路，不是由白淨細美的沙灘，不是柔軟的泥土，而是嶙峋難行的石之磊砢！

四、細雪紛覆在夢想的額際

筆者以為琹川屬於長於才情的智者，智者樂水，水意象在這一卷中湧現。在〈靜坐一座山〉中，「水」超離了「山」「流成一條深深淺淺的河」；在〈水的句讀〉中有母性自況，赤足的孩子在淺河捉蝌蚪，逗點的身影一如蝌蚪。由此延伸到「浮游歲月中不斷地成長蛻變」。更好的是〈水之變奏〉中的想像馳騁，以雲遊、雨歌、河說、海想逐漸擴大水的意象，歸結於〈露偈〉的禪境，由小而大，再由大而小，是宇宙循環的定則，人生圓形回歸的理念，同時也是朝露日晞、生命苦短的歎息。

仍多有生命轍跡：〈化蝶〉中有蛻變的嚮往。〈石徑〉中有緣運的禪境。〈湖箋〉一詩中有「夏日湄畔，那最後的一朵玫瑰／霞紅箋頁上戀戀行吟」的情真。以及末段出現的雪的意象，在溫熱無雪的居所悄然翻出，是否詩人心情清冷寥落的象徵？「桐花」意象出現可比「芒花」甚且相應，在前已析白蘆衰颯，而「乘風舞落一朵朵驚歎」（〈桐花節〉）與「木魚敲落一樹的桐花如夢（〈又見油桐花〉）在此與芒花相連，具現出淡悒悵觸無限。

這一卷中包羅較廣，〈故園〉一首中有「聞著母親般芬芳的體味」的鄉愁。〈旅情〉中的「飛越千山萬水」「而旅程正長別酒一杯／眼與眼交錯著不捨／心與心牽念著低徊」在此不是「桃李春風一杯酒」的遇合，而是「江湖夜雨十年燈」深婉沉重的離情憶念。使筆者激賞的有〈梨情〉一首中「送你一個梨道別／美麗的故事說／記得把子仔帶回以心相會」「你拒絕了我的梨／卻要我記得你的名／只因此生重逢渺渺無期」，琹川在此有所超越，修辭不屬瑰麗而近白描，筆者以為，黯然銷魂者唯別而已，既是「生別常惻惻」的人所共鳴，原就是不必踵事增華的。

旅遊記敘題材雖屬一般，但在琹川的筆下卻也能見深婉：如「在馬背上我聽到風的呼喚／穿越時空的峰峰巒巒／馬的血脈裡流著奔馳的宿夢」（〈特勒吉之歌〉），「我們是來自漠漠宇內的塵沙／遙遙播下願望的種子／風在沙地刻鏤著歲月版畫」（〈響沙灣〉），有如席慕蓉的膾炙人口之句：「為什麼唱你時總不能成聲／寫你不能成篇／而一提起你便有烈火焚起／火中有你萬里的軀體／有你千年的面容／有你的雲，你的樹，你的風」（〈長城謠〉）。感人之處不在景，不在句，而是如王國維所述「寥寥八字，遂關千古登臨之口」（《人間詞話》評李白〈憶秦娥〉）所傳達的八千里路雲和月的歷史蒼茫。

五、感知宇宙蒼茫的飄落

卷五中有一般性題材的親情，甚至可以窺見她的戀父情結，自〈守候在生命的戰場前〉中「夕陽掉落之前，門終於打開／蒼白疲憊的您自戰場平安歸返」的手術後到〈靜夜思父〉「以為所有情節尚待發揮／故事卻已戛然完結」的永訣：槊川在〈思懷〉中尋父：「那一扇才是通向您往生之路／尋您在每一個深寂的夜」。儘管「煙的一生既已注定／相對悲傷便顯得不那麼沉重／化煙者的參透亦或／觀者若有所悟之說」（〈尋找化煙的父親〉），已知死別吞聲的難免，但仍有「而我仍眷戀著燃燒的溫度」「在灰燼裡撿拾回憶的骸骨」不忍的愴然。

誠如這一卷的命題，詩人人生茫昧的感知恁重：在〈不捨〉一首中已指出「宇宙蒼茫」，另在〈秋顏〉之中充具特異表現，如：「嗩吶的悲音戳破山野之夢／斷續風裡凋落一地的花魂／祭弔生死無以言喻的空茫」。筆者又以為她很像我所心儀的晚唐李賀，詩境有如〈秋來〉中的「桐風驚心壯士古，衰燈絡緯啼寒素，誰看青簡一篇書，不遣花虫粉空蠹，思牽今夜腸應直，雨冷香魂弔書客，秋墳鬼唱鮑家詩，恨血千年土中碧」。李長吉寂寞當世，在現代已被認為是超現實的先驅詩人，價值具在。他之所以慣用陰森怖慄的幽冥意象，作用是在以恐怖快感的昇華，忮求獲致生命痛苦的平衡。（理念有同於亞力斯多德的悲劇定義：「憐憫與恐怖」。）不知槊川詩作的意象之源，是否與此關聯？

六、評估作結

天地不全，人為之事絕無十全，文藝創作也不例外，琹川詩作，難免微疵。筆者以為可議之處有二：一是用詞之未能避免口號，如詩題〈守候在生命的戰場前〉，二是部分詩作結尾顯明，餘味有損，如〈高砂百合〉的「聖潔之花在母親的島上開遍」。〈堆積木〉的「試圖堆疊出文字的殿堂」。〈海誓〉的「都只為了將淚昇華，煉成珍珠的光潔無瑕」。筆者認知文學新舊同源，古典是現代的源流根植；現代是古典的延伸發皇。古典源承的含蓄雋永必應循行，詩作可以明朗，但卻忌「過」。它既是文學中的文學，就該重在感染，引領而非主觀顯示。為的是要提供寬廣的想像天地，容讀者自去尋索，促使讀者「自得」。此外，鑒於優劣互見一體兩面的不全性，文學創作，明朗雖然能收廣知之效，但若過於平淺，必然影響藝術的不足。

二十年前，琹川曾在我教授現代詩的講堂中受業半載，當時即因有鸑鳳清音之鳴為我賞識，詩作刊載在師大國文系現代文學結集《長青樹》中，半年之後這小女娃杳如黃鶴，久久方知她轉學他校。其後也曾收到她的詩集，欣慰她已卓然有成。二十年後重續師生香火，評估學習，她更不負所望，獲得了最高的評價。

她的詩風婉美深沉，形構多屬「豆腐干」。小詩極具精緻，組詩恣放可見功力。誠如卷二〈小詩〉所示：是「掠過心湖的翅影」的生命點滴；是「果實在風中的留言」蛻變辭枝的眷戀；有如鳥翅掠過心湖迅疾的短美，更有「雨後掛在樹梢晶澈的眼睛」的明亮。

既然文學批評是一種再創造，以上所述，或與琹川詩境近似；又或能夠疊合；甚或有超離。智者如琹川者，當能了解。已不能用現代詩為評作結（此調不彈久矣），此篇之末，就用同源的舊體為贊：

琹音清冷
川流長澈
長澈可鑑
清冷絕色

漢藝色研 琹川詩集《在時間底蚌殼裡》評序

天人之際

——析評高行健的《絕對信號》

諾貝爾文學獎自一九〇一年頒給法國詩人徐利普魯東（Sully Prudhomme, 1839~1907）起，迄今整整百年。百年之中，從未有一位華人得獎。反倒是一九三八年美國女作家賽珍珠（Pearl S. Buck, 1892~1973）以華人生活為題材的小說《大地》（*The Good Earth*）、《兒子們》（*Sons*）、《分家》（*A House Divided*）得獎，既吊詭又反諷。幸好在此世紀之末華人作家高行健（一九四〇~）終於獲此殊榮，雖然是吊車尾，但總算是破零。廣大的華文創作領土中的志士們，是可在欣慰之餘，大增信念，益勵前操，相期再現洪峰了吧！

邇近報刊紹介高行健的已多。在此之前，大陸評論家對他的析評，戲劇著墨猶勝小說。他的戲劇創作，歸類於文革「傷痕」、「反思」之後，與向內「尋根」同步發展的對外的「探索文學」被評為：「現代基調引入荒誕意識，又由中國戲曲傳統中找到他特殊的戲劇觀念與模式，突破劇作數十年之僵化，形成先鋒戲劇之產生。」

獨幕劇〈絕對信號〉被評為：「由心理角度來處理時空關係」的傑作。筆者今應編者邀請，為文析介，以饗讀者。

一、場景‧人物

〈絕對信號〉係兩人合編（另一位是劉會遠）。獨幕劇的「三一律」明顯：時間是「一個春天的黃昏和夜晚」。地點為「一列普通貨車的最後一節守車上」。主要人物五位：「黑子」是二十一歲的「待業青年」，暫時在貨場做臨時裝卸工。「小號」二十一歲，這列火車上的見習車長。「蜜蜂姑娘」，二十一歲，暫時在養蜂隊工作。「車長」，五十六歲。「車匪」（扒竊車貨者），三十七歲。

五人間的關係在劇中顯示：黑子、小號、蜜蜂三人以前是同學，黑子與蜜蜂是一對戀人，小號單戀蜜蜂。車長是小號的父執，重在與小號父親的友誼，收小號為徒，教他怎樣做一個車長。

二、情節進展

S一、守車上，車匪誘惑黑子合夥扒車（兩節車皮是高檔貨羊絨衫和毛料），許給他分兩成，黑子為籌與蜜蜂結婚所需，無奈同意，車匪給他一把匕首。小號與車長上。小號向黑子打聽蜜蜂的消息，車長教訓小號。不准沒乘車證的黑子、車匪上車，小號作證黑子是他同學、車匪裝看腳跛，車長勉強留下兩人。

S二、臨時停車，蜜蜂上車（替養蜂隊大夥買飯、排隊漏乘），車長不准，小號助蜜蜂上車。蜜蜂驚喜與黑子相逢，黑子故作冷淡。蜜蜂向小號敘述別後。小號執行任務，等會車。

S三、OS（黑子與蜜蜂）：黑子怪蜜蜂來得不是時候，一對情人傾訴相思。交會列車駛過，OS中斷。

S四、車長調查蜜蜂，蜜蜂說她的對象「遠在天邊，近在眼前」，說女孩們結婚需求的現實條件。又故意把話說給黑子聽，表明她重視愛情，並不現實。列車進站。

S五、幻象：黑子與蜜蜂相擁，雖情愛甜蜜，但自慚沒有固定工作，又蜜蜂的父親不准他上門，蜜蜂表示不悔，自己作主。黑子叮嚀蜜蜂莫把兩人關係告訴小號，蜜蜂撒嬌說要讓小號明白死了那份心。黑子揭出小號私戀蜜蜂，發狠說：「你同他在一起會比跟我幸福的。」蜜蜂斥責他不該說這樣的話，嗚咽著跑下，幻象消失。

S六、車匪擔心黑子變卦，許以「千兒八百」的厚酬。車長教導小號，說出第八位上是一節「角八」——爆炸物。看出車匪好好的腿裝瘸。又開始有意識地觀察黑子。故意說有車長貪小利受車匪誘惑，幸虧及時發覺主動檢舉的事。提醒小號注意黑子和車匪。

S七、蜜蜂叫黑子吃她帶來的包子，黑子故意對她冷淡。蜜蜂惱他變心，黑子勉強說出「我想你」，又怕小號聽見，煩躁地要蜜蜂答應別讓小號知道兩人關係，痛苦地說：「不能讓他知道，尤其是這會……」以為蜜蜂在哭，關心則亂，著急發火，蜜蜂說她受不了，要黑子跟她去養蜜蜂、結婚，這就要告訴小號。黑子一急打她一巴掌，又惶恐求她原諒，發誓說絕不變心。抱著她吻她的髮。小號進來，裝著沒看見。

S八、小號叫黑子讓開，衝突一觸即發，蜜蜂請小號原諒黑子心情不好。車長厲聲警告黑子不准妨礙工作，小號反為黑子開脫，說是「我們逗著玩慣了」。車長覺察到黑子與車匪之間有呼應。小號拖開黑子，摸到他腰上的匕首。緊張升高，黑子及時緩和說：「放心！不是對付你小號的，我黑子還不是這麼不夠朋友的人。」蜜蜂要黑子扔掉匕首，黑子不理。車長教訓年輕人別走歪門邪道，厲聲指定車匪的坐處。進站前故意說扒車偷盜者的慣技，教導小號、警惕外人。

S九、幻象：小號的幻覺：姊姊的婚禮上，小號向蜜蜂求婚被拒，自我解嘲說身高不夠一公尺八，還差十公分。黑子來，愁眉不展，蜜蜂邀黑子跳舞，黑子不想跳，蜜蜂與小號擁舞。

S十、小號帶著幻象勾起的熱情問蜜蜂有沒有睡著？蜜蜂內心不安，要黑子扔掉匕首，黑子的聲音囑她放心去睡，等天亮時醒來，就再也不必操心了。車長的列車記錄：零點二十七分，車進隧道。

S十一、幻象：黑子的幻覺。天、人雙方的意識拉鋸。車匪拉他下水作案，他自己也傾向為利冒險；小號、車長警告他別行險。其後是黑子與小號兩人的對決，小號斥責黑子奪人所愛，黑子說已勸蜜蜂轉向跟小號好，可是她偏死心眼，她所愛的不是小號。黑子瞞著小號，不讓蜜蜂挑明兩人間的關係，也是在為蜜蜂著想，不願傷害小號對她的感情，是為了她的幸福，如果黑子栽了跟斗，希望小號還能給她幸福。小號不聽，衝著蜜蜂檢舉黑子是賊，黑子怒斥他下毒手，兩人之間箭拔弩張。

S十二、車出隧道，幻象消失。蜜蜂向黑子勸說不能做虧心事，編織結婚幸福美夢，黑子心不在焉。預定下手的地段快到了，黑子緊張，車匪裝睡，車長問黑子車匪在哪裏下車？黑子說不知道，他不認識這人。車進第二隧道。

S十三、幻象：蜜蜂的幻覺：她擔心黑子的不安，要黑子把匕首扔掉，而且表明絕不變心，即將克服困難、結婚、追求幸福。但願黑子和小號兩人和好，什麼事都沒發生。要兩人握手，突然發現黑子的雙手被銬，驚叫已經犯罪，要小號救救他，救救他。

S十四、車出隧道，幻象消失，蜜蜂向黑子要匕首，車匪打岔，提醒黑子。車匪向車長打聽下一站。蜜蜂拉攏小號、黑子兩人，要他倆交談。敘述往事，說小號對她的保護，重溫小號與黑子的友情。列車進入最長的第三隧道。

S十五、幻象：小號的幻覺：與黑子衝突、動手，蜜蜂護著黑子，說她愛黑子，小號要打就打她好了。黑子把小號打倒在地，小號揭出黑子企圖，蜜蜂斥他告發卑鄙，小號反駁說黑子在利用他掩護為非，勸蜜蜂清醒，莫被黑子毀了。蜜蜂催黑子快逃。小號明示愛著蜜蜂，能做的到此為止，勸黑子懸崖勒馬。蜜蜂感激，請求小號原諒。

S十六、車出隧道，幻象消失。車長指揮小號會車，暗示黑子「還來得及」，車匪有動作，車長提醒小號注意。

S十七、OS（車匪與黑子），車匪促黑子「別躲開」；黑子要車匪「算了」（放棄），車匪不肯，黑子表明「我不幹了」，車匪恫嚇，不允。車匪要黑子甩了蜜蜂，黑子央求車匪，讓他置身事外。車匪斥罵，叫黑子沉住氣，既下水就跟著蹚，馬上就要扒車了。

S十八、車長一語雙關：「這火好難點呀」（明指黑子替車匪點煙，暗指車匪煽動黑子不易），蜜蜂叫黑子，黑子裝著沒聽見，小號挖苦說他耳聾，黑子苦澀地自承是「心聾」，車匪向車長下工夫，暗示行賄。

S十九、OS（車匪、車長），兩人較勁，車匪要車長「於人方便、於己方便」，車長距絕，說他白費心思，找錯人啦！車匪要車長識抬舉，出個價，車長嘲弄說他碰上的是個不識抬舉的人，車匪露出猙獰面目：「那您就看著辦吧！」

S廿、車長對黑子說，如果列車被盜，一定把黑子交給鐵路警察。質問黑子是否認識車匪，黑子說不認識。蜜蜂提醒黑子不能再錯下去，黑子說他什麼也沒做。列車進入曹家鋪站，車長發令，吩咐小號發「絕對信號」（警號）。車匪沉不住氣，欲逃，不成，故作鎮靜，車長逼問黑子，黑子供出陰謀。蜜蜂掌摑黑子，失望嗚咽。黑子自責，但拒絕憐憫，蜜蜂求車長救黑子，求小號作證，黑子申訴失業痛苦，車長曉以大義。車匪促黑子與他潛逃，蜜蜂阻止說黑子如果附匪，那是真的變了，根本不了解她，她不會要他的一分臭錢，恨透了他，是他毀了她。車匪與小號奪門，把小號打倒，車門打開，車長嘲諷車匪行動已遲，列車時速六十公里，沒人敢跳。車匪圖窮匕首，拔槍，要拉緊急掣動閥，車長警告拉閘就會燃軸，列車顛覆，第八位上的「角八」（炸藥）立刻爆炸，車匪限車長一分鐘之內停車。小號企圖砸車匪，反被車匪槍口指住，蜜蜂以身遮護小號，痛斥黑子見死不救。車長緩緩拉閥，暗示黑子：「你該知道應當做什麼了，你自己去掙得做人的權利吧」！

S廿一、高潮：黑子拔出匕首，猛撲車匪，車匪轉身開槍，兩人同倒。車長、小號撲向車匪，一陣滾打，車匪倒地不動。

S廿二、尾聲：車長說還有一分鐘就進站，黑子會得救的，黑子囑小號善待蜜蜂，他自己真是完了，蜜蜂斥他胡說，伏在他身上哭。黑子請大家原諒，小號說老哥兒們別說這話，車長說黑子已贏得了做人的權利，要黑子過繼做他的兒子。列車進站，小號快樂地吹號。

S廿三、幻象：有青年男女說笑、跳舞的聲音，小號吹號，黑子與蜜蜂擁舞。

三、藝術分析

㈠OS與幻象設計鮮活：戲劇原有的OS（心聲，劇本稱「畫外音」）與幻象，在此交相使用。OS三次（S三、S十七、S十九），幻象六次（S五、S九、S十一、S十三、S十五、S廿三），使得原本簡單的劇情進展（天人交戰懸崖勒馬）有了采姿變化。主角三人（黑子、蜜蜂、小號）各有專屬的幻象（S十一黑子、S十三蜜蜂、S十五小號），分別在列車通過三座隧道時出現，車外一片暗黑為襯，幻象呈現顯明強烈。

㈡張力不懈：表面上是五人兩派（正面的車長、小號、蜜蜂與反派的車匪、傾向反派的黑子），而內裡只是關鍵人物黑子的內心掙扎，劇作者安排車長的道義，小號的友情、蜜蜂的情愛，不斷地對黑子的怨尤、貪念予以拉挽。由於反派的車匪始終在場，而觀眾自始即已知道陰謀正在待機爆發。正反對決，懸宕過程不見拖沓，緊張始終不懈。

㈢**口語與感性：**戲劇語言要求遠較其他文體為高。劇本的口語流利，生動活潑，抽樣如S一中車匪對黑子的：「你小子也太精，又要撈魚吃，又想不濕鞋，便宜都叫你占了。」小號說車長：「我師傅特教條。」S六中車長對黑子說：「我總是把話說在頭裏，什麼事情都有個開頭的。小口子一破，大口子難補。」S十四車匪顧忌蜜蜂，提醒黑子：「這車顛得一閉眼就著。摟緊點，別一迷糊把個大姑娘叫人拐跑了，就狗咬尿泡一場空。」S十七車匪對黑子的心聲：「你哆嗦什麼？老傢伙盯住我們呢！你他媽沉住氣，下水了就跟著蹚吧……。」

當然！感性在劇作之中必不可少，感性的話不必太多，但偶爾出現，最能使觀眾讀者吟味感染。柔婉在劇中當非唯一女主角蜜蜂莫屬。如這位可愛的焦點人物在S四中與車長的對話：「那您是收音機裏聽來的，您並不了解我們（說給黑子聽），一個女孩子真要愛上了一個小伙子，就是住帳蓬、喝白菜湯，也照樣能過。您信不信？」S十二中她向黑子編織柔情似水的美夢：「你肯定會比誰都幹得出色，人家也都會尊重我們，我們自己也問心無愧，我們當然也會有自己的家，哪怕只有一間很小很小的小屋。我們白天努力工作了一天，晚上就可以回到自己溫暖的家裡去。啊……不！我們旅行結婚，你說過我們結婚的時候要到海邊上去，向大海宣布我們的婚禮，我們到海邊去渡過我們人生中最快樂的節日。我們一起跳進海水裡。你拉著我的手，不讓海潮把我沖倒。（靠在他肩上）我們在沙灘上玩沙子，像小時候那樣，像兩個小孩子……。」這一段單純而美好的幻想希冀，在車廂危機迫睫之時，由一個少女娓娓道來，非但是柔情調劑了四男之間的剛性，並更能引人入勝，引領讀者、觀眾分享那一份平凡而純真的快樂。

㈣小疵：劇本仍然不免略有小疵，筆者以為：S十三中蜜蜂在幻象之中對黑子的說話太長，整整七百字，是否該當設計間隔？

四、意識評估

雖然主題是很載道的「天人交戰，懸崖勒馬」。但差幸劇作並不很「樣板」。雖有個「特教條」的車長，他的教訓、道理也都來自人生經歷，由平實中傳達警意，能使人接受。

劇作選自王慶生主編《中國當代文學作品選》第四冊，華中師範大學出版，篇後註：「選自《十月》，一九八二年第五期。」那是一九七八文革浩劫終告結束之後的第四年，筆者以為，劇作之中，仍然漾動著曩昔廣大知青身罹的壓抑與傷痛，意識所指，充具著寫實功能。（文革由一九六六至一九七八年，正當高氏二十六歲至三十八歲之間，千萬大陸青年困苦顛連，高氏又何能免？）筆者願為析述：

㈠**現實**：S四藉車長與蜜蜂的對話，表現青年們結婚條件的不易：「先得看有沒有個正經工作，再問問有沒有房子——過日子總得有地方住呀；房裡也不能空蕩蕩的，好歹說得過去，有那麼幾件傢具。要不就那麼點工資，過日子都湊合，往後怎麼置得起？」「現今娶個媳婦沒個千兒八百的，還真娶不起。」「您還說少了呢，還有手錶、自行車、縫紉機、錄音機、電視機呢……。」

㈡**壓抑**：現實迫壓之下，青年們的自我不得伸展。如S一中小號說出他的自我：「號是我的第二生命，這你還不理解？只有運足了氣，找到高音階上，吹出你自己的旋律，『打打的打』——那份痛快，你才忘了你自己。老伙計，那才叫生活！你得找到你自己的旋律，能把自己全身心投進去，做一番事業。要不，人活著沒一點追求，沒一點激情，多窩囊，那才憋氣呢！」（筆者按，這一段話充具人生哲理，依循自我性別發展志業，是為肯定表現，交代一己的理想。只可惜賞心樂事，幾家能夠？理想與現實永遠懸差巨大。是青年們普遍的夢與失落，也當是劇作者為大眾代言，甚且也是他自身的苦悶抒發。）

小號的志業不伸，S九幻像中，蜜蜂問他：「那你音樂學院怎麼考砸了呢？」他說：「那是學院派，咱這是民間的，哎！你別那壺不開提那壺。等著瞧，趕明兒我舉行個音樂會。為什麼只有獨唱和提琴，鋼琴獨奏音樂會？等我成了一家，就來個圓號獨奏音樂會！叭，叭，叭……那才蓋了呢！」這段話非僅是小號沉重的壓抑無奈，只能以美夢編織來寄托他微渺的希望，更且已能引發讀者、觀眾們的省思，「學院派」果真是如此頑固而自封？圓號憑什麼不能登大雅之堂？教育竟就是短視、亂視得埋沒人才的嗎？對岸如此，我們如何？又分明好像是老大不說老二，差不多的。

㈢**寫實**：知青的不得其所、寫實表現真切。設計以蜜蜂、黑子這一對「待業青年」來代言。蜜蜂在養蜂隊暫時棲身，過的是：「養蜂這活兒得長年在野外，可不是女孩子們幹的活呀！」（S四車長的話）「真是天南海北，長年在野地裏，睡的是帳蓬，這哪是女孩子們幹的活。」（S一小號的感歎）黑子比蜜蜂更不如，把「頂替」（父母退休，工作由子女繼承）讓給「可憐的姐姐」，自己落到去貨場當臨時裝卸工。有志向上而前途無「亮」。難怪他在S十一幻像中吶喊：「老天對我太不公平了，我憑什麼得讓出我的權利？我要的是生活的權利，愛的權利！」S廿中再度絕望自嘲：「只怪我命不好，只怪我自己不爭氣，只怪我沒有一個好老子，給我安排個光明的前途（似是大陸青年普遍對「官倒」的不滿），只怪我不該去愛，不該去愛呀！我不配為愛，不配有愛的權利，不配有愛的權利，我只配去當個壯工，再不就投機倒把，再就偷搶……」坦白揭出他無奈的痛苦：「……我何嘗不想找一個工作做一個清清白白的人，我想工作，可我沒有工作……我也太天真了，天真到讓我姐姐去頂替，我倒是想不那麼自私，可我不自私誰管我呀？我應該自私！我要工作，我要生活，我有工作的權利！我有生活的權利！您懂嗎？您不懂。您不懂得我們，我們不是孩子了，我們也是人！」

知青的呼喊沉痛如此，評估至此，劇本的「神」似乎已經移位，不在天人掙扎的良知覺醒，而在廣大的青年苦悶的宣告。

原載於二〇〇〇年十二月「國文天地」一八七期

淡極始知花更艷

——讀曹介直詩選小識

讀詩如見其人，總是作家的過去鑄成他的現在。介直的詩，雖少有他半生戎馬的鞓鞳之豪，而翻多有緻密深婉之情，而這，也正是我輩烽火餘生的篋藏舊照。讀詩讀他如讀我輩，何能無感又何能無憾？

㈠回顧之愴然：介直擅長以物喻己，如：

你們是如此開展
無論寒裡、暑裡、雨裡、風裡
你們開展過貧血的、慘淡的
方凋方燦的容顏……

我會將你們的姿容記住。儘管
你們是一種易開的花卉
且慣於　被人遺忘。（〈月季，浮塵子〉）

自從被移植爲籬
你便在行列中失落

總是被修了又修　剪了又剪
總是被弄得整整齊齊
以適合他的園藝
…………
你圍住滿園子的繁華
卻沒有一隻屬於自己的蝴蝶（〈花期，朱槿〉）

由詩作得窺詩人的失落，儘管戰火凶殘，但也自有它那一份淬發生命動力的鮮紅熠耀。無奈的是在艱危經歷之後，硝煙頓歇，戎馬伏櫪，竟而轉化為制式的平凡慘淡。這，叫一個熱血猶然沸騰者情何以堪?讀此，有如聽一支悲涼的豎笛，勾起我曩昔跋涉江湖的伶仃蒼茫，而我迎向艱危的慣性仍在，仍在平凡的生活中翻湧不安，這一份共鳴呵何可言宣！

詩選中的這一命題，意緒的呈現復多層變。如：

而我們什麼也沒有，猶支撐著
被戰爭嚼餘的歲月，步入蒼茫。（〈時間的斜面—致菩提〉）

開向南方的日午，英雄夢
曾艷熠如是
亦如是其浮誇
且易於凋謝
……
我們是亞麻，被絞繩器所扭曲
是阿米巴，爲生而變形。（〈給周鼎〉）

兩詩寫於五十年代初期，推算時間，介直才不過而立而已。青春壯盛的詩人心情竟已隨著歲月的空耗、蹉跎而老化，甚且已提早驚覺到暮色蒼茫，深沉的感傷是拜那無從抗拒的時代、境遇之所賜。而在後一首中讀到他更甚於感傷的悲忿，被扭曲變形的吶喊，痛楚是如此的酷烈。

㈡舊夢難拾

我的童年在江南
曾經楊柳依依，曾經蓮葉田田，曾經幻想繫在雁的翅膀，曾把歡笑塗在雪人的臉上。
（〈青溪引〉）
別時，秋正度過楓林

你悒悒的雙眸深如潭水
我只瀟洒的投下一片紅葉
……
我們的赤繩連枝也這樣斷毀
當我在硝煙中迷失。
……
呵！三年！第五度的約期都已成過去！（〈死結〉）

他是在為我們這一苦難的族群立言。我們，任誰都有一團沉重的背負：根屬血緣的牽繫，人與事與景與物溫馨的憶念。也許還說不上是「墜歡難拾」，而舊夢卻在千山萬水之外，遙遠歲月的另一端召喚。早年只能魂夢牽縈的，好不容易挨到了開放，歸人不祇是近鄉情怯，更且竟已是人事全非。還記得早年的平劇「四郎探母」，當唱出「莫不是，思故土，意馬心猿」時，台下多見有以袖遮面的熱淚紛洒。這就是鄉愁了，屬於人之常情的，自古至今，永不匱乏的題材，誰能遣此？

第二首的舊夢之中分明含蘊著斯地斯人的情事，那又是「年年看塞雁，一十四番回」的阻隔之悲了。樓前綠暗，分攜之後，信約已成再也難解的死結。孤燈之下，因著明知醒後空寥更重，故而「猶恐相逢是夢中」。不能放聲一慟的無奈悲情，或許竟就只能吞回到苦澀心頭吧！

㈢理念之深邃：總以為詩作不僅要有血肉豐美的形式，若忮求感人肺腑，錯非有堅實理念的神明骨髓不克為工。介直詩作理念深邃，最能引領深思。如：

而一座橋是一聲輕柔的召喚
一聲召喚是一扇突被敞現的天涯
一扇天涯是一具虛飾得很好的陷阱
一具陷阱是一種熱烈的接引！（〈火曜日〉）

詩作使我想起鄭愁予〈天涯踏雪記〉的末段：

所謂雪
即是鳥的前生
所謂天涯
即是踏雪而無
足印的地方。

天涯夐遊，雪泥鴻爪，人生際遇無常的蒼涼悿重，而介直於此更具啟示：橋的意義在於人生渡過之後的蛻變。虛飾之下的陷阱具有熱烈的接引，那是詩人在歷經險巇之後的勇決。即便是地獄，也當有目蓮尊者不辭蹤跡其中的氣慨沉雄；即便是前路茫茫，也當有如達摩在乘葦渡江之後，孤身曳杖，從此展開他悲壯的千里獨行。

詩的結尾出現了柳宗元的〈江雪〉，勾劃出一幅絕對孤獨之境。是呵！孤獨原是人類的原型。筆者也曾試作蠡測：詩境所示，當非僅止於柳氏遭謫不屈的自況；亦且能有他自處、自適的自信；更且或竟是他在進入孤獨國度之後，峰迴路轉的桃源忽現。或許我們慣於在十丈紅塵之中尋求與人相知並不就是唯一的單行道，若是能輕得起孤寂煎熬，通過了難能企及的關卡之後，竟也能有流水落花、天上人間的新境之現！

而在〈銅馬〉一首之中，可見介直不免憤嗟的自憐。

光輝，黯了
你默默馱著這薄薄的緣
不可抗拒的重量
斑駁的憂悒喲！

大隱隱於市的周夢蝶想來已在他的孤獨國中定居，介直是否也曾停車借問？而我呢！迄今也不過只是在門外看看而已。

㈣淡的嚮往：曾做過古典文學中的論評彙整，知道「淡」是文學中的精品。也能教學生「先濃後淡」，「濃後之淡」。可惜的是知易行難，自己的文字仍守著反動律，做著反動五四平淺的濃密，這「淡」的嚮往嘛也只好有待來年了。讀到介直在〈青溪引〉中揭示的「淡極始知花更艷」，引發我由衷的感喟，或許我與他還能相期勗勉，在暮色中賡續尋行，在創作上攀登到仙花淡香的峰顛；在人生旅程的末段，尋得那淡然、恬然的心靈安頓。

時下詩人，古典、現代並擅的兩棲動物已然不多，而儒將如曹公介直者還能左右開弓，確屬難得，而我又佩服他的書藝，偶然小聚，在「人間世，空熱我，醉時耳」的豪興之下，雖知酒熟不長，其後的空寥仍重，但也自知它能稍祛現世虛矯，故而不願，也不辭顏紅借酒，偶然一度的寒涼了。

介直與我同年，都是馬。他稍長，是穩健的馬背，我稍晚，是馬蹄，此番作評，直箇是「露出馬腳」來了！他的詩作共有八十多首，而我所見只是學生曾進豐君所輯的二十三首。所以遲遲不去結集出版，或許是他已近於「淡」的一面，但在我這猶未能淡的朋友來說，還是希望能藉此評介的熱力，呼喚他自意興闌珊中走出，重拾綵筆，一如子山羈北，儘管平生蕭瑟，而暮色蒼茫可不也正是夕照輝金，且寫下足以傳世的詩篇來交代一己吧！

二〇〇四、一、廿九於台北

藍星詩學二十一期二〇〇四新春號曹介直特輯

生命詩的揭示與指向

——凌性傑詩集《解釋學的春天》評序

在我「人之患」的生涯中曾經教過女詩人翔翎，她說她的詩屬於「生命詩」。如今在性傑的意象裡看到了似曾相識，證明這一線並非尋常巷陌，而是在眾多的瓠瓜已懸、清井已渫之後，可供馳騁的通衢。

一、莊生曉夢迷蝴蝶

生命：茫昧、荒謬而且無奈。

透過李義山〈錦瑟〉隱約的路標，在認知生命的「沒來由」之後，接踵而來的就是「莊生曉夢迷蝴蝶」的虛無體認了。性傑的詩，空寥沉重。如：

「想像與思念於是襤褸了／我們必須以綿長的一生／來遺忘或者以死亡背叛」（〈不相關的無題五首〉）

「曾經留有餘溫的椅子／我的氣息逐漸變涼／曾經留有我氣息的枕被／還停在忘了撕去的日子」（〈場所〉）

「曾經振翅欲飛的鳥群，如果／懷疑這是不是一座屬於自己的天空／如果，執意繼續未完的旅程／能否在幸福之中棲身？」（〈生活片段〉）虛無酷烈，是以詩人也難禁吶喊：「沒有幻想不再說話／痛是唯一，……」（〈生命中的片段〉）引發我們的共鳴，就在此認同之後把臂同悲。

而伴隨著虛無空寥而來的，就是它孿生的兄弟孤獨了，雖說孤獨源於虛無之後的惶然，但同時它也是早經命定的人生原型。儘管除你以外還有著與你相似的另人，但也只是相似絕非相同。只有孤獨才是你忠實跟隨的影。長相左右揮之不去，即使在燈紅酒綠、舞低樓月、歌盡桃扇的麻醉之後，那一頭蹲伏心底的孤獨之獸總會躍起來噬。又如果你不幸敏感，那獸的啃咬又必然既兇且猛。

可以在性傑的詩中，讀到他如暗夜孤影荒漠煢然的伶仃與渴求相依。如：

「我感到非常孤獨，並且應該／與什麼一樣，本能地相互尋找／碰觸彼此的憂傷、彼此的光亮／然後擁有更多的快樂／完整的黑暗」（〈螢火蟲之夢〉）

「這幾年在路上，我大踏步流浪／常常我也只是一個人在受傷／一個人砍倒一棵樹／一個人說謊，一個人承當」（〈寂靜之光〉）

「世界上一定有另一個人／與我懷抱相同的異教信仰／相遇時，我們將在原地用力親吻／證明齒舌還能夠年輕地顫動」（〈在自己的房間裡：孿生想像〉）

而伯牙子期的既遇畢竟稀有。天涯敻遼，儘管你的尋覓熾烈如火，所見的仍多是一片白雪的無垠。在此，詩人吟出了：「雪深已三尺／昨日行跡不見／今天足印還在／緩緩消逝之中。」（〈不相關的無題五首〉）那頭孤獨之獸，總還是驅之不去地埋伏在暗中。

敏感的詩人常在詮釋現實的無奈。差強人意的是我輩還能稍作抗議。儘管人生的荒謬嘲弄不改，我們還能行使自嘲，雖然不免阿Q，但總比沉默的羔羊要聊勝於無一些。如：

「如果每一次有了信仰結局就是墜毀／飛啊長長的拋物線在審判之前／大家以為和平總要穿越一大片寂靜的墓地／穿越網羅，巡行者的槍響。砰。這一生／從不敲啄什麼也不從啣來什麼意志與表象／修道院在街角，流浪漢與我們爭食資本家的麵包屑」（〈鴿子〉）

「世界是一席多病的床榻／輾轉睡大稚嫩孩身／在夜闇的兒童樂園／縱火，親手把逝事燒成夢／比血還冷比夢更荒涼／記憶身陷在幽憂的泥途上」（〈不相關的無題五首〉）

「反覆蛻下的一生原不算什麼／只有洞穴與黑夜值得蜷曲依靠」（〈雨傘節〉）

性傑擅長以物象隱喻人生。在這球體上，動植物被人類宰制、食用、利用，而人類生命也在砧上無奈地承受宰割。詩人在〈鯨生〉中所吟的：「可懷念的，安逸的生存／被標槍穿透砲彈炸開，流刺網／柔軟地包圍。血漬擴散得／極有層次，腥紅襲擊深藍／諭示食物鏈就要斷線／當消亡的祭典以骨肉為犧牲。」果真就是這樣生生相剋的沒完沒了，只為生存的永恆的循環，那意義又將何所憑依？

生命歷程單行道上，「成、住、壞、空」的驛站既定不改，是以任誰也不能對那醜暗的「壞」與森然的死亡盡頭洒脫不顧。錦繡華年的性傑，敏感的觸鬚也已探尋至此。如他目睹或預估「壞」的淒慘：

「食物由鼻管抵達胃壁／不需咀嚼就能消化這世界／癱瘓的那隻腳會記得哪些路？／用一隻手洗另一隻手又是怎麼回事？／……／好痛。你躺倒在那迅速遺忘的光裡／對於這世界／沒有力氣可說」（〈午後病房──給中風臥倒仍奮力的祖父〉）

死亡美學中感性淋漓的是〈寂靜之光──給不及來到這世界的孿生兄長〉：「你眨了眨眼我知道，你或許／流了淚但不一定傷心／我知道，在世界還沒開始的時候／你就已經感到厭倦說不出口。」孿生的哥哥早一步出世，既未「成」「住」而匆遽即「壞」。短暫得不及一朵早凋，或竟就如一滴易晞的薤上清露吧！但卻已永遠鐫刻於他孿生倖成弟弟的憶念之中。或許我們可以周作人所說：「年華雖短而憂患亦少」來作寬解。與其生年數十而憂患紛沓，反不如就這樣不來也罷掉頭就走。孤獨的詩人一定常想著有個哥哥那該多好，更何況和自己虎賁中郎之肖的。長大了大可仗著做弟弟的先天優勢去賴他，讓他費心為你解決一切困難，而你只須睡大覺等著完成就好。

功利的忮求落空也還罷了。就連這樣唯一血肉相連的親切相依也不可得，悲何能遣？

二、望帝春心託杜鵑

虛無孤獨、痛楚品嚐之後，遙望盡頭死亡森然矗立在等待之後，生命，究該要何去何從？就這樣認命，趑趑趄趄走向死亡？或是連走都不必，就此等待結束？

果如此，那將是太對不起自己的窩囊。

義山在〈錦瑟〉中曾經揭示心志，同時也熱心地提供後世一條可行當行之途，那是他「望帝春心託杜鵑」悲壯的決行。想想那位古蜀君王，在洪水橫溢的災難國土上化身一鳥悲鳴翔飛，是他在以服務付出的志行表徵著火熱的淑世情懷。儘管人生寥落寡合，但凡是付出多少都能獲得回饋。在全盤付出之後，不期望之下偶然得來的一點回饋，那不就是眾裡尋她，驀地回首的歡愉？小小的，一點點的快樂又或能串成珠鍊，這數十年的人生，也就不至於虛度了！

性傑的生命詩，向「人間性」回歸的聚焦不大。但「淡極始知花更艷」，在讀過各篇之後，分明可見：他已在衣帶漸寬、為伊憔悴之後，找到了他辛苦跋涉的在水一方。

當然，追尋之途十分崎嶇，青年性傑也曾歷經失落。如：「我們只是習慣活著而已／並且有點上了癮／開始喜歡親近常常偷懶／什麼也不想做的上帝」（〈生活片段之二〉）甚且也未能免俗地沾到後現代的縱慾。（我以為那是在不滿惶惑的世紀末與不安焦慮的新世紀交替之時的必然如此）。但可貴的自我，畢竟也在淡入之後定格。如：

「用尾端，輕輕，就能頂住全世界的黑暗／死亡或遺忘。我便這樣不由自主的發光／……／慾望，潮濕而溫暖／而我似乎已經懂得了什麼／懂得了應該做些什麼」（〈螢火蟲之夢〉）

「總有一些什麼值得相信，譬如／音樂或噴泉，有光的天堂」（〈解釋學的春天〉）

「一開始，就嚐到／最後的果實／日子正當年輕／我們也還在長成／枝葉迎風的傲然」

（〈生活片段〉）

「煙花燦爛，擁擠的／眾人眼中有高音，我／且珍惜這地上的生活／看顧、仰望之中／轉瞬都是幸福」（〈元夜〉）

而龐沛著力的啟示就在他的〈龜途〉：「終點以後才看見起點／回過頭去能不能發現盡頭？／……油污模糊雙眼，白熱化珊瑚擋路／甲殼上，鋪張受了詛咒的地圖／腹背皆瘤，以肉身餵養罪惡／罪惡細胞輕盈卻沈重／異端的肉芽演繹世代譜系／溫暖的土地上，即使帶病仍要／設穴，含淚產下一顆顆／包裹祝福的卵蛋。」

多年之前，我曾在沙勞越的島上看到海龜艱辛產卵，掩蓋，然後蹣跚離去；也看到小海龜更艱辛的掙扎求生，努力划動四肢朝向海洋召喚。而天上飛的、地上爬的無數天敵正等著飽餐，嘓啅一聲，一個生命就完了。我們趕緊去助牠一程，捧起來送進海中。而海裡更多的天敵又在等著，進入海水，他們本能地潛下去，生存，更熬到能夠自衛才能自由翔游。而在若干年遨遊五湖四海之後，牠們竟又能記得住原鄉的召喚，千辛萬苦返回來延續牠苦難的族群。

無法解釋牠們何以能長保原始的記憶，而令人熱淚盈眶的是牠們悲壯的求生歷程。儘管倖存與夭折不成比例，千萬年來，無悔地賡續著這種生死循環。族群的卑微固然不必感傷，族群的圖騰已然足供我們人類省思調適。既然成住壞空已是永恆的循環，我們就得在這命定的悲情中迸出些可以交代的意義來。否則，那將是愧對海龜一族；或且是對不住一己；更且是辜負了生命的意義！

三、金童玉女

九十年代初曾有資優生保送制度，通過文藝營的創作評估，選取最優的青年免試進入大學，性傑就是經由此一管道進入師大的。在師大，我擔任過三屆資優生指導，而以第二屆樹立高標最為精采，指導的是一金童二玉女。兩個女娃一是「植物園」詩社中的清荷林思涵；另一是大一時即獲學生文學獎散文首獎的楊惠椀，而凌性傑就是那位金童。他（她）們三個在古典、現代、詩與文、研究與創作上嶄露鋒芒。參與校內校外各種競賽，攻城略地，斬將搴旗捷報頻傳。使我刮目使人側目。而盛宴也終必曲終人散，畢業之後，金童玉女勞燕分飛：思涵嫁作人婦，虔誠奉事她的上帝，走的是另一條道路；阿性、阿椀各奔東南。廣陵散歇，隨著資優生制度的停辦，曩昔的種種俱成陳跡，淡出有如明月梅花一夢。惟有這一段鍾愛的雪泥鴻爪，已然形成為我憶念之中美好弗忘的風景。

人之患的慣性之一常是以自己的模式來套學生，是以我常期望著學生能成為教學、研究、創作並擅的三合一混凝土。只是我的繮繩似乎並不能羈勒性傑這頭騏駒，他的性格不喜拘束模式而偏愛去趴趴走。想想也對，本來讀萬卷書的得之於他人遠不如行萬里路的自得。當然行萬里路的指向又不僅限於屐齒之勞，還包括有去做各種難事的「過癮」。想想那「相看白刃血紛紛」由死神手下掙出來難能的肯定；或是如大目乾連在親歷十八地獄的怖慄之後重睹天日的尊貴。若無生命動力的充分揮發，那生命意義深重的刻度又何能鐫立？

或許不無戀父情結的阿性還盼著我給點什麼，那麼，在我如風之飆疾如火之紅熱的性格影響之下，阿性，你能不能稍「剛」一點？

紅樓棲遲迄今，驀然驚覺已是暮色蒼茫。人之患最大的寂寞在薪火之傳能否有人？相信阿性已能符合懸望。今年的教師節風雨交加，在冷雨幽窗下為阿性的新作作序，是我在目送阿性朝陽冉生的萬里之行，盼著他看翱翔文采的亮麗輝煌！

是為序！

二〇〇四、九、廿八於台北

凌性傑詩集《解釋學的春天》評序

情理交織的錦繡

——張輝誠散文集《離別賦》評序～

我與輝誠

認識輝誠於師大國文研究所的課堂，知道他是資優生。這種保送英才免試入學的制度曾在九十年代初辦過幾屆，轟烈開始無疾而終，短暫的精采恍如炫目慧星掠過暗空。我所指導的一、二兩屆男女一男（第一屆的莊雅婷，董妍希，第二屆的凌性傑，林思涵，楊惠椀）表現出色，曾為我在憶念之中留下美好的風景。而今在十稔之後回顧，崔護重來，人面桃花俱杳，曩昔的事與人依舊分明，憬然赴目之餘，大有「腸斷揚州杜牧之」之慨。

輝誠曾在一次發表會中與我指導的兩個小女娃（莊、董）同場，兩員驃悍的女將把時間幾乎佔光，使得他不能充份發揮。城門失火殃及池魚，使他對我這主持人也不無微詞。還好在他研作文學的過程之中，逐漸建立起我們之間的香火之緣。當他捧著三類作品（詩、散文、兒童文學）來問津時，我最初的判斷是詩作型式特別，似可發展。接下來經由他的勤力（幾乎每週都有他給我的限時專改），發現改輸散文分明更好。也以為他曾窺經、子門牆，建議他不妨由理念出發。果然這一下正打正著，作品紮實可觀，參加師大文學獎，首戰大露鋒芒，囊括獎項。賡續出征校外，學生文學獎，大報文學獎等，幾乎是無役不經每戰必克，攻城略地捷報頻傳。不但已奠定他青年作家名實相副的地位，更也使得我既喜且慰。高興的是藥方沒開錯，更重要的是類同伯樂之喜，於眾多驫蹄之中識拔了這一匹千里之駒。

題材之源

始終相信東坡的豪語：「吾文如萬斛泉源，不擇地而出」。信然，一流作家的才情雄力，錐處囊中不得不出的龐沛江河本應如此。所以還會搜索枯竭撚斷莖鬚者：無非是少了一根筋的未能通貫；或者是自我設限走進了一條短狹的小衖；甚或竟就是無藥可救的才力之不濟。

也曾教到過一位很美麗的女作家，提醒她散文題材侷限於「異域風光」必然窄小的危機，改轍莫如就生活取材。她在懂了之後也就改了，改得很好，漸成為屢獲大獎，聲譽鵲起的青年名家。只是我仍然不免擔心，擔心她先天的古典修養不夠，源頭活水不旺，那創作之河雖曾一度奔流，其後或將在沙磧之中淡然斷失。

而輝誠可信不致如此，原曾致力過的經、子之學對他大有助益，那窖藏的芬洌氣流仍在他的心胸中縈迴鼓盪。既然作為他創作題材資源的是我華族數千年積累的文化，那是一座綿延萬里蘊藏豐厚金礦的山脈，雖千萬人歷一世紀也不見得能開挖得盡的，又何況面對寶山而苦於無技可施的束手空歎。輝誠君的矢志以赴，數十年後，或仍僅是弱水三千中的一瓢之飲，而所以珍貴正在於此，他是首先通瞭開礦技法的先行之人。

在這一集的篇章之中，不時漾動著他追懷彌篤的亡父之靈。這位籍隸江西黎川的漢子：木工出身，徐蚌戰後胡璉在江西徵兵時入伍，十二兵團三五三團的二等兵，南撤參與金門古寧頭之役、八二三炮戰，返台，積功升到上士排附，五十二歲退伍，二十四年軍旅戎衣封束，落腳雲林褒忠，結婚生子，憑著曩昔的手藝以模板工起家立業，培植孩子們成長。珍貴的不僅是他胼胝辛勞的庇蔭護成了輝誠君堅實的成長；亦且是他平實為人，人生智慧體悟的傳承，濡染點滴功效揮發，使得這位肖子終能不同於時下青年的空虛凡庸；更或是拜輝誠這青年難能的重倫理，緬懷真情之所賜，這位老父的肉身雖壞，屬於他最使人欽敬的明道力行的精神，卻已常留在輝誠君的篇章之中鮮活再生。

經、緯析評

全集是輝誠欲養不待的亡父之誄，且是以經、緯兩線交織而成的錦繡篇章。經線是情，包括有父親的經歷誌傳，父病以及父子之情；緯線是理，是他承祧乃父的人生悟得。願為分別一析：

經線的情熱最多。由〈最初的告誡〉使我想起梁任公的〈我之為童子時〉。那位沒多大學問的母親以大恫嚇阻絕幼子的說謊，從此奠定他做人的「慎始」之基。真對！時下歐美風染，父母對子女從小就尊重、寵溺，雖然有助於自我發展，但放縱趨劣之虞也大有可慮。反思如輝誠君的這位嚴父，在他著力管束之下，養成小輩們良好的生活習慣，做個正正當當的人，豈不正就是為人父母者的期望？寬嚴鬆緊，今世的家庭教育究該何去何從？看來嚴緊愈少寬鬆愈多已是必然，而曩昔的森嚴範例輝光漸黯，弔詭如此，真不知還會不會有轉化的可能？

〈離家〉一篇類同於小說手法中的「主從錯綜」，以「開門」記實，「門關」記往。往昔滄桑與現實病苦相間可感。結尾新居已立，而老父斯人已去，輝誠能以淡筆抒寫至痛，自是「淡極始知花更艷」的雋品不凡。筆者認為「厚」與「淡」是為我華族文學尋溯的上游，古典領域中曾經閃爍的晶華，尤望輝誠君今後賡繼移來現代文學新土之上再開煌燦。

〈洗澡〉中有省籍的扞格與父親誠懇的化解。病弱的父親忍耐傷痛不願影響兒子的學業，瑣事縷縷，憶念淒梗。而由兒子待父洗澡進展到最後的親待入殮，果然竟就是了無起色的每況愈下，剛強的漢子也難免頹倒，為人子者，縱有熱淚橫流，又何能挽他停留須臾。

〈消失〉中記作者的童年，清寒的鄉野生活中有小小的童趣快樂，落腳異鄉者不捨血緣根屬的真切。而死亡美學的基調不改，親友名單上「歿」字的增加，與其說是鄉里人事，失根族群的逐漸凋零；毋寧說是作者對於亡父赤子愴懷的變型。

〈職業〉記事豐富而鮮活。先是雲林褒忠鄉的素描，父母經營麵攤車的艱苦。父親由五十二歲到六十八歲一十六年間胼手胝足模板工的失勞，由模板工而主廚而門衛，那是人生戰將在體力已衰之下沉重的無奈。常說「事件」在文學創作中的重要，那是屬於它「真」的感染之力。作者何其有幸，親炙到父母的坎坷，儲蓄起豐富的創作寫境。如今使用，非僅能作為對亡父的真切之誄；亦且藉此滄桑來感染讀者；甚至可以徵信的是，作者建樹起他的悲憫情懷，那正是文學創作者不可或缺的主要動力。

〈醫院史〉記述陪侍兄姐老父進出各醫院的經歷，而以父親的病史為主。由工地意外而心臟、耳瘤、氣喘、白內障、帕金森氏症、洗腎、血管阻塞腦幹出血去世。這一路行來由住到壞與病魔爭戰的節節敗退驚心動魄。而醫療機構的仁術雖可仁心未必，徵諸邇近發生的邱小妹事件，使人感覺到高收入的醫師、律師、民意代表、法官等有「術」而不「學」。那一份足能與科學相輔成的人文素養，何時才能蒙受這些菁英們的重視？

〈返鄉〉是尋根之旅的記實，出身、成長在台灣的作者，孤身返回血緣根屬故土，代替亡父完成心願，是他以娓娓之述向父稟告。這其中有大陸的形形色色，相較之下，或能使青年作者慶幸人在台灣吧！回到江西黎川，果然是近鄉情怯。這又是我飄零族群共同的心態，不能不去，去了終不免感傷，要怪就只能怪生不逢辰，二十世紀中這一支類同於白俄的族群，屬於我們的失根飄蓬，離散苦辛，何可言宣？

〈從軍考〉是作者為父親整理出來的誌傳。戎馬半生，硝煙彈雨中親身參與了一九四九的古寧頭之役。戰功彪炳的三五三團被選為「威武團」，來自江西的子弟兵在胡璉將軍的回憶錄中被特列為「正氣在江西」的一節。而鋒鏑餘生的張上士仍然屈沉卑秩，只能靠自己的手藝毅力血汗在退伍之後掙扎求生。老兵不死也會凋零，到如今還能看到老病無依的，真怕看到他們面對一壺濁酒時的目光淒茫，想見他們在暮色昏黃中的伶仃，有誰能記得他們血汗淋漓，守土奮戰，屏障孤島的慘烈功勳！

集中經線各篇析介已如上述，現在來談緯線各篇。所以與經線不同的是：前者是作者懷念之情的交代，予讀者的功用是感染；而後者是為作者得自承傳的菁華，予讀者們的應是省思的啟引。

相較之下，這一線的重量更大。

〈相牛〉題材特殊而寓意非凡。相牛的精、體、氣、骨、性五觀，其實正也可以用來相人。結尾的不識伯樂之歎，「沒有識人的人」顯示這位老父大有良駒伏櫪，不為世用的自傷與寂寞。

看來這位父親不但誠篤正直而且旁博，在〈相牛〉中已見他的鑑識功力，而在〈藥〉篇中復有他的醫藥知識。在他「漢藥世界」中所透露的醫道藥理，「用藥如用兵」，君臣佐使——如選鋒、後備、左右兩翼、中軍主力五軍攻守的相輔相成。有如我另一位學生徐國能在〈第九味〉文中所述的：「辣甜鹹苦酸澀腥沖」各味奇正生剋之理。是呵！飲膳、醫藥之理無非人生之理，唯通貫者始能了解。看來這位父親當得上是一位「通人」，更可貴他是憑著自學尋來的「自得」，哪是一般囫圇吞棗得之於傳授者所能比！

〈說書人老張〉與〈老張說三國〉同是父親自學所得的會心，同時也是他自擬書中人物的感懷流露。在此常可察覺他的淳樸，如唸到宋江拆讀父喪速歸的家書時：「右手逕自往胸膛捶打起來」，那是他愧為人子的真情使然。說到李逵盲母死於虎口之時的「眼淚汪汪」是他如武松一般的別兄、林沖一般的拋妻、宋江一般的離父、李逵一樣喪母的自況。誠如篇中所述：「每逢到這些情節，他的人生才彷彿從書中甦活了過來，活生生地與之哭、與之悲、與之慷慨、與之憔悴，然後他人生大半輩子萬里萍飄、多年轉蓬，隻身來台的苦悶、寂寞、辛酸和想念，才都濃濃地化在那一段又一段觸動他鄉心弦的共鳴上，久久不散。」是呵！老張的說書是借酒澆愁，抒發的是飄零一生沉重的鄉愁與緬懷難捨的蓼莪、友于之思。

作者的認知將三國分成三段，而以孔明出山迄至秋風五丈原的中段最為精采。信然！那諸葛亮原本就是羅貫中的理想，情感一炁化三清寄託的化身（另兩位是貫中先生寄託他有志圖王領袖慾的劉備，代表他嚮往勇武義烈潛意識的關羽），是他一往情深的眷注使得三位歷史人物在書頁之中鮮活永生，贏得了後世億萬讀者的嗟歎感慨，表徵的既是僵冷歷史人物雪泥鴻爪的性行事功，同時也就是落拓江湖、有志未伸的才人作家自己。

最為奢遮的一篇是〈太極〉，昔年在他所繳來的各篇之中，曾被我許為扛鼎之作的。最早曾在鍾阿城的〈棋王〉之中見到我華族的文化風采，曾使我瞿然驚艷，但那也只不過是吉光片羽罷了。如今欣見這文化源頭活水行之於生命動力的全貌構圖，拳意與人理環環相扣，怎不叫我感動不已。可歎的是這位通貫者最後仍不免於衰朽，一如〈棋王〉中的老頭困窮於拾荒，究竟是知易行難，還是成住壞空的宿命？這人生的弔詭如何能解？

「學書需要胸中有道義，又廣之以聖哲之學，書乃可貴，而書法之極致，就是與乾坤一氣，不光是在筆劃上計較」這是〈書法〉中父親所轉述的精深庭訓。「由技入道」的人生體悟，何其高偉？何其貴重？令人欽遲。由此可見輝誠君的源承有自，以及他矢志學道的迢遙之路，發軔之始，長亭短亭站程的設計，原就是乃父乃祖曾經跋涉過的山嶺江河。

萬里之行

經學、子學是我華族文化中的瓌寶，士人安身立命之所依。但在今世，非但經、子的研究，履行不盛；甚且國人、士人對此不明究理而束之高閣。之所以有此誤認而視作畏途者，原因在經、子的深奧，表現的堅硬，曲高和寡，未能與現代人的習尚連結之故。

我曾與輝誠君討論過這一癥結，若使經、子的實用價值能見，能行於今日，若非「柔化」不克為功。想想這些祖先傳留下來的，在前代多曾研究、奉行而著具成效的，若仍是塵封棄置，豈不慚愧？非不能也實不為也，豐厚遺產的使用不是不行，而是要針對現代人的特質來設計鎔舊鑄新使用的技法。若是能通道深思，以經、子理念與現代人的生活接軌，柔化硬度，增加可讀性，那一定是一條當行可行、指標在望的康莊大道。

輝誠的這本散文問世，以此紀念亡父的心願達成；在集中諸多承祧的理念，足供我現代人省思、調適，更是這集中重於緬懷、孺慕的價值所在。今後，輝誠君更大、更遠的長路業已展開，在「柔化經子，發皇今世」的壯志立定之後，就此要憑藉乃父傳承給他的誠心耐力，點點滴滴理念省悟而累積的人生智慧，一如達摩在一葦渡江之後，孤身曳杖，從此展開他悲壯的萬里之行！

盼望他的決志順利進展，更希望吾道不孤，這條路上終能由少有人行漸成絡繹。

是為序。

二〇〇五年三月三日於台北

新人間版張輝誠著《離別賦》評序

雙劍合璧補闕史

——《台灣武俠小說史》序

一、且說古今俠稗

喜讀俠稗其來有自：早在太史公〈游俠列傳〉中，即已看到朱家、郭解特立獨行、豪情萬丈的光華形象。及至唐季，如李白的〈俠客行〉：「趙客縵胡纓，吳鉤霜雪明。銀鞍照白馬，颯沓如流星。十步殺一人，千里不留行。事了拂衣去，深藏身與名……」千里孤行的一騎一劍，何等令人嚮往！而仗義除奸氣韻迴盪的流傳後世，當然是「縱死俠骨香，不慚世上英」；也就是太白「才力猶可倚，不慚世上雄」（〈東武吟〉）才人意氣的迸發了。

及至傳奇，如在〈紅線傳〉（袁郊，約在827-873年間）中，經過了「出魏城西門，將行二百里，見銅台高揭，而漳水東流，晨飆動野，斜月在林。憂喜往還，頓忘於行役。感知酬滿，聊副於心期」的詩化典麗，延伸到結尾：「採菱歌怨木蘭舟，送客魂消百尺樓。還似洛妃乘霧去，碧天無際水空流。」情致婉約，說明了俠者的本質，原就是至性至情的人中之雋。

到了現代，早年讀還珠樓主（李壽民，1902-1961）的《蜀山劍俠傳》時的感覺是「不能卒讀」（太好、太精妙，以致於不能流覽即過）。作家想像力的豐贍足可驚人，使你不禁會懷疑人類頭腦的複雜果能如此？那樣的翻新出奇，有如《老殘遊記》中王小玉說書夭矯的稀世絕響，難怪有人說嗣後武俠小說中的想像設計均都歸宗於此。較之其後讀到日人三島由紀夫（1926-1970）的《金閣寺》時，為他的深密如斯而感到己力之不逮似有一同。徵之於文藝創作顧此失彼，買櫝還珠之弊，則屬於小說神明骨髓的理念意識，或將在炫麗的血肉豐采之下掩失。而還珠的意識之珠卻仍能復返合浦，以他的晶瑩明白引領省思，這就不能不佩服作家的功力了！邇近湧進的西方技法「魔幻寫實」，這一種寫實的變型，較之純寫實更能補世人內心表露之不足。如此由附庸而蔚為大國的新樣，果若迴溯，在水一方的可不就是還珠樓主的異曲同工？

再就是以一十五部三十六冊鉅作雄霸武林的金庸（查良鏞，1924-　），貴在作家以「俠」與「史」整合而成的堂廡宏大。重點人物如令狐沖、喬峰、黃蓉……長留在讀者們的念茲之中，驚艷感歎永不褪色。可惜的是盛名之後難以為繼（實在不贊成他的改寫）。難道高峰之上的停滯、下降果然就是宿命！但看那馬奎斯（Gabriel Garcia Marguez, 1928-　）分明不然。筆者深信，只要是作家的才情仍在，那高峰之上的瓶頸仍有突破、改轍的可能。

而最使我心儀的莫過於王度廬（王葆祥，1909-1977）。記得三十多年前在臺中，一位「人之患」同業公會的朋友說，王氏的系列俠稗地位應該是經典之作。信然！筆者欣賞他集中一無想像自創的奇詭武功，所憑的就只是勇氣、技法所駕御的一劍；這一項能貼近人生，加強可信度。而王氏之所以感人、迷人者又在他的小說氛圍，一種浪跡江湖、困頓於市井孤獨淒涼的滋味，感性敘寫常使人盪氣迴腸。由《鶴驚崑崙》到《鐵騎銀瓶》一氣呵成的五部曲情俠稗足可傲世。結尾在韓鐵芳與春雪瓶結褵之後應該就是結束；補述俞秀蓮的部分分明多餘而且文字不侔，有可能是另人的狗尾續貂。在邇近所評的「二十世紀小說一百強」中，居然漏掉了王公，筆者為此深感不平。而取材於他小說的電影「臥虎藏龍」卻能獲獎，其實不過只是王氏悲情滄海中的一粟而已。才秀人微，取湮當代，曷其可歎！

而查、王二公在小說敘寫中的「時差」又大可一較。在查公的作品中，常有人物形象的前後不侔，原已刻鏤鮮活成功的人物，在其後出場的新人光芒之下黯然失色。如在《射鵰英雄傳》中活潑刁鑽的少女黃蓉，到了《神鵰俠侶》中，她已為人妻母，雖還不至於流於凡庸，但距離讀者們原有的印象差得遠了。再如那位東邪黃藥師，《射鵰英雄傳》初出場時何等倜儻！其後在《神鵰俠侶》新秀楊過的主導之下，竟然沒落得有如附庸。在《倚天屠龍記》中的青翼蝠王韋一笑，出場之時聲勢驚人，其後在張無忌教主形象逐漸強固之後，這位屬下也就只能收斂起他的蝠翼。但就王公的作品來看，讀者感受的落差似可避免：那江南鶴雖在主角避位之後出現，仍能以神龍見首不見尾的驚鴻一瞥予人以英風猶昔之感；李慕白、俞秀蓮在騁力建樹之後杳然淡出絕跡江湖，與其說是可惜，毋寧說是留有餘味，更能使讀者們懷念惆悵；至於玉嬌龍，在她夭矯風雲之後，病歿於黃沙滾滾、親子隨侍之旁，那是她在病苦之下合理的改變，讀者們能有悲愴而無失落感。

早年成名於華北的作家朱貞木的《羅剎夫人》、在臺灣崛起的司馬翎的《關洛風雲錄》、《劍氣千幻錄》都曾予我以驚艷之感。彼等取向的「俠」、「情」之合與金庸有別，雖無「史」的堅實可見，但卻染就了「情」的委婉可感。約在一九八〇年代初，因為我的一位外籍學生志在研究臺灣俠稗，曾帶他去見古龍，因而結識了這位傾觥而飲的酒魁。總覺得他的小說重在豪氣的感染。雖然婉者易弱易傷、豪者易粗易俗，但在古龍卻能有豪婉剛柔的調劑；抽樣如他人物的命名「風漫天」，就能予人以飄零江海的蒼茫之感。

二、葉、林雙劍合璧

初識保淳是在政大，應邀去考他指導的一位研究生。場所設在三樓，原本不知道他不良於行；直到他這鐵拐李上得樓來始知，心裡很是過意不去，而他還謙遜地說理當如此。知道他在淡大設有武俠小說研究室既已稀奇，而在讀過他的論著之後更是刮目。敬重的是他研究的勤力有成；亦且是他獨到的、使得臺灣俠稗鹹魚翻生的貢獻；更或是有感於他異於一般的謙和，使我對時下學術界的中堅份子重拾信心。

由保淳而結識了「南天一葉」洪生兄，這是一位多才多藝的作家、評論家。其自製京劇ＣＤ曾使我一聽再聽，在鬚生唱腔的蒼涼激越中似可窺現洪生才人的自負。一直以為評論文學的重要需在「再創造」的有無，錯非評者能有己見，否則只是「還原」或是「人云亦云」，有何價值可言！我以為洪生最能把握者在此。細讀他的《天下第一奇書——蜀山劍俠傳探秘》，那樣的層層剝蚌、探驪得珠，非僅是洪生評文的功力，更是他與文本會通、融合之後可貴的自得。

《臺灣武俠小說發展史》在葉、林雙劍合力作完成，非僅搜材詳備，流利可讀，足供檢索、研究之需，更大的價值在對各位名家的分析。透過評者的再創造，史傳的光輝已然煥發，已能告慰於各位存歿名家；且復提供讀者們以新的賞析依據；更為冷落已久的俠稗天地，燃起了一盞導覽的明燈。

三、展望武俠前景

擁有大量讀者的通俗小說是否也該有它有的地位？儘管俠稗作家的創作動機多屬於「為稻粱謀」，但名家之作的藉著人物、情節而由情及理，意義價值不見得弱於正統文藝；又何況由閱讀人口比例的落差來看，感染之力分明更勝一籌。當在二十世紀中葉武俠小說受到大眾歡迎之際，負面排斥、蔑視的網罟同步織張。自命正統中有看都沒有看就說不好的醬缸冬烘，也有公開惡評而私底下偷偷閱讀津津有味的假道學假正經，兩者同是既固且陋的匹夫。迄至二十世紀後期總算有了改善，俠稗文類開始受到正視（也還不是重視），連帶著俠稗作家也終於能夠抬頭接受平視（當然也還不是仰視）。

誠如文本史料所示：臺灣俠稗由五〇年代發軔到六〇年代鼎盛，終至七〇年代的退潮、八〇年代的衰微。由這一路行來精采之處其實也不過是十年而已。潮起潮落，就通俗文學史而言，恍若一道彗星，以其特異的亮麗劃過天際；瞬間的消失，又竟如明月梅花一夢。葉、林兩位曾分析所以式微之因，筆者在此願稍作補充。誠如吾友皮述民教授所言，武俠小說之盛係由於「讀者的苦悶」，有異於一般文藝創作動力來自於作者「苦悶的象徵」。而讀者群的苦悶必將隨著時代改變而改變，時過境遷，當大眾的閱讀興味改變時，這一度人手一冊的盛況自然不再。

然則今後，俠稗的前景果然如何？是就此塵封入史？或是還能有洪峰再現？

筆者的寓言是：或基於人類物種遺傳「爭鬥」的原型，或由於人世永難免除的不平，俠稗之表現原型，為讀者不平的積悒提供畫餅充飢式、聊勝於無的桃源，看來已是宿命。

張潮《幽夢影》記：「胸中小不平，可以酒消之；世間太不平，非劍不能消也！」對！是該為此浮一大白的。想想在你人生中總難免會遇到的那些巨奸大憝之類、邪惡之徒，跟他說理，沒門！訴之國法吧，或有不公或緩慢又不濟事，就只有飽以老拳叫他痛，或竟是長劍叫他血流五步，那才叫做痛快！這也正是《水滸傳》中「魯提轄拳打鎮關西」所以膾炙人口之所在，正就是億萬人心，遭逢亂世甚至衰世，痛恨奸惡、嚮往英豪共同的心理。又何況除卻快意的假象平衡之外，讀者們還能分享到作家們的情感、理念。無論是情的感染或理的省思，不都是文藝功能淑世的效應嗎？

筆者認為文體、文類的盛衰有如朝代的興亡，最大的因素在「人」。常是有一流的才人作家致力於此，始能有鎔舊鑄新，別開生面，建樹立言。抽樣如「對聯」文學，就那種短小的侷限的先天，到了曾國藩手裡，居然能用之於應酬、敘事、抒情、議論……無不得心應手。今後，俠稗的主題意識作用可能不會有太大的改變，但可以肯定的是表現形式手法必將異於以往。一如原本不無俗濫的偵探故事，脫胎換骨而成為深刻、新穎、科學的推理小說。

是的，我們在關注著俠稗再生的機運，期待能有新的一流高手出現江湖；也盼望葉、林兩位致力的研究、評論之路，能由獨行漸至絡繹；且以精思的心得為武俠指引康莊大道，使新銳們得以取法乎上，展翅鷹揚！是為序。

二〇〇五年三月十八日於臺北

遠流版葉洪生，林保淳著《台灣武俠小說史》序

三線清流匯天河

——羅任玲新作代序

由剝而復

筆者以為，一九四九以後的台灣現代文學發展，除了戲劇一片貧白、小說稍遜以外，就現代詩與現代散文而言，都已有了無慚於前的煌燦。

而那由剝而復的歷程回顧不免愴然。

在早年的大學課程中，現代文學只是靠邊站的聊備一格。迄至一九七四年筆者返回母系開授「新文藝」時，也曾被笑稱是「丟在地上都沒人要撿的課」。而在一九七五出版《新詩研究》、《近代小說研究》之後；孤軍奮戰、努力比較，連結今古之後，少有人跡的路上已漸有同行。千禧之後，現代文學已由附庸而蔚為大國；踽踽獨行的左右已然絡繹成群；冷僻小徑已拓闢成通衢大道。分析興復之理，人力不是主力，主要的當然是時代永遠向前，文藝淑世的現實需要之故。

詩國三雋

多年來我守著「鋼琴教師」人之患匠人的職份，詮釋現代文學中的名家名作。詩國之中，楊牧、鄭愁予、周夢蝶三位自是雋者。記得深刻的有楊牧的〈延陵季子掛劍〉，有一次在耕莘文教院朗誦，現場還有墳墓、枝樹等佈景。季子的虔誠拜祭、掛劍，使我感動的不僅是那「以針的微痛和線的縫合」的柔情似水；亦且是「悽惶地奔走於公侯的院宅」勾起我飄蓬江海的坎坷伶仃；更或是情愛與事業，魚與熊掌的難兼，人生顧此失彼宿命的無奈。

而在台灣的各中、大學，鄭愁予被喜愛的指數甚高，他那「達達的馬蹄」一直在各校園裡響著。使我再三吟味的是他〈天涯踏雪記〉的結尾：「所謂雪／即是鳥的前身／所謂天涯／即是踏雪而無／足印的地方」。詩作視野展開一片無窮無盡的雪白，與天涯夐遼相較，鴻爪際遇稀少難得，孤獨沉重如石。又使我想起曾看過的太空影集，太空船駛向永無邊際的未知，在永遠的黑暗之中，微渺的人類不能有一丁點的肯定或憑倚，除卻茫昧之外，就只能一任廣漠的空虛、孤獨的原型包裹……

也曾撰文詮釋夢蝶兄的〈聞鐘〉，但在葉嘉瑩女士〈還魂草序〉經典評述之前，感覺一如小巫。是她切中肯綮的拈出：「……在此一片瑩明之中，我們看到了他的屬於『火』的沉摯淒哀，也看到了他屬於『雪』的一份澄淨的淒寒。周先生的詩，就是如此往復於『雪』與『火』的凝鍊之間……」一如紅作中寶玉的「無才補天枉入紅塵」，夢蝶的入世不堪與出世孤零同是痛苦。屬於他的矛盾自訴，也就是我大半輩子體認的無奈。是他的詩使我的欲言未出升浮具現，儘管那會通共鳴使我驚喜，而同傷之感仍復如浪之湧，如針之刺。

自然美學

既然人類生活在自然之中，這廣大的周遭當然就成為我們歌詠永不匱乏的題材。從描寫、記敘自然到讚歎、啟迪，悟得到一己性靈與自然的冥合。數千年來的華族文學同步表徵了我們的哲學。在「人與人的諧和」「仁道」之上，立下「人與宇宙的諧和」「天人合一」的高標。華族的先哲們早就體認到大自然的廣漠難測，戴天覆地的人類所以對應自然的基本原則就應是「和諧尊重」而非「征服利用」。在天地之間的人類克盡厥職，不去破壞、違逆自然，當能換得天地的助益，至少也必能減少、減輕災害。而東西文化在對待自然的心態與行動上大相逕庭，西方的反其道而行，在文學作品中也多有宣示。抽樣如梅爾維爾（美國作家 **Herman Melville 1819-1891**）的《白鯨記》（*Moby Dick*）迄至現代，生活在這球體上的人類，明智者多已察覺，我們窮千百年來的文明之功，所能利用自然的也還只是萬頃滄波中的一勺。在東、西文化比較融合之下，西方也已有了省思、回歸的新向。

任玲由她深厚的華族文哲基礎上發展，論文揭示：三位詩人對待自然雖然一同於華族哲學本源，但卻也各有自得的創造。楊牧以抽象與現實的辯證，建構起天人之際的思想體系；鄭愁予以色彩的流向呈現性靈中的人文意涵，顯現由浪子意識的一斑進展到淑世哲人的深化；

而周夢蝶則是以「對立」與「矛盾」的比較消融，呈現出他智慧修為的歷程。像是三位決志西行的行腳，儘管跋涉經歷不同，最後都能達到目的雷音古剎。又如三線清流，儘管流域各異，又都能匯聚於他們心嚮往之在水一方的天河。給予我們的，不僅是三位詩人的各具特色可供依循，更是那「尋得」之後，驀然驚覺獲得的貴重喜慰。

形神之全

台灣的中（國）文研究所在五十年代之後發展鼎盛，碩、博士論文繁富，但也有如王國維所言：「染指遂多，自成格套」，模式既定，浸久衍生出形式內容未能兩全之病。多見的是資料的歸納呈現，足可供後之來者檢索之用，但若希望能看到一點撰者的「再創造」卻是珍罕。多年指導論文的經驗如此，使我對任玲君的論文也是以平常心看待，不曾奢望看到會有什麼「刮目」之類的。沒想到在看過眾多平常花草之後，竟然也會驚見有特具炫麗的這一株。差幸我還不至於麻木誤失，終能在瞿然注視之後，識得她不同流俗的清荷之質，綺羅之香，欣喜舉出，使之進入淨水珍皿的鑑賞之堂。

筆者以為：雖然內涵意識是文學創作的神明骨髓，但也必須附麗於血肉手采的精美形式之上始克為功。時下的論評文學要求形神兩全，任玲君的文字，拜她詩人本質之所賜，集中具見精緻優美。抽樣如她寫楊牧：「千尺下反照的是時光，也是詩人自己，在既陌生又熟稔的風景中，見證倖存後的絕望與希望」。寫鄭愁予：「它像一個大圓，讓詩人在航經無數里程和軌道之後，仍能回到最初的原點——以無常和了悟共築的那個原點，並以此為核心，繼續航向不知名的風景」。寫周夢蝶：「我們彷彿也聽到了雨珠滴落，水銀滾動的輕響，一切是那麼晶瑩剔透、音聲悅耳，色、聲、香、味皆觸手可及，卻又如此纖塵不染」。

這一篇名列前茅的論文，內涵既已豐贍，而行文又復精緻如斯。非僅傳達了三位詩人的精神；亦且表現了任玲再創造的才情；更可貴的是呈現了自然美學，高峰之上眾所仰望的風姿，通過整合，具備了撰者橫跨創作與研究兩端傲人的價值。

想著要擴大效應就必須公之於世，不該只是深藏聊供檢索而已，用敢向隱地兄推薦，荷蒙他方家的慧眼識文，很快就來電慨允出版，在此要帶上一筆，用誌我對隱地兄的欽佩與謝忱。

是為序。

二〇〇五・八・十三於台北

爾雅版羅任玲著《台灣現代詩自然美學》評序